スピノザ
力の存在論と生の哲学

Spinoza L'ontologie de la puissance et la philosophie d'une vie

秋保　亘

法政大学出版局

In memoriam Sumio Nakagawa (1948-2010) & Yumiko Hashimoto (1956-2017).

はじめに

誰であれ、存在し、はたらきをなし、そして生きること、すなわち現実的に実在することを同時に欲望することなしに、至福であり、善くはたらきをなし、そして善く生きることを欲望することができない。
［E4P21］

主著『エチカ』で示されるスピノザの倫理学の「第一かつ唯一の基礎」［E4P22C］にかかわる重要な一節である。ここでは、とはいえあまりにも明白なことが語られているようにみえる。誰にせよ、そもそも生きることを望まないとするなら、幸福であることなどかなわないはずである。実にスピノザ自身、この「ことがらそのものはそれ自体で明白」であるという［E4P21D］。

しかしあえてこう問うてみよう。私たちはいまだ生きることに到達していないのではないか。それゆえにこそ、生きることが何よりもまず求められるのではないだろうかと。そうだとすれば、しかし、生きることを望むといったところで、求められている生がいかなるものであるのかを把握していなければ、その望みは虚しくも空を切るものとなろう。それゆえさらにこう問うてみよう。私たちは生きることの理解、生の理解から締め出されているがゆえに、生に到達していないのではないか、と。かけられているのは、したがって生の思考である。

私たちは現に生きている。生とはだから、私たち自身にほかならない。たしかに私たちは、たとえば「生を享受する」という語りかたをするけれども、しかし生は私たちが思うままに扱うことのできる所有物ではない。私たちは自己の生から身をへだてることができないし、自らの生を物のように手にとることもできないのである。さらにこのように生についてあれこれ考えること、つまり思考といういとなみそのものが、生の行う活動のひとつにほかならない。

それゆえ生のはたらきのひとつである思考を介して生そのものを理解しようとすることは、鏡なしに自分の顔のありさまをとらえようとすることにも似た、奇妙なねじれのようなものを要するふるまいともなろう。生についての思考は、「理論的な理解とともに個人的な理解をもねらい、理論的な考察からもたらされる諸帰結を、自己理解の枠組みのうちへと組みこむことによって、これら二つの理解をひとつに結び合わせ」るような思考様式を要請するのである。(1)

つまり、生についての理解は、生を実際に生きている個々人によって、その個々の生そのものに内的な視点のもとで実現される必要があるとともに、しかし個々の内的な視点のみによってしかとらえられないという意味での私秘性――いわくいいがたいもの――の領野に埋没することなしに、ともに生きる他の人々とも共有しうる一般的な理論的理解をも目指さなければならない。そしてこの理論的な理解もまた生についての理解にほかならないわけだから、理論的な考察がまた同時に、個別的に生を生きる個々人の個人的な理解のうちにとりこまれ、それによって生についての個別的な理解が強化されるのでなければならない。要するに、生についての思考の形式的条件と、生の内実についての理解は、かくも分かちがたく結び合っているのである。それゆえ生についての理解に求められるこうした要件を満たしうる思考様式や概念の枠組みを、熟慮して練りあげていく必要がある。

かつてアンリ・ベルクソン（一八五九―一九四一年）はこう語っていた。「『エチカ』のような本の形式と内実のあいだの対照ほど、教えられることの多いものを私は知らない。一方で、実体、属性そして様態と呼ばれる大掛かりなもの、そして諸々の定義、系ならびに備考と複雑に絡みあった諸定理という途方もない装置があって、この複雑な仕掛けと威圧の強さたるや、『エチカ』を前にした初学者を、ドレッドノート戦艦を目の当たりにしたような驚嘆と恐怖によって打ちひしいでしまう。――他方で何か繊細で、きわめて軽妙であり、ほとんど空気のようなもの」がある。(2)

西洋哲学史上、他に類をみないこの『エチカ』の「途方もない」幾何学的叙述様式こそが、この軽妙な空気のようなもの、いいかえれば、私たちに絶えず吹き込み、ときには私たちを思いもしなかったところに運び去っていく一陣の風を、すなわち生をとらえさせてくれるものにほかならないのではないか。そしてこの並外れた思考の形式を介して私たちに開き示される、スピノザの生についての思考の内実もまた、並外れて力強いものであるのではないか。

本書は、一七世紀、「偉大なる合理主義(3)」の時代を代表する哲学者、スピノザ（Baruch / Benedictus de Spinoza）（一六三二―七七年）の哲学を考察の対象とする。あらかじめごく簡単に本書の構成を示しておこう。

まず本書は、スピノザの最初期の著作と目される『知性改善論』を分析することで、スピノザ哲学の中核的な問題がほかならぬ生をめぐる思考のうちにあることを見定める（序論、第一章）。次に私たちは、この著作に含まれる諸々の理論的な難点をとりだすことによって、主著『エチカ』に結実することになるスピノザ哲学の課題を、その思想形成史ないし生成史的観点からあぶりだすことを試みる（第一章、第二章）。そして本書の後半は、この課題がいかにして『エチカ』で実現されるかを跡づけていく（第三章―第六章）。以上の手続きを介して、スピノザ哲学を、「本質」、「実在」、「力能」あるいは「力」という諸概念に立脚する〈力の存在論〉として読み解き、またそれによって、スピノザ哲学を右にみたような生についての思考の要件を満たす〈生の哲学〉として定式化すること、これが本書の課題である。

（1） Nagel 1979 / 2012, p. ix.

（2） Bergson, « L'intuition philosophique », dans Bergson 1938 / 2013, pp. 123-124.

（3） Merleau-Ponty, « Partout et nulle part », dans Merleau-Ponty 1960, p. 240.

凡　例

・本書でもちいるスピノザの著作の略号と参照箇所の指示は以下のとおり。

『短論文』／KV：『神、人間、そして人間の幸福にかんする短論文』／*Korte Verhandeling van God, de Mensch en deszelvs Welstand.*

『短論文』のテクストはＰＵＦ版著作集のミニーニによる校訂テクスト（Spinoza 2009）をもちい、この版の頁数、段落番号によって参照箇所を指示する。たとえば［KV1/7, p. 248］とあれば、『短論文』第一部第七章、ＰＵＦ版著作集二四八頁を指す。

『知性改善論』（『改善論』）／TIE：『知性改善論』／*Tractatus de Intellectus Emendatione.*

『改善論』の参照箇所はブルーダー版の段落番号のみを表記し、テクストは基本的にゲプハルト版スピノザ著作集にしたがうが、ＰＵＦ版のミニーニによる校訂（Spinoza 2009）等を参考にして読みを変える場合にはその都度注記する。たとえば［TIE15］とあれば、『改善論』一五節を指す。

『書簡集』／Ep：『ベネディクトゥス・デ・スピノザへの或る学識ある人々の書簡と著者の返事――彼の他の諸著作の解明に寄与するところの少なくない』／*Epistolæ Doctorum Quorundam Virorum ad B. D. S. et Auctoris Responsiones; Ad aliorum ejus Operum elucidationem non parum facientes.*

『書簡集』のテクストは基本的にゲプハルト版にしたがい、参照箇所をこの版の頁数、行数で指示する。なお日付等にかんしてゲプハルト版にしたがわない場合にはその都度注記する。たとえば［Ep13, Geb., IV, p. 63: 12-17］とあれば、「書簡一三」、ゲプハルト版第四巻六三頁一二―一七行を指す。

『デカルトの哲学原理』／PPC：『幾何学的な仕方で論証されたデカルトの哲学原理第一部および第二部』／*Renati Des Cartes Principiorum Philosophiæ Pars I, & II, More Geometrico demonstratæ.*

『デカルトの哲学原理』のテクストはゲプハルト版にしたがい、この版の頁数、行数で指示する。なおP=「定理」、D=「証明」、C=「系」、S=「備考」、Ax=「公理」、Def=「定義」の略号をもちいる。たとえば［PPC1Ax11, Geb., I, p. 18: 3-4］とあれば、『デカルトの哲学原理』第一部公理一一、ゲプハルト版著作集第一巻一八頁三―四行を指す。

「形而上学的思想」／CM：「形而上学的思想」／*Cogitata Metaphysica.*

「形而上学的思想」のテクストはゲプハルト版にしたがう。たとえば［CM2/12］とあれば、「形而上学的思想」第二部第一二章を指し、ゲプハルト版の頁数、行数の指示は［PPC］に倣う。

『エチカ』／E：『幾何学的な順序で論証されたエチカ』／*Ethica ordine geometrico demonstrata.*

『エチカ』のテクストは基本的にゲプハルト版にしたがうが、『ラテン語遺稿集』、『オランダ語遺稿集』等の他のテクストによって読みを変える場合にはその都度注記する。略号は以下のとおり。1, 2, 3, 4, 5=「部」、Praef=「序文」、P=「定理」、App=「付録」、L=「補助定理」、D=「証明」、C=「系」、S=「備考」、Ax=「公理」、Def=「定義」、Post=「要請」、Exp=「説明」。たとえば［E1P8S2］とあれば、『エチカ』第一部定理八備考二を指す。また『エチカ』第三部末尾に付された「諸感情の定義」については、たとえば［E3AffDef1Exp］とあれば感情の定義一説明を、［E3AffGenDefExp］とあれば感情の一般的定義説明を指す。

・各テクストの版については、ゲプハルト版は「Geb.」、『ラテン語遺稿集（*Opera posthuma*）』は「OP」、『オランダ語遺稿集（*De Nagelate Schriften*）』は「NS」の略号をもちいる。

・デカルトの著作からの引用は慣例にしたがい、AT版デカルト著作集の巻数、頁数、行数で指示する。

・本書の引用文はすべて拙訳であり、引用文中の〔 〕は引用者の挿入である。また引用文中であれ本文中であれ、〈 〉は読みやすさに配慮した意味上の文節を表すしるしである。

目次

スピノザ　力の存在論と生の哲学

スピノザ　力の存在論と生の哲学

序　論

或る思想の体系を分析するということは、その思想によって問い求められている中核的な問題をテクストの群れのなかから析出し、いかにして当の思想がそうした問題にことばを与えていくのかを跡づけることであり、またそのさいにもちいられる諸概念の精錬、概念布置の整備、叙述様式の選択と、問われるべき問題との有機的連関を解明することでもある。これらの諸概念のうちには、当の思想家に先立つ議論、あるいは同時代の思想から受け継いだものもあるだろう。或る概念にはそれ固有の歴史がある。したがって、ひとりの思想家が或る概念を受け継ぎ、それを自らの体系へと呼び入れるとき、当の概念がそれまで引き連れていた問題群もまた不可避的にともなわれることになる。けれどもそのとき、事情は一変する。つまり、或る概念があらたな体系のもとに呼び入れられたとき、その概念にともなっていた問題群は位置をずらされ、編成を変えることを強いられる。こうしたことは、『エチカ』のようなそれ自体で完結した、いわば閉じられた体系、自らのテクストの外に参照点をもたないような体系において、とりわけて考慮される必要のあることがらであろう(1)。

『エチカ』を理解するにあたって、たんに概念の歴史的継承関係を問うこと、あるいはたとえばデカルト哲学との単純な比較検討を行うことは功を奏しない。のちに本書で検討する「自己原因」という概念ひとつをとってみても、この概念がデカルト哲学においてともなっている諸問題の布置、連関と、スピノザ哲学におけるそれとはきわめてことなっているのである。「あらゆる概念は、ひとつの問題、あるいは複数の問題へと帰される。それらなしには概念が意味を持たなくなるかもしれず、それらが解かれるにつれてはじめて諸概念自身が引き出され、理解されることのできる諸問題へと帰されるのである」(2)。要するに、或る概念がひとつの体系のなかで織り成している問題群を、最終的には当の体系の内側で正確に標定しなければならない。そして、その体系を生み出した思想そのものが問い求めている中核的な問題、ひとつの根本的な問題をあぶりだし、この問題を当の思想とともに思考し抜くことができれば、分析対象となる思想――スピノザの思想により深く入り込むことが可能となるだろう。しかしこの根本的な問題のあぶりだし自体がすでにそれだけで、スピノザの諸々のテクストの立ち入った研究を、そして諸々の個別主題にかんする解釈を要求する。それゆえ、求められるべき中核的な問題は、各々の読解者、解釈者の読みかた、読みの姿勢、あるいは読解者たち自身の問題意識によってことなる相貌のもとにあらわれうるし、また様々な仕方で定式化されうる。では本書で私たち自身は、どのようにこの中核的な問題を析出しようとするのか。

ひとりの思考する者にとって、彼／彼女が生涯問い続けることになるかもしれない根本的な問題は――当人の思考の深化等によって、この問題にかんする具体的な問いの定式化は更新されていくだろうし、またあらたな知識や概念的枠組みを身につけることで、問題の見えかたそのものが変わってくるかもしれないが――、彼／彼女が実際にあゆむ生の行程のただなかで問題とされざるをえなかったもの、問題とすることを強いられたものであるだろう。それゆえ、スピノザが一人称で語りだすテクスト、しかも自らの来しかたを振り返り、一人称の生を語り出すテクストからこそ、この問題をあぶりだすこと――こうした手続きをとることで、スピノザの思考の深部に入り込むことが可能になるはずである。

スピノザが自らの名のもとで一人称で語り出し、自らの哲学のくわだてを切り出す唯一のテクストが残されている。『知性改善論』冒頭のテクストである。それゆえ私たちは、何よりもまずこのテクストの考察から出発しなければならない。しかしながらこの著作には、その内実の読解に先立って考慮されるべきテクスト上の問題がある。

『知性改善論』テクストの成立事情

『知性改善論』（以下『改善論』）は、その叙述の一見したところの平明さもあって、しばしばスピノザ哲学の入門的なテクストとみなされる。しかしながら、『改善論』は未完のままに残された論考である。そしてこの未完の理由、さらにはこの論考のそもそもの成立時期にかんする決定的な歴史的証拠が――少なくともいまのところは――見出されていないため、未完の理由と執筆時期は、目下のところ研究者たちの推定ないし解釈の域を出ていない。またそれゆえ、この論考で示されるスピノザの思想が、彼の思想的展開あるいは発展のどの時期を反映したものなのか、この点にかんしても様々な議論が交わされており、実のところこの著作は一筋縄ではいかない厄介なテクストなのである。

とはいえさしあたり『改善論』が、『神、人間、そして人間の幸福にかんする短論文』（以下『短論文』）とならんで、スピノザの最初期に属する論考であるということ、この点は研究者たちの最低限の共通見解として認められているといってよい(3)。

これら両論考の成立時期にかんしては、従来は『短論文』が先に成立し、『改善論』がそののちに書かれたという理解がひろく共有されていた。たとえば現在でもほとんどの研究者が依拠しているスピノザ著作集を編んだC・ゲプハルトは、『短論文』の叙述時期を一六五六年から一六六〇年のあいだに定め(4)、『改善論』については一六六二年前半に定める(5)。ところが一九八〇年前後からのF・ミニーニによる一連の研究によって、こうした両著作の叙述時期にかんする従来の理解に反し、『改善論』が『短論文』に先立つという「仮説」が提示された(6)。ミニーニは『改善論』が一六五八年から一六五九年にかけて作成され、他方で『短論文』は一六六〇年から一六六六一年にかけて作成されたという仮説を提示したのである。[7]

この仮説に対する現在の解釈者たちの態度としては、まずP－F・モローのようにこの説を受け入れるもの、[8]そしてこの仮説に一定の評価を与えるものの、それでもなお決定的なものではないとして従来のクロノロジーを踏襲するもの、[9]あるいはこの仮説に対する積極的な評価をためらいつつも、しかし従来のように『短論文』が『改善論』に先立つという見解にはまったく正当な理由がない、ということだけはたしかに立証されたとみなすA・マトゥロンのような立場、[10]さらにはこうした仮説にまったく言及しないものに大別できる。

私たちは正直なところ、このミニーニの仮説に対する態度をいまだに決めかねているけれども、しかしこの態度決定如何は、少なくとも本書にとっては不可欠のものでも本質的なことがらでもない。とはいえ最低限の評価を示しておけば、ミニーニのこの新説によって、スピノザの初期思想研究にあらたな局面が開かれたことは間違いのないことである。以下ではミニーニの議論の一部を踏まえつつ、『改善論』のテクスト上の性格についてわずかばかり予備的な議論を行うことで、このテクストの分析から出発して考察を進めていく利点を示そう。

スピノザ初期思想研究における『知性改善論』の意義

ミニーニによれば、『改善論』のテクスト——少なくとも現在私たちが手にしているテクストの大部分の成立時期は、『短論文』のそれに先立つ。この仮説を受け入れようが受け入れまいが、『改善論』には部分的にであれ、スピノザのもっとも初期の思想が含まれているということ、この点はたしかであろう。そしてミニーニは、『改善論』でもちいられる術語や概念的枠組みの分析によって、このテクストの構成に二つの局面を見出す。フランシス・ベーコン（一五六一—一六二六年）とルネ・デカルト（一五九六—一六五〇年）という二人の哲学者の影響をそれぞれ色濃く残す二つの局面である。[11]ところがミニーニによれば、一六六一年のものと推定される「書簡二」でスピノザは、ベーコンとデカルトそれぞれの哲学に含まれる誤謬を指摘し、彼らからはっきりと距離をおいている。それゆえ『改善論』の大部分は、ゲプハルトが想定した一六六二年よりも以前のものとみなす必要がある[12]——もちろんミニーニは、この点だけで『改善論』の先行性を主張するわけではない。とはいえこの点を批判的に検討していくと、スピノザの初期思想研究における『改善論』の重要性がみえてくる。

一六六六年六月一〇日の日付を持つ「書簡三七」に、明らかに『改善論』の内容と重なる記述がある。「真の方法」が「純粋な知性と、その本性と諸法則の認識にのみ」存し、そしてこの認識を得るためには、「何よりも知性と表象（imaginatio）を、いうなら真の諸観念と他の諸観念、すなわち虚構された観念、虚偽の観念、疑わしい観念」を区別する必要がある、と語られる個所である［Ep37, Geb., IV, p. 188: 19-20-p. 189: 1-4］。この論点は『改善論』の九〇節と五一節に対応し、しかも五一節では、「虚構された」観念、「虚偽の」観念、「疑わしい」観念が、当該書簡と同一のまさにこの順序で提示されている。そのうえでこの書簡はいう。方法が要求するこれらの論点にとっては、「精神の本性をその第一原因を介して認識する必要はなく、ベーコンが教えるような仕方で、精神についての、いうなら諸々の知得についての短い記述をまとめるだけで十分である」［Ep37, Geb., IV, p. 189: 5-8：強調引用者］。みられるとおり、この時期にあってなおスピノザは、『改善論』の内容と重なる論点にかんして、ベーコンの考えを——少なくともこの論点にかぎってみれば——拒絶しているわけではない。つまり、『改善論』においてベーコンとデカルトの語彙や概念枠が見出されることはたしかだし、また「書簡二」でスピノザが両者に対して批判的な立場を示していることもたしかだけれども、しかしそれだけで、スピノザが『改善論』の執筆時期に、ベーコンやデカルトの思想に積極的かつ肯定的に与し、そしてそののちに彼らから決定的に離反した、とはいえないのである。むしろこの著作における両者の痕跡は、『改善論』というテクストに固有の性格を反映するものであると考えられる。

B・ルッセも指摘するとおり、『改善論』には仮想敵からの反論ならびにそれに対するスピノザの答弁が複数見出される[13]。このことは、スピノザがこの著作の読者として、彼自身の思想——この時期の彼の思想の内実がどのようなものであれ――に或る程度の理解を持った身近な人々にかぎらず、むしろよりひろい読者層を想定していたという理解に対して、一定の正当化を与えるだろう。そしてミニーニも認めていたように、この著作にはベーコンとデカルトの述語や概念枠が多く見出されることから、スピノザがおそらく念頭においていた読者は、具体的には当時のいわゆる「新哲学」としてのベーコンとデカルトの哲学に親しんだ者たちであると考えられる。つまり『改善論』は、ほかでもなくこうした読者をめがけて書かれ、それゆえこの著作でスピノザはあえて「彼らの陣地に身をおいており、いまだ彼らの痕跡をとどめたことばで」この著作を執筆したのだと理解することができる。[14] とはいえ、P‐F・モローがいうように、この著作でスピノザは、彼らの議論の重点をずらし、書き換え、またねらいを変化させており、こうした手続きは、「もはやベーコン的でもデカルト的でもない諸々の問いを立てようとする概念上の作業」を示している。[15]

以上を踏まえて私たちは、『改善論』のテクストに固有な性格を次のように理解する。『改善論』は、その冒頭で示されるスピノザ自身の哲学的なくわだて（この点は第一章で検討する）を背景としつつ、ひろく新哲学に親しんだ者たちという意味でのデカルト主義者たちの述語や概念枠を意図的にもちいながら、彼らの思想とスピノザ自身の思想との差異の所在を明確にしつつ自説を展開するという戦略を持ったテクストにほかならない。さらに、ミニーニその人がその可能性を認めており、私たちもまたのちに立ち入ることがらであるけれども、スピノザは『改善論』の執筆を、或る時期に何らかの理由で決定的に断念し、以後それをまったく顧みなかったのではなく、むしろ生涯にわたって一定程度そこに手を入れ続けたという解釈がある。[16] こうした理解が正しければ、『改善論』は、「ひとつの体系が構成される様式を熟考する」きっかけを与えてくれる、きわめて重要なテクストであることになる。[17]

それゆえ『改善論』の分析から議論をはじめることによって、スピノザがいかにして彼自身にとっての根本的な問題に対してことばを与えていくのか、またそのさいにもちいられる諸概念がどのように精錬され、あるいは概念布置がどのように整備されていくことになるのかを跡づけることができるのではないか。要するに、スピノザ哲学の生成を再構成することが可能になるのではないか。またそれによってスピノザ哲学の中核的な問題、ならびにその所在をより克明に、より研ぎ澄まされたかたちで浮かびあがらせ、さらにこのように彫琢された問題の内実を、いっそう立ち入った仕方で考究していくことによって、スピノザの思考により深く入り込むことができるのではないか。

＊

あらためて本書の課題と構成を示そう。本書は以上のような見とおしのもとで、スピノザ哲学・形而上学の生成と構造を描き出すことを介して、スピノザ哲学を〈力の存在論〉として読み解き、それによって〈生の哲学〉として定式化することを中心課題とする。その途すがら私たちは、彼の哲学において具体的にどのような論点がいかに問題化されることでその生成をうながしたのか、あるいは強いたのかを見定め、そのうえでスピノザ形而上学の展開を跡づけ、そしてその構造を分析していくという手続きをとる（本書の見とおしをよくするために、あらかじめ「形而上学」について付言しておこう。本書で私たちは「形而上学」ということで、基本的には『エチカ』第一部でまとまったかたちで展開される議論を念頭においている。そこでは存在するものを一定の限定されたありかたのもとでとらえるのではなく、存在するものを存在するものとして把握する原理が示される。つまり存在するものをたとえば物体としてとらえ、それが物体としていかなる運動を行っているか等を考えるのではなく、むしろ存在するものが「何であるか」（本質）、そしてそれが〈何かであるもの〉として「在ること」（実在）、これら二つの意味での「ある」を可能にし、かつその「ある」についての理解を可能にする条件の提示がそこで目指されている。さらに第一部（「神について」）は、第二部以降の物体・身体にかかわる自然学、ならびに精神の本性にかかわる議論に共通するきわめて基礎的な原理を提示する点でも、「形而上学」の名に値する）。

とはいえ本書が分析の対象とするスピノザのテクストは、おもに『知性改善論』、ならびに主著の『エチカ』にかぎられるし、また分析の対象となる個々の主題も網羅的なものでは無論ない。英米圏を代表するスピノザ研究者であるE・カーリーがかつて語っていたように、「スピノザ研究者のあいだには解釈にとって根本的なことがらについてさえ深刻な不一致がある」[18]。こうした不一致や紛糾のなかで本書がとりあげるのは、大きなところでは、『知性改善論』をスピノザ哲学全体のうちにどのように位置づけるか（第一章第二節第四項、第二章第四節）、『エチカ』で提示される定義がどのような身分・機能を有しているのか（第三章第一節）、また『エチカ』における原因性の理解（第四章）、さらには個別的なもの[19]の有限性についての理解、そして個別的なものの本質が一般的なものであるのか個別的なものであるのか（ともに第五章）、また個別的なものの永遠性の内実（第六章）、こうした個々の主題である。このような主題の選択はしかし、無作為になされたものではまったくない。これらの主題群は、すべて本質と実在という概念をめぐって旋回しているのである。そして私たちは本書全体をとおして、この本質と実在、さらに力能あるいは力という概念こそが、そしてこれらの概念に立脚した〈力の存在論〉こそが、スピノザに固有の生の思考を理解するための導きの糸たりうることを示していくだろう。

（1）たしかにスピノザは『エチカ』第一部定理一九備考において明示的に『デカルトの哲学原理』に、また第二部定理四〇備考一においておそらく『知性改善論』に言及してはいる。しかしながらいずれの箇所においても、他の著作への参照が論証の流れに必要不可欠なものとして提示されているのではない。さらにこの二つの箇所がともに「備考」のうちにあらわれていることに注意すべきである。P・マシュレによれば、「備考（scholium）」はギリシア語の「スコレー」（余暇、休息）に由来し、「推論ないし論述の正規の流れが一時的に中断される」場面を示す［Macherey

1997-2, p. 111, n. 2］。要するに、備考は幾何学的順序による論証の枠外にある。なお備考の身分をめぐる様々な評価にかんしては第三章注（1）を参照。

（2） Deleuze et Guattari 1991, p. 22.

（3） なお一六六三年に生前スピノザが自らの名を冠した唯一の著作である『デカルトの哲学原理』が、付録として「形而上学的思想」を付して出版されており、この著作もスピノザの初期に属するものである。『デカルトの哲学原理』は、「書簡一三」によれば、スピノザが或る青年（Johannes Casearius）に口述した「デカルトの『哲学原理』の幾何学的な仕方で論証された第二部と、形而上学において扱われる主要なことどもが手短に含まれている或る論文」に、「第一部」が書き足されたものである［Ep13, Geb., IV, p. 63: 12-17］。この両テクストにおけるスピノザの立場にかんしては、『デカルトの哲学原理』は基本的にデカルトの思考の線にのっとりながら、それでもスピノザがデカルトの思想の明確化を図るために、公理等の順序を変え、あるいは修正や削除等を行い、さらに備考においてデカルトの含意を展開したりスピノザ自身の批判を盛り込んだりしている、という程度で理解しておこう。一方「形而上学的思想」にかんする事情はもう少し複雑で、近世スコラ哲学の諸概念と諸問題を、デカルト哲学を反映させながら切り分け、あるいはそぎ落とし、それでもスピノザ自身の思想がところどころに顔をのぞかせている、といった具合で整理するのが穏当だと思われる。以上の点にかんしては、鈴木 二〇〇四、また鈴木 二〇〇七とりわけ七四—七六頁参照。

（4） Gebhardt, « Textgestaltung », Geb., I, S. 425. なお彼は Gebhardt 1922 / 1965 においては一六五八—一六六〇年のあいだに定める［pp. xiv-xv］。

（5） Gebhardt, « Textgestaltung », Geb., I, S. 407. それゆえゲプハルトのこの年代設定にしたがえば、『短論文』は、一六五六年七月二七日のアムステルダム・シナゴーグからの破門を経て、スピノザが一六六一年夏頃にレインスブルフに転居するまでの時期に、そして『改善論』は、それ以降一六六三年春にフォールブルフに転居するまでの時期に成立したことになる（こうしたスピノザの伝記的な情報は Nadler 1999, p. 180, p. 203 を参照）。とはいえ、シナゴーグからの破門直後の数年間のスピノザの生活にかんする記録は極度に乏しく［Nadler 1999, p. xi, 清水 一九七八、三五頁参照]、現在私たちの手にしうる書簡も、もっとも早いもので一六六一年八月付のもので、一六六〇年ごろまでのスピノザの著述活動、思索のありようをうかがい知ることは困難である。こうした諸事情も輻輳しているため、『短論文』と『改善論』の成立時期の推定がいっそう困難となっている。

(6) ミニーニの仮説の概要、ならびにそれまでの『改善論』と『短論文』の成立事情にかんする研究の立ち入った整理としては、スピノザ 二〇一八に付された佐藤一郎による「解題」を参照されたい。

(7) Mignini 1987, p. 20. なおミニーニは別のところで、『改善論』が一六五六年終わりごろから、一六五七年の最初の数か月にかけて着手されたという説を提示している[Spinoza 2007, p. LXXXVIII]。

(8) Cf. P. -F. Moreau 1994, p. 3, n. 2.

(9) Spinoza 2002 へのB・ルッセの序文[p. 7]、また Spinoza 2003 へのA・レクリヴァンの序文[pp. 12-17]を参照。ルッセは『改善論』の執筆時期を一六六一年秋から一六六二年夏のあいだに定める[Rousset 1992, p. 51]。またB・ポートラも同様の見解をとるが、ただし彼は具体的な成立時期の確定に積極的にコミットしているわけではない[Spinoza 2016, pp. 177-182]。

(10) Matheron 1983. E・カーリーもマトゥロンと同様の評価を示しているが[CW I, pp. 3-4]、彼は自らが編集、翻訳を行ったスピノザ著作集において、『改善論』を『短論文』より先に配列している。

(11) それぞれ、『改善論』冒頭から三二節まで、六八節からテクスト末尾まで。そしてこの二つの局面のあいだには、両者いずれの痕跡もはっきりとは確認できないテクストが挟まっているとされる[Spinoza 2009, p. 40]。

(12) Spinoza 2009, p. 40.

(13) Rousset 1992, p. 431.

(14) P. -F. Moreau 2003, p. 50.

(15) P. -F. Moreau 2003, p. 52.

(16) ここで一例を挙げておけば、たとえばO・プロイエッティは、『改善論』のテクストに付された諸注——それらは三つの系列に分かれている——を踏まえ、ゲプハルト版スピノザ著作集の第二巻二二頁の注 zと、二九頁の注 zにかんして、『改善論』のテクスト「作成のことなる諸層を考慮に入れる必要がある」という［Proietti 1989, p. 53, n. 2］。

（17）　P. -F. Moreau 2003, p. 53.

（18）　Curley 1969, p. 43.　また De Dijn 1986, p. 55 をも参照。

（19）　本書で傍点を付した「もの」は、すべてラテン語の ‘res’ に対応する。

第一章　スピノザ哲学の開始点——確実性の問題

序論でふれたように、『改善論』は未完のままに残されたけれども、しかしスピノザがそこに生涯にわたって一定程度手を入れ続けた可能性は、すでにこれまでの研究でも示唆されていた。以下で示していくことになるが、『改善論』で展開されているスピノザの思想を注意深く追っていくと、そこでの彼の思想には内容上の多層性が見出される。そしてこの思想内容の多層性は、執筆時期の多層性にもつながりうる。実にこうした可能性は、あくまで『改善論』が『短論文』より先に書かれたとする仮説を綿密に立証しようとするミニーニによってさえ否定されていない。つまり彼は、『改善論』が未完のままにとどまっていたのだから、スピノザがそこに後からいくつかの注記をくわえたり、他の様々な仕方で第一稿に手をくわえたりすることができたという可能性を排除しないのである。(1)

以下で私たちはこの可能性を念頭におきつつ、スピノザ形而上学の生成の淵源を見定めていきたいと思う。そのさい私たちは、『エチカ』で提示されているスピノザのいわば成熟した思想の側から、『改善論』に含まれる思想の未熟さを指摘していくような態度や、A・コイレのように『エチカ』のテクストからこそ『改善論』のテクストが解明されるべきであって、その逆ではないという解釈の方向性(2)を断固として拒絶する。こうした方向性は、しかもマトゥロンが『エチカ』と『改善論』両著作にまたがって認識の諸類型を解釈していくさいに典型的に、しかもほとんど強引ともいえるほどに強く推し進められている。[3] ところがこうした解釈の方向性では、スピノザの初期思想におけるどのような問題性が、そののちの彼の思想の生成と展開をうながしたのかという視点を確保することができないだろう。到達点としての『エチカ』の側からスピノザの初期著作に光をあてる場合、まさにこの到達点へとスピノザの思考を至らしめた動因が陰に隠れてしまうことになるからである。私たちとしてはあくまで、まずは『改善論』のテクストにそくした分析を行い、この著作に固有の問題を開示することから出発して、スピノザ形而上学の生成を跡づけていくという手続きをとる。しばらくは『エチカ』の諸説についてほとんど知識を持たない読者の立場に身をおいてテクストを読解していこう。以下に示していく『改善論』にかんする私たちの議論は、『改善論』のうちに『エチカ』の形而上学がすでに含まれているとする理解[4]に対する批判ともなるはずである。

第一節　学の目的――スピノザ哲学のもくろみ

『改善論』にかんしてだけではなく、しばしばスピノザ哲学全体の「序曲」ともみなされる[5]その冒頭でスピノザは以下のように語りはじめる。「私はついに決断した。真の善であり、かつ人々と共有しうる或るもの、他のすべてをなげうってでも、それのみによって心が触発される或るものが存するかどうか、より正確には、それを見出しまた獲得することによって、私が絶えざる最高のよろこびを永遠に享受することになろう或るものが存するかどうかを探求しようと」[1][6]。

これに続いて以下のようにいわれる。「〔真の善を求めようと決断した〕その時には〔まだ〕不確実なもののために、確実なものを放棄しようとするのは、一見したところ思慮に欠けるように思われた」[2]。それではこの「確実なもの」とは何か。それは「富」や「名誉」といわれ［ibid.］、「快楽」とならび「人々によって〔…〕最高の善とみなされている」ものである［3］。しかしこれらによって「精神は、他の何らかの善についてほとんど思惟することができないほどに掻き乱される」［ibid.］。つまり、ここでいわれる「確実なもの」とは、六節で「確実」と「不確実」という形容詞が「善」に付されていることからもみてとれるように、「善」にかかわるものであり、またそれはスピノザによって否定的に評価され、真正な善と呼べるものではないと考えられている。

たしかに私たちは、私人としてであれ公人としてであれ、日ごろ生活しているなかでたとえそれがわずかであったとしても、一定の名誉や富を現に手にしている。そして、もしこうした現に手にしている名誉や富よりもより善いものがそもそも存在しないとするなら、それらを捨ててまで他の何かより善いものを求めようとすることは、私たちの有しうる幸福を自らの手で捨て去るということを意味するだろう。けれどもまた他方で、たとえば私たちが現に有している何らかの名誉が、うわべだけの虚栄のようなものでしかなく、そうした名誉のようなものにはそもそも幸福が含まれていないとすれば、「私は最高の幸福を欠いていたということになろう」［2］。要するに、ここでいわれている「不確実」、「確実」とは、さしあたりその獲得にかんする確かさであり、あるいは不確かさであると考えられる[7]。けれども、たとえその獲得にかんして確かといわれるものであっても、現に確かに私たちが得ている何ものか、たとえば一定の富、あるいはこの先確かに得られるであろう何ものか、たとえば目先の快楽が、その本性上「不確実」なものであったとしたらいかなる事態が生じるだろうか。たしかに「真の善」という、その獲得が困難であり、この意味で不確かなもののために、現に私たちが確かに獲得しているもの、あるいはこの先確かに獲得できるであろうものを捨ててしまうのは、「思慮に欠ける」ように思われる［ibid.］。けれども私たちが現に有している何ものかが、その本性上不確実なものであるとしたら、結局のところ私たちは「確実」といえる何ものをも手にすることができないし、かつ現に手にしていない、ということになるだろう。

「ゆえに、きわめて身近でありありとあらわれている平凡な生が、ちょっとでもそれを問うてみるや否や、あたかも最悪の脅威、苦悶をあらわにするかのようにすべては進行する」[8]。人の世というものは、とかく定めがたいものである。このような定めがたい世界のなかで、それでもなお「確実」といえる何ものか、「それを見出しまた獲得することによって、私が絶えざる最高のよろこびを永遠に享受することになろう或るもの」が求められるべき次第である。「治療薬がほどこされなければ確実に死ぬことを予見している、死に至る病によって窮地に立たされた病人が、どれほど〔それを得ることが〕不確かであっても、彼の希望のすべてがこの薬にかかっているために、死力を尽くしてこれを求めざるをえないのと同様に」[7]。

それでは「真の善ということで私〔スピノザ〕が知解するものは何か」[12]。「このことが正しく知解されるために」、まず「善と悪が相対的」なものでしかないと注意されたうえで、真の善は次のように規定される。「それ〔人間の完全性〕へと至るための手段となりうるすべてのものが真の善といわれる」[13]。そしてこの人間の完全性ないし本性とは、「精神が全自然ととりもつ合一性の認識」[ibid.：強調引用者]であることが示される。このように真の善が規定されたので、それにともなって「確実なもの」の規定も変更されていくと考えることができるだろう。スピノザはさらに論を進める。「〔…〕私の向かう目的は、このような本性を獲得すること、また私とともに多くの人々がこれを獲得するよう努めることである。いうなら、他の多くの人々に私が知解するのと同じように知解させ、彼らの知性と欲望が私の知性と欲望にまったく合致するように努めることがまた、私の幸福に属するということである」[14]。

まとめよう。『改善論』の冒頭から語られはじめた「確実」なものは「善」にかかわり、さらにこの「善」は「精神が全自然ととりもつ合一性の認識」という諸学における唯一の目的[16とそこに付された注]のうちに見定められた。そしてスピノザはここで、つまり自らの哲学への序曲において、何よりもまず人間の富、名誉、その悲哀、不安、また幸福について、すなわち人間の生について語っている。たしかに、確実性や学知(scientia)を求めるはずの著作、また知性が「諸々のものについての真なる認識へと最上の仕方で導かれるための途」(『改善論』の副題)[9]を論じるべき著作が、さらに「いかなる仕方で、またどのような途を介して知性が完全にされなければならないか」を扱うとされる「論理学」［E5Praef］たるべき書物[10]が、こうした人間の生についての叙述からはじまるという事態は、一見したところでは奇異に感じられるかもしれない。しかしながらスピノザが『エチカ』の著者であるということは決して忘れられるべきではない。たとえこの書物がきわめて特異な意味において――この意味は本書の最後にみることになる――のみ〈倫理学〉といわれるとしてもそうである[11]。

不確かなものにみちあふれ、定めがたきこの世でなおもその本性上確実な何ものか、すなわち「精神が全自然ととりもつ合一性の認識」へと至る手段となるものをいかに見出して手に入れるかということ、「それを見出しまた獲得することによって、私が絶えざる最高のよろこびを永遠に享受することになろう或るもの」を探求すること、これがスピノザ哲学全体を貫くモチーフとなっていると考えることができる。それゆえ求められるべきは、何よりも生における確実性、あるいはより強くいえば、揺り動かされることのない確実な生の様式、永遠なる生の様式である。そしてこのような生の様式は、精神と全自然との合一性の認識のうちに見定められた。スピノザのこののちの議論は、したがってまずは認識の確実性をめぐって展開されていくことになる。

*

かくてスピノザ哲学全体のもくろみ、方向性を見定めたわけだが、これ以降「確実」なものはどのように語られていくのだろうか。以下で私たちはスピノザの議論をさらに追っていきながら、『改善論』における「確実」なものを明確にとらえていくことを試みる。というのも右にみたように、(1)『改善論』はまさに「確実なもの」と「不確実なもの」をめぐる議論を皮切りにして叙述されていくからであり[12]、さらに(2)確実性は『改善論』においていくつかの問題をはらんでいるからであり、最後に(3)こうした問題性をうけて、のちのスピノザ哲学の展開を考究するための足掛かりとして、まずは『改善論』におけるスピノザの思索が突き当たっている諸々の理論的困難を浮き彫りにするというもくろみが、私たちにはあるからである。

第二節　確実性の問題

「確実」と訳されるラテン語の形容詞'certus'は、動詞'cerno'に由来する。そして'cerno'の意味合いは、まず「ふるいにかけて不純物をとりのぞく」ことであり、ここから「他のものから区別・分離する」、またそれによって「決定する」、さらに目や精神で「識別する」ことを意味するようになる。くわえて他から区別されて定まっていること、それをまた目や精神で識別することは、「真（verus）」と近い意味をもつようになると考えることもできる。[13] それゆえ、何か確実なものを求めようとするなら、それと混同されてはならない不純物を区別し、分離する必要がある。そしてこの不純物とは、真なるものに対立する疑わしいものや偽なるものであると理解できる。私たちは'certus'のこの元来の意味合いを念頭におきつつ考察を進めていく。

以下での分析の具体的な手続きを示しておこう。まず、(1)『改善論』の認識論にかかわる場面での確実性のありかたを明示する。同書三五節における「確実性は対象的本質（essentia objectiva）それ自身以外の何ものでもない」というスピノザの言明をめぐり、解釈史上この「対象的本質」を、「観念において措定され、あるいは含まれているかぎりでのもの（thing）の存在」ととらえるものや、「観念の内で対象を表している観念のありかた」ととらえる理解等があり、[14] 解釈の一致をみていない。私たちはまずこの「対象的本質」の身分を明示したうえで、さらにこの概念が、少なくとも三三―三五節においては、あくまで対象の「本質」にかかわるものであり、それゆえにこそ確実性が語られうることを示す。さらに、(2)『改善論』テクスト内部における確実性をめぐる齟齬を指摘し、そのうえで、(3)『改善論』における確実性の問題を提示することで、『改善論』のテクストの多層性、少なくともその可能性を示し、スピノザ形而上学の生成の出発点を定める。

〔…〕何よりもまずなされるべきこと、つまり知性を改善し、私たちが自らの目的に達するために必要とされる仕方で知性がもの（res）を知解するようにさせることへと、私はまずとりかかろう。これがなされるために私たちが自然に有している順序は、私がこれまで疑うことなく或るものを肯定したり否定したりするためにもちいてきた知得の諸様式を、ここでふたたびとりあげるよう求める。［18］

先に述べたように、確実なものを画定するためには不純物をとりのぞく必要がある。スピノザはここでその作業に着手しはじめたとみることができる。

彼によれば「知得の諸様式」は四つある。簡単にまとめれば、(1)聞き覚えからの知得、(2)なりゆきまかせの経験からの知得、(3)ものの本質が他のものから十全な仕方でではなく結論される知得、(4)ものの本質のみによる、あるいはその近接原因[15]（causa proxima）の認識による知得である［19］。以下ではまず、はっきりと「不確実」なものとされる第一と第二の知得様式を手短に検討することで、『改善論』における確実性の内実を見定める足掛かりとしよう。

スピノザは第一のものにかんして、「ことは至って不確実」であるといい、聞き覚えからは「私たちはものの本質を知得すること」がなく、また「或るものの個別的実在は、のちにみるであろうように、本質が認識されなくては知られないのだから、ここから、私たちが聞き覚えからもつすべての確実性が、諸学から排除されるべきであると明瞭に結論する」［26］という。ここでいわれる「確実性」は、聞き覚えによる知得の例（自分の誕生日やこれこれの両親を持ったこと［20］）からみてとれるように、「それについて私が決して疑わなかった」［ibid.］という意味での確実性である。さらに聞き覚えが「不確実」といわれる理由は、「その者自身の知性がともなわない[16]」［26］からであるといわれる。

また第二の知得様式にかんしても、スピノザはそれが「まったく不確実」であると語る［26］。その理由としては、「なりゆきまかせの経験」といわれる或る経験が、「たまさかそのように生じ」たものにすぎず、また私たちがこの経験の反証となるような別の経験を有していないという理由でのみ「揺るがしがたいもの」とみなされており［19］、いつかこの経験の反証となるものが生じればたちまち崩れ去ってしまうような不確かなものだからだと考えられる。くわえてスピノザがこのような経験を「知性によって規定されることのない」経験といいかえている点にも留意しよう［ibid.］。

以上の議論において私たちが注目したい論点は、たんに疑わなかったという理由だけで確実とされるもの、またたんにそれに対する反証が目下のところないという理由だけで信のおかれているものは学から排除されるべきであること、そして反対に学に求められるべき確実性は、第一にものの本質の認識にかかわり、第二に知性がともなわれるべきであるという点である。この二点についてはまたのちに振り返ることになるだろう。

こののちの行論でスピノザは、たんに疑わなかったから確実であり、疑わしいから不確実であるという消極的な規定にとどまらず、つまりたんに不純物をとりのぞくだけで十分とみなすのではなく、確実性を積極的に規定しようとする。以上の論点をたずさえて、いまや私たちはスピノザが確実性について決定的なことがらを語っている場面を検討していこう。

第一項　確実性——対象的本質

このことから、確実性は対象的本質それ自身以外の何ものでもないことが明らかである、いいかえれば、私たちが形相的本質を感得するその様式が確実性そのものである。これによってさらに、真理の確実性には、真の観念を有すること以外のしるしは必要ではないということも明らかである。というのも、私たちが示したように、私が知るためには、私が知っているということを知る必要はないのだから。これらのことから今度は、或るものの十全な観念、あるいはその対象的本質を有するひと以外の誰も、最高の確実性とは何たるかを知ることができない、ということが明らかである。明らかに、確実性と対象的本質は同じものなのだから。［35］

ここでは確実性の在処が明確に示されている。それは「対象的本質」そのものである。そして確実性がどのようなものかを知ることができるのは、この対象的本質を有している者にかぎられるのだから、まず私たちはこの対象的本質とは何なのかを理解しなければならない。そしてさらに、引用部に述べられた「対象的本質」、「形相的本質」、「真の観念」、「十全な観念」の相互のかかわりを明らかにしなければならない。けれどもこの節では、これら諸概念がどのようなものかについての説明はなされていない。これら諸概念の内実とその連関を理解するためには、この引用の冒頭のことば（「このことから」）が示しているように、この引用部全体に先行する議論［33-34］に目を向ける必要がある。

「真の観念（というのも私たちは真の観念を有しているから）はその観念対象（ideatum）とことなるものである」［33］。「真の観念」が『改善論』ではじめてあらわれる箇所である。「真の」という形容詞が付せられるのはなぜだろうか。ひとつには、それが「真なるものを探求する方法」にかかわる「生得の道具」として提示されるからであろう［32：強調引用者］。しかし私たちにはそれ以上に重要な理由があるように思われる。スピノザの議論を詳しくみていこう。

真の観念はその観念対象と区別される。たとえば円の観念と円は区別される。円の観念それ自体は中心や円周を持たないからである。このように観念と観念対象が区別されるがゆえに、つまり観念は観念対象とことなるものであるがゆえに、今度は観念それ自体も「知解可能な或るもの」という身分を得ることができる。いいかえれば、「観念はその形相的本質としてみられるかぎり、他の対象的本質の対象でありうる」［33］。スピノザはここでもなお、「観念」、「観念対象」、「形相的本質」、「対象的本質」という概念を明確に規定していない。結局私たちはスピノザの議論の文脈から、それぞれの概念の内実を見定めていかなくてはならない。

まず「観念」についてこの議論のみからわかるのは、それが〈知解すること（intelligere）〉にかかわること、観念対象を持つこと、その観念対象とは区別され、それとはことなるものであること、このようにことなっているためにそれ自身知解可能なものであり、事象的なもの(17)（quid reale）であるともいわれること［34］、これである。次に「観念対象」は、観念とはことなり、それとは区別されるものであり、一般化して定式化すれば、「～についての観念」が語られる場合における「～」の位置にくるものである。さらに観念がつねに何ものかについての観念であるのなら、その「何ものか」つまり観念対象はつねに観念にともなわれることになる。またH・H・ヨアキムもいうように、「ペテロの真の観念はペテロについてのものであり、他の観念対象をもたない。一方ペテロはこの観念の観念対象なのであり、他の真の観念の観念対象ではない(18)」。この意味で観念とその観念対象は結びついている。

では、「形相的本質」と「対象的本質」はどのように理解できるだろうか。ここでまず注意しなければならないのは、少なくともこの場面では、この両概念が観念についていわれていると理解できる、ということである。観念は何ものかについての観念であり、その何ものかつまり観念対象と結びついている。ところが、観念と観念対象はことなるものであり、区別されているのであった。そしてそのようにことなっているために、今度は観念それ自体が知解可能なものという身分を得る、つまり他の観念の対象となりうる。そのうえでスピノザは、「観念はその形相的本質としてみられるかぎり、他の対象的本質の対象でありうる」といいかえているのだから、形相的本質とは、〈それ自体が知解可能である＝それ自体が他の観念の対象となりうる〉という観念の身分規定であり、他方で対象的本質とは、〈何かを対象としている〉という観念の身分規定であるように思われる(19)。それゆえやはり、ここでの形相的本質と対象的本質は、観念についていわれているとみなさねばならないであろう。ところがスピノザはさらなる一歩を進める。

> たとえばペテロは事象的なものである。ところでペテロの真の観念はペテロの対象的本質であり、それ自身において事象的なものであり、ペテロ自身とまったくことなる。このようにペテロの観念は事象的なものであり、自らの固有の本質を有しているので、〔それ自身〕また知解可能なものであろう。つまり、他の観念の対象であろう。そしてこの〔他の〕観念は、ペテロの観念が形相的に有するすべてを、対象的に（objective）自らのうちに有するであろう〔…〕。［34］

ここでは真の観念にかんする決定的なことが語られている。詳しくみていこう。

第二項　対象的本質と形相的本質

ペテロは事象的なものである。事象的なものは、右にみたように〈それ自身知解可能なもの〉ともいわれており、それはまた或る観念の対象となりうる。そして、ペテロの真の観念はペテロの対象的本質であるといわれている。ここでの「ペテロの真の観念」とはヨアキムもいうように、まずは誰かがペテロについて有している真の観念ということであろう[20]。この観念がまた、「ペテロの対象的本質」ともいわれている。これは右にみてきたことから理解するなら、〈ペテロを対象としている〉というペテロについての真の観念の身分規定となるだろう。さらに、ペテロの真の観念はそれ自体がまた事象的なもの、知解可能なものであり、それ固有の本質を有する。つまり今度は当の観念の形相的本質という身分のほうに焦点が当てられた、と考えることができる。それゆえまたペテロの真の観念は他の観念の対象となりうるのである。

ここまでは私たちが三三節についてみてきたことから、つまり形相的本質と対象的本質が観念の身分規定と考えられることから理解できる。しかし、ペテロの真の観念を対象とする他の観念が、「ペテロの観念が形相的に有するすべてを、対象的に自らのうちに有するであろう」とスピノザが語りはじめるとき、ここまで私たちが示してきた理解だけでは汲みつくすことのできない事態があらわれる。さらに詳しくみていこう。

「このことは誰でも試してみることができる」とスピノザはいう。「〔…〕ひとはペテロが何であるかを知っていること、またそれを知っていることを知っている〔…〕等々をみてとる。ここから明らかなのは、ペテロの本質が知解されるには、ペテロの観念そのものを知解する必要はなく、ペテロの観念の観念を知解する必要はなおさらない、ということである」[34]。ここでは「ペテロが何であるか」、「ペテロの本質」（強調引用者）ということばがあらわれる。ペテロを対象とする真の観念は、その対象であるペテロの本質を、当の観念を有している者に知解させる、あるいはいいかえれば、ペテロの真の観念を有する者はその対象の本質を、ここではペテロの本質を知解している、ということが語られているのである。「ペテロの本質が知解されるためには、ペテロの観念そのものを知解する必要はなく」等々と語られているのは、ペテロの真の観念を有する者であれば誰でも、ペテロの本質を実際に知解している、いいかえれば、ペテロの真の観念を有するという事態そのものが、ペテロの本質を知解しているということがらそのものであって、そのうえあらたに、今度はペテロの真の観念自体を対象とした知解がなされる必要はない、と考えられているからだと思われる。要するに、〈或るものの真の観念を有する〉ということは、その観念が対象とする当のものの本質を知解しているという事態そのもののことであると考えられる。真の観念はその対象の本質の認識にかかわるといわねばならない。

ところでここで、「ペテロの真の観念はペテロの対象的本質」であると語られていたことを想い起こそう。ペテロの真の観念を有することが、ペテロの本質を知解することそのものであることは、いま示したとおりである。するとこの「ペテロの対象的本質」とは、対象となっているペテロの本質、より厳密にいえば、ペテロの真の観念を有する者に知解されているかぎりでのペテロの本質であるということができよう[21]。つまり「ペテロの対象的本質」は、ペテロという対象の本質の認識にかかわるものであると理解できるのである。

しかし私たちは先に、「ペテロの対象的本質」を〈ペテロを対象としている〉という観念の身分規定であるとみなしていた。明らかに、ここではそれ以上のことが語られている。とはいえ対象的本質が対象そのものの本質の認識にかかわることと、それがまた観念の身分規定であることは両立可能である。それゆえ、一般的に定式化すれば、〈Aの対象的本質〉とは、対象であるAの本質の認識にかかわる観念のありかたである、とまとめることが許されるだろう。そしてこの対象は観念だけでなく、いまペテロの真の観念についてみてきたことからわかるように、自然的実在でもありうる。つまり、たとえばペテロの真の観念は、ペテロという自然のうちに実在する人物を対象とすることも押さえておこう。

ここまで理解したうえでようやく私たちは、ペテロの真の観念を対象とする別の観念が、「ペテロの観念が形相的に有するすべてを、対象的に自らのうちに有する」という事態の内実を十分にとらえることができる。つまり、この言明そのものはたしかに或る観念を対象とする、それとは別の観念について語られているのだが、しかしながら対象は観念だけでなく自然的実在でもありうるわけだから、この言明は、〈Aを対象とする観念はAが形相的に有するすべてを、対象的に自らのうちに有する〉というかたちに一般化できる。そしてその内実はといえば、Aの真の観念を有することが、対象であるAの本質を余すところなく、対象自身がそうあるとおりに（「形相的に」とはこのような意味であると思われる）、それ以上でもそれ以下でもなく十全に（対等に）[22]知解することそのことである、といえよう。さて、ここまで整理してきたものをたずさえて、先に引用した三五節に戻って検討しなおすことにしよう。

「確実性は対象的本質以外の何ものでもない」とスピノザは語っていた。「対象的本質」は、右にみたように、対象であるものの本質の認識にかかわる真の観念のありかたである。そしてこのことは、「私たちが形相的本質を感得するその様式が確実性そのものである」ともいいかえられていた。そして、私たちが先に示した理解からすれば、「形相的本質」は〈それ自体が知解可能である＝それ自体が他の観念の対象となりうる〉という観念の身分規定であった。ところがいま私たちが検討している場面［35］では、「対象的本質」と「形相的本質を感得するその様式」が同義として扱われているとみなせるから、この「形相的本質」は、真の観念が対象とするものの本質、その対象のあるがままの本質と理解することができる。[23] つまりこの場面において「形相的本質」は、たんに観念の身分規定であるのみにとどまらず、さらに真の観念が対象としている当のものにもかかわると考えられる。そしてこの真の観念が対象とするのは自然的実在でも他の観念でもありうるのだから、「形相的本質」はその両者についていわれうる。それゆえまた「感得する」というのは、おしなべて真の観念が対象とするものの本質をあるがままに、それ自身そうあるとおりに知解していること、認識していることであると考えられる。[24]

そういうわけで、私たちがとりあげてきた「確実性」は、認識の対象（それが自然的実在であれ観念であれ）の本質が、それ自身あるがままに認識者に知解されること、いいかえれば、認識の対象の本質が現に認識されてある以外の仕方ではありえない、別様ではありえないことにもとづく確実性であるということができる。[25] 当の観念を有する者に知解されているかぎりでの対象の本質、つまり対象的本質を有すること自体が、当の対象自身のあるがままの本質、形相的本質を別様ではなくそれ自身あるがままに認識することであるがゆえに、確実性は対象的本質そのものであるとされるのである。まさにこの意味において、「或るものの十全な観念、あるいはその対象的本質を有するひと以外の誰も、最高の確実性とは何たるかを知ることができない」［35］と語られていた理由が理解される。

さらに、ここまでみてきたことから、『改善論』においてスピノザが提示する真の観念の真理性にかんして、それが観念の対象的な側面と形相的な側面（ここでは観念の対象の側の形相性）との一致を想定、ないし前提としているという解釈[26]に対して異論を提示することができる。すなわち、そのような一致を想定するよりも、むしろヨアキムのことばをかりるなら、「二つの側面を有する同一性[27]（a two-sided identity）」、つまり、ひとつの同一的な何かが、対象的な側面と形相的な側面という二つの側面のもとでとらえられていると理解するほうが、ここまで私たちがみてきた場面で語られていることがらをいい当てることができるのである。そしてまさに「本質」こそが、この〈ひとつの同一的な何か〉にほかならない。

　私たちは先に、学に求められるべき確実性はものの本質の認識にかかわるという見とおしをつけていたが、事情は右に述べてきたとおりである。また、「真理の確実性には、真の観念を有すること以外のしるしは必要ではない」と語られたのは、認識されるものの本質が現に認識されているとおりにあるのだから、つまり真の観念を有する者の認識と別様でありえないのだから、当の認識を離れたさらに別の確実性のしるし、この意味で当の観念に外的なしるしとなるものは必要とされないからである。「真理は精神にとって外的ではありえない。というのも精神は自らの外に出て、真理を真理として裏づける」必要はないからであり、したがって「思惟を真なるものへと導き、思惟に課される規則を外部から引き出す」必要もない[28]。真の観念が「真の」と形容される理由は、まさに以上までみてきたことのうちにある。

　さらに、こうして得られた『改善論』における確実性にかんするスピノザの理説は、P‐F・モローの仮想するデカルト主義の側からの次のような反論と対比させてみると、その独自性をより際立たせることができるだろう。つまり「たしかに私たちは諸観念を、さらに諸々の真の観念をも有しているが、しかしこれらは確実とはいえない。懐疑をもってする先行的な歩みのみが私たちに確実性を与えうる」とする反論である[29]。みられるとおり、この反論においては真の観念と確実性のあいだに断絶があり、さらに、或るものにかんして疑いえないからこそ、それについて確実であるという想定をみてとることができる。ところが、わたしたちが右にみてきたスピノザの理解によれば、第一に、真の観念を有することが確実性そのものなのであり、つまり真の観念と確実性のあいだの断絶は否定される。そして第二に、確実性は〈疑いえない〉という懐疑の不可能性によって消極的に評価されるのではなくて、むしろ積極的に規定されるべきものである。それゆデカルト主義者たちは事態を真逆にとらえている。彼らとは逆に、「真の観念は、それが何であれ、懐疑を不可能にする」といわねばならない。(30)

第三項　確実性にかんする齟齬

ここまでは主に三五節までにみられるスピノザの求める確実性についてみてきた。ここまでのスピノザの記述は明快であるようにみえる。ところが、この確実性のありかたと調停することができないと思える場面が、七八節に見出される。ここでは『改善論』における確実性のありかたをめぐって決定的とも思われる齟齬が生じている。

スピノザはいう。

懐疑は、それについて疑われているものそのものによって魂のうちにあるのではない、つまり、魂のうちにただひとつの観念しかないのなら、それが真であれ偽であれ、どんな懐疑もまた確実性もないであろう〔…〕。[78]

この箇所の文脈は明らかに懐疑論の批判、スピノザの語法にそくしていいかえれば、疑わしい観念を真の観念から区別することにある。たしかにこの引用では、このもくろみを達するための反事実的仮構が提示されているといえる。とはいえ私たちがみてきたように、真の観念を有することは、その対象となるものの本質を、それ自身あるがままに別様ではありえない仕方で認識するという事態そのものであったはずである。それゆえ、真の観念がひとつでもあるのなら、いいかえればひとつでも真の観念を有しているのなら、その対象となるものの本質を別様ではありえない仕方で認識していることになるはずだから、そこに確実性はあるはずである。「確実性、すなわち真の観念」[74]といいかえられてもいるのだから、なおさらそうであろう。さらにまた右にみたように、真の観念は懐疑を不可能にするものとも考えられ、確実性はあくまで積極的な規定を受けていたはずである。ところがここでスピノザは、真の観念にさえ確実性はないと語っている。これは明らかに彼自身が三五節等で語っていることがらと齟齬をきたし、調停することができないと思われる。このような齟齬はどうして生じているのか。この点を考察するためにも、この箇所で語られていることがらそのものを検討してみよう。

「たとえば」とスピノザはいう。太陽がいま実際に見えているとおりに見えるということは、それだけでは疑わしくも確実でもない。太陽がいま見えているとおりに見えている、という端的な事実だけがある。それが疑われるのは、感官は欺くことがあるという別のことがらとあわせて考慮された場合であり、それが確実なのは、感官にかんする真の認識を得て、感官を介したときに太陽がいかに離れてあらわれるかを、つまりいま見えているかぎりでの太陽の大きさと太陽そのものの実際の大きさがことなっていることを知る場合であるとされる[78]。要するに、あることがらを、それとは別個の知と付き合わせたときにはじめて、当のことがらについて疑いを抱いたり確実であったりすることができる、というわけである。すなわち、真の観念であっても、それについて疑ったり確実であったりするのは、それとは別のものが考慮されてはじめて可能となるといわれている。ということは、先にみたように、問題となっている真の観念、その当の認識を離れたさらに別の確実性のしるしが求められていることになり、この意味でここでの確実性は真の観念にとって外的であることになる。「真理の確実性には、真の観念を有すること以外のしるしは必要ではない」[35]といわれていたこととやはり背馳するのである。するとゲルーもいうように、「スピノザの独自性」が「確実性を真の認識の無媒介的把捉へと帰すことにあり、したがってその場合懐疑は不可能であるし、また真理と確実性のあいだには、神の誠実さに訴えることを強いる何らの断絶もない(31)」ことにあるとすれば、また私たちがみてきたように、真の観念と確実性が切り離しえないとする理解が、スピノザが積極的に規定しようとした確実性のありかたにほかならないのだとすれば、いま問題としていいる場面ではスピノザの独自性は消えていることになるし、『改善論』での確実性にかんするスピノザの議論には一貫性が欠けているといわざるをえないだろう。

第四項　『改善論』テクストの多層性

私たちは『改善論』における確実性の所在、ならびにそのありかたを明確に示した。つまり、真の観念を有するということが、その対象となっているものそのものの本質を余すところなく、それ以上でも以下でもなく別様ではありえない仕方で認識することとそのことであるという点に存する確実性である。この確実性のありかたと内実は、『改善論』の終盤に提示される知性の特質のひとつである「〈知性は〉確実性を包含する、いいかえれば、〈知性は〉ものが知性のうちに対象的に含まれているとおりに形相的にある、ということを知る」[108] ということとほぼ同一のことがらである。さらにこの点は、学に求められるべき確実性には知性がともなわれるという私たちがはじめに確認していた論点とも符合する。くわえてこの終盤で検討される「知性の諸力と力能」[106] とは、「私たちの知解する力能」[37] にほかならず、またこの力能の内実はまさに私たちが有する真の観念のありかたの解明によって理解される [ibid.]。それゆえ、私たちが示してきた真の観念にかかわるこの確実性のありかたは、『改善論』においてスピノザが主張しようとした確実性の核となる理解であるといえよう。

ところがスピノザは自らの示したこの確実性と明らかに齟齬をきたすことがらをも述べていて、『改善論』における確実性にかんする彼の議論には一貫性が欠けているように思われた。さらに、いま〈ほぼ〉という留保をつけたように、この一〇八節の確実性の記述には、ここまで私たちが指摘してきた確実性の重要な契機、すなわち「本質」ということばがあらわれていない。スピノザは「確実性と対象的本質は同じもの」であると語っていた [35] のだが、ここではもはや「本質」ないし「対象的本質」という概念は語られないのである。これはたんに表現の違いに過ぎないと思われるかもしれない。ところがこれまでみてきたように、この「対象的本質」は、

『改善論』において確実性と真の観念をめぐってきわめて枢要な地位を付与されていたのである。この重要な概念は、しかし『エチカ』ではただの一度もあらわれなくなる。[32]

こうした(1)確実性にかんする齟齬、そして(2)三五節で枢要な地位を与えられていた「対象的本質」が一〇八節では語られなくなること、いいかえれば、(1)'同一テクスト内に存する確実性にかんする両立することが難しいと思われる理解の共存、そして(2)'重要と思われた契機が消失していくこと、これらは何を示唆するだろうか。

私たちには、こうしたことがらが『改善論』のテクストの内的な成立事情にかかわっていると思われる。〈内的な〉というのは、外的なそれ、つまり私たちがいま手にしている『改善論』のテクストが、まさに現在残されているかたちで成立したのはいつかという、スピノザの著作についての（とりわけ『短論文』と『改善論』のあいだの）クロノロジーの問題に私たちが積極的にかかわる、ということではなくて、むしろ『改善論』のテクストそのものに内的な多層性を示したいと望むからである。

スピノザは彼の「方法」にかんする述作に長年のあいだ関心を払い続けていた。[33] このため、彼が或る定まった時期にその叙述を決定的に放棄したと考えるよりも、スピノザは『改善論』に部分的にであれ手を入れようと思い続け、実際にいくつかの箇所を修正していたと考えるほうが素直な理解であろう。つまり『改善論』内部には、先に書かれていた部分と、後々手を入れられた部分という、さしあたり少なくとも叙述時期にかんする多層性がありうるということである。

そしてこのことは、書かれている内容、その思想の内実のあいだの多層性にもつながりうる。というのも、もしスピノザの思想的発展（展開）というものがあって、かつ、『改善論』が全面的に書き換えられたのではなく、部分的に書き継がれたものであるとすれば、このテクストのうちにスピノザの思想の発展（展開）面からしてより先立つ時期の思想と、より後の時期の思想が混在している可能性は十分にありうるのだから。そしてこうした思想的展開を考察するうえでひとつの指標となりうるのは、テクストのなかで他の箇所で示される思想と内容上の齟齬をきたしているようにみえる論点であろう。

こうした論点にかんして、たとえばヨアキムは私たちと同様に、まさに『改善論』における確実性にかんする齟齬を指摘し、以下のようにいう。「ただひとつの観念が真であっても確実性を否定することは、スピノザの通常の理説と調停することが困難であり、この文章を著述しているときに彼がデカルトの教えから完全に自由になっていなかったことを示す多くのもののうちのひとつである」(34)。ヨアキムによれば、ここでの「デカルトの教え」とは、観念を「心に抱くこと」(知得)と、それについて「同意すること」、いうなら肯定あるいは否定すること(判断)が鋭く区別されるという考えかたである。これに対してスピノザに固有の理解によれば、観念そのものがひとつの判断なのであって、したがってひとつでも観念を有しているのなら、精神はその観念の対象の「事象性あるいは現実的実在」を肯定しているのだし肯定しなければならないはずであった(35)。つまりこうした理解をさらに私たちなりに展開するなら、『改善論』にはスピノザ自身の思想を表現しえている場面と、いまだ先行する人々の思想の影響をまぬかれていない場面が混在していると解釈することも可能なのである(36)。

たしかに、叙述時期の多層性と思想の内容上の多層性を明確に腑分けすることは困難かもしれないし、また内容上の多層性の理由についても様々な解釈が可能であろう。とはいえ『改善論』がこうした解釈上の可能性を開いているテクストであることはたしかであり、それゆえ『改善論』は、スピノザの思想の展開を再構成しようとする者にとってこれ以上ない資料を提供してくれるのである(37)。私たちがとりあげてきた確実性の問題は、まさにこうしたことがらを垣間見せてくれる事例のひとつにほかならない。こうしたテクストの多層性(叙述時期/思想内容/影響関係の多層性)――少なくともその可能性――は、スピノザの哲学の展開を視野に入れるさいにぜひとも注意を払うべきものであろう。

とはいえスピノザは、結局のところ『改善論』において、確実性の在処である真の観念のありかたの根拠を示すことはなかった。いいかえれば、真の観念を有することが、その対象となっているものの本質を別様ではありえない仕方で認識することであるといえるのはなぜなのか、その根拠を示していない(38)。おそらくスピノザは、それについては「私の哲学において説明されるだろう」、あるいはそれは「自然の探求に属する」ことであるというだろう(39)。この根拠の提示、説明は『エチカ』に引き渡されることになると考えられる。しかしながらさらに、多くの解釈者たちが述べているように、スピノザが『改善論』を彼の「哲学」への導入として着想していた、ということは正しいにせよ（少なくともテクストから裏づけられるにせよ）、私たちがいま現在有している『改善論』のテクストが、実際にその「哲学」の導入たりえているか、またその「哲学」の内容と一貫した思想を提示しているかどうか、これはくりかえし検討されてしかるべき論点である。

＊

本章で私たちは、『改善論』のテクストの多層性を開示し、スピノザ形而上学の生成について論じるための足場を確保した。ここからスピノザの思想の生成を跡づけるには、さらに『改善論』のより大きな文脈において、いかなる理論上の困難がこのテクストに含まれているのか、その問題性を浮き彫りにする必要がある。これまでの分析によって私たちは、こうした問題性を把握するさいの焦点となる概念のひとつをすでに手にしている。つまり認識されるべき対象の「本質」である。次章ではこの点を踏まえつつ、『改善論』のテクストにさらなる検討をくわえていこう。

（1）　Spinoza 2009, p. 34.
（2）　Spinoza 1994, p. XXI.
（3）　Matheron 2011-1. 彼の論点を詳細に検討することは、私たちのもくろみから外れるし、私たちの論点をぼかしてしまうだろうから、ここでは彼の論述の方向性のみをとりあげる。『改善論』では「知得（perceptio）」の四つの「様式（modus）」［TIE19-29］が提示される一方で、『エチカ』では「認識（cognitio）」の三つの「類（genus）」［E2P40S2］が提示される。マトゥロンは両著作で展開される認識の諸類型にかんして、それらのあいだに「理説上のどのような矛盾も」ない［p. 468：強調はマトゥロン］という立場をとり、『エチカ』での三種の認識それぞれを詳細に検討したのち、『改善論』の「知得」の諸様式との比較を行う。彼によれば両著作における認識の諸類型にかんする説の差異は、たんにスピノザがそれらを提示するさいの方法論的なものでしかない［ibid.］。なお「様式（modus）」と「類（genus）」にかんする差異については、Rousset 1992, pp. 36-39 を参照。

（4）たとえば Harris 1986, pp. 131-132.

（5）Cf. Spinoza 2003 p. 20, Spinoza 1994, p. 97, n. 1, P. -F. Moreau 1994, p. 26, A. Garrett 2003, p. 12, Rousset 1992, p. 47. なおP－F・モローのいうように、この冒頭部は「数多くの注釈を生み出してきた」箇所であり［P. -F. Moreau 1994 p. 11］、スピノザ解釈においてもっとも重要なテクストのひとつである。

（6）本章と次章では『改善論』の参照箇所をブルーダー版の段落番号のみによって指示する。

（7）Cf. P. -F. Moreau 1994, pp. 96-97.

（8）P. -F. Moreau 1994, p. 19.

（9）NS と OP での『改善論』の副題の違いにかんしては、佐藤 二〇〇四、二一九―二二〇頁、注（7）を参照。

（10）『エチカ』第五部序文にあらわれるこの「論理学」が『改善論』にほかならないとするのは、たとえばスピノザ一九五一（二〇〇六）、訳者畠中尚志による注（1）、一四八頁、また Rousset 1992, p. 13, p. 48 参照。

（11）ヴァチカンの異端審問所（Holy Office）に一六七一年九月二三日から保管されていた『エチカ』の唯一残存する手稿が二〇一〇年に発見された［Vatican 2011, p. 26, n. 74］。『ヴァチカン写本』である。これにはタイトルも口絵もないということもあって、この写本を出版した編者は、「『エチカ』という名は、おそらく作品の内容をもとに案出され、〔スピノザ自身というより〕『遺稿集』の編者たちによって与えられたと想定するのが無難だと思われる」［Vatican

2011, p. 4］という。しかし、この写本の編者自身もはっきりいっているように、この著作のタイトルはたしかにその「内容をもとに」考案されているわけだし、スピノザ自身「私のエチカ」と名指している［Ep23, Geb., IV, p. 151: 2］わけで、わざわざ『エチカ』の書名（ひいては体系名）をスピノザから奪いとる必要はまったくない。なおルッセは『改善論』冒頭で示されるスピノザの目的が、はっきりと「倫理的」であると語っている［Rousset 1992, pp. 45-46］。

（12）P‐F・モローは『改善論』の冒頭であらわれる「確実」をめぐる叙述について、「ほとんど強迫観念といえる繰り返し」がなされると述べている［P.‐F. Moreau 1994, p. 69］。

（13）中川二〇〇五、一二八頁参照。*Oxford Latin Dictionary* (2 ed.) は、‘cerno’ の語義説明として、第一に「ふるいにかけること」、第二に「区別、分離すること」、第三に「決定すること」、そして六番目に「知性でもって識別すること」を挙げている。

（14）引用はそれぞれ、Mark 1972, p. 20 (p. 62), 佐藤二〇〇四、一八三頁。

（15）「近接原因」は近世スコラ哲学の伝統では、他の諸原因を巻き込んで結果を産出する「遠隔原因（causa remota）」との対比で、他のものなしに無媒介に結果を産出する原因を示す術語である。たとえば Burgersdijk 1626 / 1644, cap. 17, 33 を参照。

（16）原文は ‘non praecessit proprius intellectus’。文字どおりに訳せば、「その者自身の知性が先行することのなかった」という訳になるだろうが、ことがらとしては「知性がともなうことのない」という事態を示していると解釈できる。なお ‘proprius intellectus’ は「本来的にいわれる知性」をも示しうる。Cf. Spinoza 2009, p. 146, n. 42, また Spinoza 1994, p. 22.

（17）私たちは本書で、ラテン語の形容詞 ‘reale’ と名詞 ‘realitas’ に、それぞれ「事象的」、「事象性」という訳語を与える。これらはしばしば、それぞれ「実在的」、「実在性」と訳される。しかし私たちは「実在」という訳語を、もっぱら ‘existentia’ ならびに ‘existere’ というラテン語に付与する。この ‘ex-sistere’ ということばの語義――あるいは語感といってもいいかもしれない――を理解するには、最低限、たんなる存在ではなく、存在とその原因や起源との関係を念頭におく必要がある［cf. Gilson 1972 / 2008, p. 16］。他方で、'reale' と 'realitas' は、名詞 'res' に由来する。この 'res' は、「もの」、「こと」、「ものごと」、「事物」、「事象」、「ことがら」等と訳されることばであり、これらの語感を生かし、また 'existere' の訳語との差別化を図るためにも、'reale' と 'realitas' には右のような訳語を与える。

（18） Joachim 1940, p. 55.

（19） スピノザは『改善論』において、形相的本質に対して明確な規定を与えておらず、対象的（objectivus）ということばにも説明を与えていない［cf. Joachim 1940, p. 56, n. 1］。解釈者たちはさまざまな規定を両概念に与えているが、ここまでの私たちの規定もそれらから大きく離れているわけではない。たとえば先に挙げたように、佐藤一郎は「対象的本質」を「観念の内で対象を表している観念のありかた」としており［佐藤 二〇〇四、一八三頁］、また朝倉友海は対象的本質を「対象をもったものとしての観念」とするが［朝倉 二〇一二、二六頁］、私たちの理解の一端もこれと変わらない。ただし以下の三点は明確にしておく。⑴『改善論』で観念についていわれる形相的本質を、『エチカ』での規定である「思惟の様態」［E2P5D］ととらえること［e.g. Matheron 2011-3, p. 542］には賛同しないこと、⑵のちに本書でみるように、形相的本質には、観念についていわれる場面とその対象となる自然的実在についていわれる場面の二つの側面があること（この点については以下のものをも参照。Carraud 2002, p. 322, また佐藤 二〇〇四、九四頁、二二七頁（注（26））、さらに⑶こちらものちに本書でみるように、「対象的本質」はあくまで対象の「本質」にかかわる、という三点である。

（20） Joachim 1940, p. 54, n. 2.

（21） 「或るものの観念はこのものの対象的本質である、つまりそのものが知性において対象的にあらわれているかぎりでのその本質である」［Matheron 2011-3, p. 542：強調はマトゥロン］。

（22） ここで私たちは「十全（対等）（adaequatus）」という概念にかんする詳しい議論に踏み込まず、また『エチカ』との異同を考察することもしない。ただし一点だけ挙げるなら、『改善論』における十全（対等）な観念は、M・ゲルーのいうように、或るものを余すところなくその全体において認識することにかかわっているように思われる

［Gueroult 1974, p. 601 参照］。また「対等」という訳語については、中川 二〇〇九、とりわけ四〇—四一頁参照。さらに「形相的に」と「対象的に」という副詞については、以下のデカルトの用法を引き合いに出すとよりよく理解されるだろう。「私たちが観念の対象においてあるとして知得する各々のものは、当の観念において対象的にある」といわれ、一方或るものが「観念の対象において、私たちが知得するとおりに〔対象〕それ自身においてある場合、形相的にあるといわれる」とされる［「第二答弁　諸根拠」Def3 et 4, ATVII161: 7-12：強調はデカルト］。

（23）「〔…〕ペテロの本質は彼の「形相」を構成する。それは彼の「形相的本質」、あるいは彼が事象的にそうあるところのものである（Peter's essence constitutes his 'form'. It is his 'formal essence', or what he *really* is）」とヨアキムは述べているが［Joachim 1940, p. 55：強調はヨアキム］、これは私たちの理解と同様であると思われる。またコイレによれば「真の観念は、スピノザにとって、何よりもまず本質についての観念である」［Spinoza 1994, p. 107, n. 69］。またA・リヴォーは、「スピノザが観念対象について語るとき、主眼になっているのは感覚的世界の対象ではなく、本質なのである」という［Rivaud 1906, p. 46, n. 85］。さらに、Joachim 1940, p. 93 参照。

（24）「感得する（sentire）」にかんしては、観念と「感得（sensatio）」が同一視される七八節の理解とも絡んで、さまざまな解釈があることを指摘するだけにとどめる。ヨアキムはそれをほぼ対象「について意識している」［Joachim 1940, p. 57］ことと理解しているようだが、これはマトゥロンも同様である［Matheron 2011-2, p. 533］。M・ベイサッドは「sentire がしばしば percipere（知得すること）と同義語である」と述べ、形相的本質を「感得する」とは「知得あるいは観念を有すること」であるとする［Spinoza 2009, p. 147, n. 54］。またC・アピューンがラテン語原文の 'sentimus essentiam formalem'（「形相的本質を感得する」）を 'nous sentons l'essence objective'（「対象的本質を感得する」）に変えて訳しているのは、本書での私たちの理解からすれば余計なことである［cf. Spinoza 1964, p. 191］。さらにレクリヴァンは、'sentire' と 'percipere' にかんして、前者が「私たちが自らの身体や思惟についてもつ意識」について、そして後者が「私たちに外的な対象にかかわるさい」にもちいられるとする区別を提示している。興味深い論点ではあるが、慎重な検討を要するところだろう［Spinoza 2003, p. 172］。ゲルーはこの意見とわずかにことなる見解を提示している。つまり、少なくとも『エチカ』においては、‘sentire’がただ「私の」身体・精神、そしてそれらの変状についてのみ語られ、他方‘percipere’はこれらにくわえて外的対象についても語られるという［Gueroult 1974, pp. 134-135, n. 54］。

（25） 近世のスコラ哲学者R・ゴクレニウス（一五四七―一六二八年）が、こうした確実性を簡潔に定式化している。「対象にかんする確実性」、すなわち「認識されるものにかんする確実性」とは、その認識が「別様ではありえない（aliter se habere nequit）」ことにもとづく確実性である［Goclenius 1613, p. 361］。この点にかんしてはP‐F・モローにも指摘がある［P.-F. Moreau 1994, p. 98］。また上野修も「真なる観念は、別様ではあり得ないという認識である」と述べる［上野 二〇〇三、八五頁］。なおゴクレニウスの立ち位置については以下の言を参照。ゴクレニウスは「一七世紀のはじめに受け入れられていた哲学的な区別のすべてを可能なかぎり詳細に要約しようと試みて」おり、「それゆえスアレス（一五九七年〔彼の主著 *Disputationes metaphysicae* の刊行年〕）の説のような、〔ゴクレニウスが *Lexicon Philosophicum* を刊行した〕一六一三年に先立つ重要な諸説を代表させることに利用できる」［Ariew and Grene 1995, p. 61, n. 14：強調は原文］。

（26） 佐藤 二〇〇四、一八四―一八五頁、また桂 一九五六／一九九一、一〇三―一〇四頁を参照。

（27） Joachim 1940, p. 55.

（28） Cf. Brunschvicg 1893, p. 453.

（29） P.-F. Moreau 2006, p. 181. この仮想的反論がそのままデカルト自身の確実性にかんする理解であるというわけではもちろんない。デカルトの確実性をめぐる理解は、いわゆる「デカルトの循環」という問題にもかかわっており、本書の射程を超える。Cf. Rodis-Lewis 1971, pp. 261-269 et pp. 528-529, n. 59, 村上 二〇〇四、六三―七八頁、Gueroult 1953, pp. 237-247.

（30） P.-F. Moreau 2006, p. 181. なお『改善論』の序盤における確実性（獲得の確実性、あるいは求められるべきものの側にぞくする確実性）と、デカルトにおける確実性（ものの側にあるのではなく、思惟する主体の側で語られる確実性）との差異にかんしては、P.-F. Moreau 1994, pp. 94-103 参照。

（31） Gueroult 1974, p. 398.

（32） この事実については、佐藤 二〇〇四、一〇一頁、注（10）、また一八五頁、さらに二二八―二二九頁、注（30）参照。なお『エチカ』では「対象的有（esse objectivum）」ということばが一度だけあらわれる［E2P8C］。本章でみてきたように『改善論』での「対象的本質」が語義どおり対象の本質にかかわっている一方で、この「対象的有」ということばは、観念そのものの存在論的身分規定をあらわしていると考えられる。

（33） 一六六六年六月一〇日の Ep37, Geb., IV, p. 188: 19-p. 189: 8 参照。また一六七五年一月と推定される Ep60, Geb., IV, p. 271: 8-10 をも参照。

（34） Joachim 1940, p. 181, n. 5（強調はヨアキム）.

（35） Joachim 1940, pp. 194-195 また pp. 181-182, n. 5 をも参照。

（36） 藤井 二〇〇九は、『改善論』で「認識論的出発点」として重要視される「単純観念」が、デカルト由来のものであり、また「スピノザ固有の方法論と齟齬」をきたすと論じる［二三四頁、二四〇頁］。実際『改善論』では「単純なもの」が明晰判明性の重要なメルクマールのひとつとされている［cf. TIE63］が、単純なものにかんする議論は『エチカ』では消失する［cf. Gueroult 1974, p. 601, 藤井 二〇〇九、二四三頁］。なお『改善論』での単純性の議論にかんして、コイレはデカルトにくわえて、トマス・アクィナス（一二二五頃―七四年）とアリストテレス（前三八四―前三二二年）のテクストへの参照をうながしている［Spinoza 1994, p. 107］。この単純性というテーマも、先行する人々の影響をまぬかれていない場面の一例である。

（37） このような理解の可能性を提示しているものとして、Auffret-Ferzli 1992 また Spinoza 2002 に付されたルッセの序文［pp. 7-20］を参照。また Rousset 1992 とりわけ pp. 16-19, p. 51, pp. 300-301 をも参照。さらにミニーニでさえも、あくまで彼の仮説である『改善論』の『短論文』に対する少なくとも叙述時期にかんする先行性を危うくしない範囲で、このような理解の可能性を認めている［cf. Spinoza 2009, p. 34, pp. 40-42］。

（38） Cf. Gueroult 1968, p. 31. またこの点にかんして、「内的規定（denominatio intrinseca）」［69］、「真の思惟の形相」［71］がその根拠を示しているのではないかという疑念が浮かぶかもしれない。ところが、まず後者にかんして、スピノザは真の思惟の形相が「知性の力能そのものと本性に依拠しなければなら」ず、「知性の本性から導出されるべき」であるというが［ibid.］、次章でみるように、『改善論』は「知性の本性いうなら定義」［107］を求めようとする箇所［106-110］で中断されており、「知性の定義」をめぐる循環とその探究の頓挫が諸家によって指摘されている［De Dijn 1986, p. 63 また Joachim 1940, p. 214 さらに Di Vona 1977, p. 41, 清水 一九七八、二〇四―二〇六頁、さらに上野 二〇一二-一、四五頁参照］。また前者にかんして、スピノザは例示として「もし或る職人が順序正しく何らかの作品を概念するなら、そうした作品が決して実在していなかった、あるいは決して実在しないであろうとしても、それでもなおそれについての思惟は真であり、そして作品が実在しようとしまいと思惟は同一である」［69］というが、どうして対象の実在を度外視した内的規定が保証されるのか、その原理的な説明は『改善論』において示されていないし、ゲルーによればこの箇所でスピノザはたんに主観的な概念可能性とものの客観的な概念可能性を混同している［Gueroult 1968, pp. 413-414, n. 2］。

（39） 引用したことばにかんしては、たとえば三四節に付された注や三六節に付された注を参照。また、上野 二〇〇三、八七頁参照。なお「私の哲学」をめぐって、ミニーニは少なくとも七六節に付された最初の注（「これらは神の本質を示す属性ではない、このことを私は哲学の中で示すであろう」）の「哲学」が『短論文』を指しているとし［Mignini 1987, p. 16］、他方ヨアキムは「私の哲学」がスピノザの特定の著作を指しているというよりも、彼の哲学体系全体を指しているとする［Joachim 1940, p. 16］。

第二章　実在と本質――スピノザ形而上学の問題

第一章で私たちは、『改善論』のテクストの多層性、さらにこの多層性から出発することでスピノザの思想の生成・展開を再構成する可能性を開いてきた。私たちのみるところ、これまでに検討してきた確実性にかんする齟齬は、スピノザに自らの思想の精錬や展開を強いたひとつのより大きな問題の一側面にすぎない。この問題とは何か。それは結論を先取りすれば、認識されるべきもの、とりわけ個別的なものの本質とその実在との関係の問題である。

第一節　『改善論』における実在と本質の問題――個別性

前章でみたように、スピノザが「聞き覚え」による第一の知得様式について次のような論点を提示していたことを想い起こそう。つまり、「或るものの個別的実在は、〔…〕本質が認識されなくては知られない」[26]という論点である。まずはこの「或るもの」が、人間個体をはじめとする個別的なものであることを確認するところから本章の議論をはじめよう。

スピノザは四つある知得様式を提示した箇所のあとで、「これらのなかで最上の知得様式を選択するにあたって、私たちの目的に達するために必要な諸手段がどのようなものであるのかを、手短に数えあげることが求められる」とし、この諸手段のうちで最初のものとして、「私たちが完全にしようと欲している自らの本性を正確に知り、同時に必要なかぎり諸々のものの本性について知ること」を挙げている［25］。そして「私たちの目的」とは、先にみたように人間の最高の完全性としての「精神が全自然ととりもつ合一性の認識」［13］であった。

それゆえここで問われている「自らの本性」とは、ほかでもなく現に生きている私たちの本性であって、また同時に知られるべきとされる諸々のものとは、自然のうちに実在するもの、つまり、私たちの各々がそれに対して何らかの作用を及ぼし、あるいは逆にそこから何らかのはたらきをこうむるもの、要するに私たちとともにある自然的なものであると考えられる。第一章の冒頭で示したように、スピノザ哲学の倫理学的志向、つまり私たちの生や幸福について語ろうとする彼の志向を忘れるべきではない。スピノザが「自然を探求すること」［49］、「自然の究明」［45］、「自然の諸真理」［46］ということばに固執するのは、人間自身と、さらに人間とともに究明されるべきものが、人間もそのうちに含まれている自然のうちなる具体的、個別的なものであるということを明確に示そうと望んでいるからにほかならない。つまりスピノザは、抽象的でたんに知性のうちにあるにすぎないものではなく、個々の個別的な人間と、彼／彼女がそれと関係をとり結びまたそれとともに自らの生を歩むところの具体的なもの、個別的なものを問題にしていると考えられる。この点にかんしてヨアキムも以下のようにいう。「「自然」ということによって彼〔スピノザ〕はほかでもなく、そしてそれ以下でもなく、まさにその全体的な豊かさにおける〈現実（Reality）〉をいわんとしている(1)」。

とはいえ、本節冒頭の引用［26］で私たちがとりわけて注目したいのは、スピノザが実在に「個別的」という形容詞を付していることである。その実在が問われている「或るもの」とは、いまみたように人間個体のような個別的なものであると考えられるのだが、ここではさらにその「個別的な」実在が語られているのである。

この点にかんして、スピノザ自身が「注目されるに値することがらである」とする一節［55］を、少しながくなるが以下に引く。

或るものと他のものの本質のあいだに在る差異、これと同じ差異が、当のものの現実性（actualitas）ないし実在と、他のものの現実性ないし実在のあいだに在る。たとえば、アダムの実在を一般的な実在によって概念すると望むとしたら、アダムの本質を概念するために、存在者（ens）の本性に着目し、結局のところアダムは存在者であると定義するのと同じことであろう。かくて実在がより一般的な仕方で概念されれば、〔実在は〕それだけまたより錯雑として概念され、またより容易にあらゆるものについて仮構されうる。反対に、〔実在が〕より特殊的な仕方で概念されれば、そのさい〔実在は〕より明晰に知解され、私たちが自然の順序に注意しない場合でも、〔実在している〕当のもの以外の或るものに〔実在が〕仮構されるのがより困難となる。[2]〔55〕

この引用には、『改善論』ののちの行論を大きく規定することになる論点が複数含まれている。以下ではとりわけ実在の個別性と、本質と実在の関係に焦点を据えて考察を進めていこう。

第一項　実在の個別性

スピノザは「個別的な」実在について語っていた〔26〕。この形容詞の意義を、私たちは右の一節〔55〕からみてとることができる。まずここで例示されている「アダム」とは、「アダム」という固有名を持つ特定の個人、すなわち個別的なものと考える必要がある。[3]この場合、「アダム」という人物の実在は、たとえばこの人物がいままさに私たちの目の前に実在するという意味において、この個人だけに着目すればまさに「個別的」といえる実在である。

この個人の元来個別的な実在を、「一般的な実在」によって、「一般的な仕方で」考えようとすると、当のアダムという個人の個別的な実在に固有の特殊な諸規定、たとえば〈このとき〉、〈この場所に〉実在するという規定が抽象され、当の個別的実在の個別性がはぎとられることによって、実在は「より錯雑とした仕方で」理解されることになる。そしてこのような抽象作業をとおして個別性をはぎとられた〈実在一般〉、〈存在者一般〉なる概念をもとにしてものごとを考えてしまうと、実際には実在しないもの、たとえば物語上の人物などに、実在を虚構してしまうことになる。実在の理解に対するこうした一般性の介入は、この引用部でスピノザによって断固として批判されている。一般的な仕方によってではなく、いいかえれば個別特殊性をそぎおとすことなく個別的な実在をとらえていくこと、これが眼目となっている。実在は「より特殊的な仕方で概念されれば、そのさい〔実在は〕より明晰に知解され」るといわれるからである。

第二項　個別的本質と個別的実在

個別的なもの、たとえばアダムを一般的な実在によって概念するさい、本質のほうはどのようにとらえられるかといえば、こちらも実在の問題に対応するかたちで、アダムという個別的なものの本質を概念するために「アダムは存在者であると定義する」のと同じことになろう、とスピノザはいう［55］。

彼がここで或るものの本質を理解しようとするさいに、それを「定義する」と語っているのは注目に値する。この論点はさしあたり、周知のように、スコラ哲学的な理解の伝統のうえにある。つまり一般的にいえば、或るものの本質が、当のものの定義によって与えられるとする理解である。たとえばF・スアレス（一五四八―一六一七年）は、「本質のありかた（ratio essentiae）は何に存するのか」という問いに対して、「私たちの概念すること、また語ることの様式」の次元では、「ものの本質とは定義によって説明されるものである」という理解を提示している(4)。またスピノザに時代的、地理的にも近いオランダ近世スコラ、とりわけF・ブルヘルスデイク（一五九〇―一六三五年）は、「定義はものの本質を示す」、あるいは「ものの定義は当のものが何であるかを説明するものである」(5)としているし、スピノザ自身が別のテクストで直接その名に言及しているA・ヘーレボールト(6)（一六一四―六一年）も、このブルヘルスデイクの著作に対する注解において、「定義とはものが何であるかを説明するものである」(7)という。ここまではスピノザ自身の理解もスコラ的な理解から決して離れてはいない。けれどもこのスコラ的な定義‐本質理解をさらに追っていくと、先のスピノザの言明との差異が次第に見過ごすことのできないものとなってくる。

　ヘーレボールトは右の引用部に続けて次のようにいう。定義には二つの要素があって、それは「類」と「種差」であり、前者は「定義されたものと他のものどもに共通な本性」を表示し、後者は「定義されたものの固有な本性」を弁別するものである(8)。このような理解からすれば、たとえば「人間」を考えてみると、「類」はたとえば「猫」や「ミミズク」とも共通な本性としての「動物」であることであり、「種差」はここで定義されるものである「人間」に固有の「理性的」であるという本性であって、したがって「人間」は「理性的な動物」と定義される。こうなると容易に理解されるように、このようにして定義された「人間」の概念内容は、あらゆる人間個体に共通する普遍的・一般的な観点からとり出されたことになる。いいかえれば、ここでねらわれている本質は、「人間」という種に共通する〈一般的・種的本質〉なのである。

　しかしながらスピノザは、先の例にみられたように、「アダム」のような個別的なもの、特定の人間個体の本質を考えようとしている。つまりスピノザのねらっている本質は、〈個別的・特殊的本質〉であると考える必要がある。したがってここまでの議論から、「或るものと他のものの本質のあいだに在る差異、これと同じ差異が、当のものの現実性ないし実在と、他のものの現実性ないし実在のあいだに在る」[55]という先の引用部冒頭のことばは次のように理解されるべきであろう。すなわち、たとえば「アダム」という個人の本質と、「ペテロ」という個人の本質のあいだに在る差異が、彼らの実在のあいだにも在るということであって、要するに、ここで問われている「もの」は個別的なものであり、「本質」はそれにともない〈個別的・特殊的本質〉であり、さらに「実在」もこれらに呼応するかたちで〈個別的・特殊的実在〉であると考えられねばならない。

こうした〈個別的・特殊的本質〉と〈個別的・特殊的実在〉にかんする議論は、私たちが第一章でみた観念についての理論、とりわけ対象的本質の議論と密接にかかわっている。ペテロは事象的なものであり、このペテロを対象とする真の観念は、ペテロの何であるか、すなわちその対象的本質にほかならないとされていた。そしてこの観念自体もまた事象的なものといわれ、対象であるペテロ自身から区別される[34]。ここで「事象的なもの」という規定は、さしあたり或るものがそれ自身に固有の本質を有する点に求められていた[ibid.]。ペテロについての真の観念、すなわち対象的本質を有する者は、その観念の対象であるペテロのあるがままの本質、つまり形相的本質を別様ではなくそれ自身そうあるとおりに認識する。これが確実性の語られたゆえんであった。

或る実在するものについての観念、たとえばペテロの観念とアダムの観念はことなる。それぞれの個人の対象的本質そのものである真の観念がまた、それ自身事象的なものであり、互いに区別されるからである。さらにここまでみてきた議論を加味すれば、ペテロについての観念とアダムについての観念の差異は、或る場所と時間において実在すると考えられたもの（ペテロ）と、他の場所と時間において実在すると考えられたもの（アダム）そのもののあいだに在る差異でもある(9)。したがって、ペテロに固有の個別的本質と、アダムに固有の個別的本質のあいだに在る差異が、ともに個別的な実在であるペテロとアダムの実在のあいだにも在るわけだから、ペテロとアダムという個人それぞれにかんして真の観念を有している者は、それぞれの個人の対象的本質を認識しているわけであり、それゆえ両個人それぞれの実在についても、両者それぞれに固有の個別的実在をとらえていることになりそうである。

しかしながら、ここで大きな問題が生じる。ここまで私たちは、スピノザ自身の提示する例にしたがって、ペテロやアダムという固有名をもった実在する個人から出発して議論を追ってきた。この議論では、いままさに私たちの眼前に実在する或る個人を、抽象的な「存在一般」等の概念によってとらえてしまうことなく、あくまで当の対象の実在の個別性をとらえていく重要性が示されていたわけである。けれどもこのような議論は、その実在が私たちにとってよく知られている対象から出発する場合にしか妥当しないのではないか。いいかえれば、当の対象が実在することが前提とされていてはじめて可能な事態ではないのか。「〈ペテロは実在する〉というこの言明が真であるのは、ペテロが実在することを確実に知っている者にとってのみである」[69] とスピノザは語るのだから、なおさらそうであろう。したがって確実性が語られえたのも、実は対象の実在がすでに知られていることを前提にしていたがゆえである、と考えねばなるまい。

けれどもスピノザは、より大きな文脈としては、最上の知得様式として彼が選別した「第四の様式」、すなわち「ものがその本質のみによって、あるいはその近接原因の認識によって知得される」様式 [19] について、「いまだ認識されざる諸々のものがこのような認識によって私たちに知解されるために」[29：強調引用者]、いかにしてこの様式が適用されるべきか、すなわちその「方法」[30] を論じていた。すでに自らが有している知識のみを説明しうるような理論は、学知 (scientia) と呼ばれるにはあまりに貧相なものである。確かな知識をあらたに獲得させていくような理論こそが望ましい。したがってここまで述べてきた個別的実在の議論が、いかにして「いまだ認識されざるもの」、つまりその実在が前提されていないものに適用されるのかが示されなければならない。別様にいいなおせば、ものの実在をより包括的な観点から語ることを可能にする枠組みについて、『改善論』でのスピノザはどのように考えていたのか、この点を検討していく必要がある。

第二節　個別的なものの本質と実在——実在の多義性・本質の優位・自然の順序

ここまでみてきたように、スピノザは個別・特殊的なものの本質と実在について、抽象的・普遍的な理解に陥ってしまうことなく、またそれぞれの個別・特殊性を逃すことなく把握しようと努めている。さらに彼は、或る個別的なものの個別・特殊的本質とその個別・特殊的実在が、密接に呼応していなければならないと語っていた。これらの点にかんしてスピノザがいかなる議論を与えているか、あるいは与えうるかを見定めるためにも、ひとまず個別的なものに限定せずに、本質と実在が『改善論』において一般にどのように関係づけられているのかを跡づける必要がある。実在について多くのことが語られている「虚構」についての議論［52-65］を参照しつつ考察を進めていこう。

「大部分の虚構は、実在するとみなされたものにかんして生じる」［52］というスピノザは、まず虚構にかんする一般的な規定として、それが「たんに可能的なものどもにかかわり、必然的なものどもにも、不可能なものどもにもかかわらない」［ibid.］と述べる。可能的なもの、必然的なもの、不可能なもの、これらは何をいわんとしているのか。

> 私が不可能なものというのは、それが実在するといわれるときその本性に矛盾するものであり、必然的というのは、それが実在しないといわれるときその本性に矛盾するもの、可能的というのは、たしかにその実在が、その本性そのものからして、実在するといわれようとも実在しないといわれようとも矛盾を含まないけれど、しかしその実在の必然性ないし不可能性が、私たちが当の実在を虚構しているあいだには知られていなかった諸原因に依存するものである。このためもし外的諸原因に依存するその〔実在の〕必然性ないし不可能性が私たちに知られた場合、私たちは決してそのものについて虚構できないことになろう。［53］

虚構は実在することがその本性に矛盾するような「不可能なもの」、たとえばキマイラや、また実在しないことがその本性に矛盾する「必然的なもの」、つまり必然的実在（すなわち神）にかかわるのではなく、むしろ実在してもしなくてもその本性に矛盾しないもの、すなわち「可能的なもの」にのみかかわる。そしてルッセが明確に述べているように、「無知があるところにのみ虚構はありうる」[10]。つまり、なぜそれが実在しているのか、あるいは実在していないのか、その原因あるいは理由が知られていないもの、いいかえれば、その実在／非実在の不可能性ないし必然性を私たちが知らないものにかんしてのみ虚構はありうる。したがって、ひとたび「外的諸原因」によるその実在の必然性あるいは不可能性が知られたのちには、「可能的」といわれていたものにかんしてその実在を虚構することはできないとされるわけである。つまり「可能的」といわれていたものは、ひとたび「外的諸原因」によるその実在の必然的産出が明らかとなった場合、あるいは外的原因によってそれが実在することがさまたげられることで、その実在の不可能性が明らかになった場合に、そしてこうした場合にかぎってのみ、もはや「可能的」とはいえないことになる。

　ここでまず注意しておく必要があるのは、以上にみてきた様相概念がすべて「実在」にかんして語られていることである[11]。そしてスピノザは、虚構にかんする論述の最終的な結論として次のようにいう。虚構が真の観念と混同されないためには、

> 概念されたものの実在が永遠真理でない場合には、ものの実在をその本質に突き合わせ、かつ同時に自然の順序を考慮に入れることに配慮すればよい。［65］

この言明といまみてきた実在にかんする様相概念の議論を踏まえれば、『改善論』における本質と実在の関係を理解するために不可欠な三つの論点をとりだすことができる。つまり、(1)実在の多義性（第一項）、(2)本質の優位（第二項）、(3)「自然の順序」という概念（第三項）、以上三つの論点である。それぞれみていこう。

第一項　実在の多義性

右の引用文における「ものの実在が永遠真理でない場合」とは、ここまでみてきたことからすれば、その実在が必然的実在ではない場合、という意味に解すことができよう。そうすると、以上の議論では、明らかに二つのことなる実在が語られていることになる。つまり、一方で外的諸原因に依存する実在、いいかえれば外的諸原因によって産出される実在（あるいは反対に、外的原因によってその実在がさまたげられるような実在）と、他方で実在しないことがその本性に矛盾する必然的実在、「それ自身によって永遠真理である」実在〔65〕というふたつのものである。

ここまで私たちは、スピノザが語ろうとしているのはあくまで人間個体に代表される個別的なものであり、その個別的本質と実在であることを示してきた。この点をいま検討している実在の二区分に対応させてみるなら、個別的なものの実在は、外的諸原因から産出される或る特定の場所と時間における実在、「永遠真理」ではない実在であると考えられる。そしてのちにみるように、個別的なものの実在を産出するとされるこの外的諸原因の連鎖は、それが個別的なものの実在の条件といえるほどまでこの実在を規定していることが明らかにされていく。

また必然的実在のほうにかぎってみても、次のような問題が存する。つまり、スピノザはここまでみてきた箇所にかぎらず、『改善論』全体においてさえ、必然的実在の積極的規定を与えていないということである。ここまでみてきたように、『改善論』でスピノザは、「実在しないことがその本性に矛盾する」〔53：強調引用者〕という仕方で、消極的な仕方でのみ必然的実在を規定しており、この点は『改善論』における「自己原因」〔cf. 70, 92〕の規定のほうも消極的なものにとどまっているという事実と通底すると考えられる。

「自己原因」ということばそのものは、『改善論』において一度だけあらわれる。つまり、「ものがそれ自身においてある、いうなら、人々によっていわれるように、自己原因であるなら〔……〕」〔92〕という箇所である。たしかに自己原因であるものは、それ自身の本質のみによって認識されなければならないといわれる［ibid.］。けれどもスピノザは『改善論』でこの自己原因を、それが実在するために原因を要しないものという意味で、あくまで否定的にもちいていると考えられる。[12] というのも、『改善論』の別の箇所で彼は、自己原因ということばこそ出てこないけれど、「原因を有さず、それ自身によって、またそれ自身において認識される〔…〕或る原理」［70］について語っており、多くの解釈者たちも指摘するように、この一節はまさに『改善論』における自己原因の規定とみなしうるからである。[13] したがって自己原因であるものが、その本質のみによって、あるいはそれ自身のみによって認識されなければならないといわれるのは、一方で実在するために原因を要するものがその原因を介して理解されなければならないのに対して、自己原因であるものがまさに原因をもたないがゆえであると考えられる。

要するに『改善論』では、必然的実在、自己原因がともに消極的な規定のもとでしか語られていないのである。こうした事態は、『エチカ』で積極的に主張されるようになる、〈その本性・本質が実在を含む〉という論点が『改善論』ではみられないこと、[14] またこれに連関するのだが、必然的実在における〈本質と実在の同一性〉が語られないという事実にも呼応する。

ここまでの議論から明らかなように、外的原因によって規定される実在、「永遠真理」ではない実在と、「それ自身によって永遠真理である」必然的実在は、どちらも同じ「実在」ということばで語られているけれども、しかしまったくことなる内実を有しているといわなければならない。つまり「実在」は多義的であり、しかもこれら二つの実在のあいだには埋めることのできない断絶がある。私たちが先に挙げた第一の論点であるこの「実在」の多義性や断絶を確認するためにも、次に「永遠真理」とは何かを検討しよう。

第二項　本質の優位

「永遠真理」にかんして、スピノザは次のように述べる。「永遠真理ということによって、私は〔或る命題が〕肯定的である場合、否定〔命題〕にはなりえないものを知解する」［54, n. u］。たとえば、「神は存在する」という肯定命題は、決して否定命題になりえないが、しかし「アダムは思惟する」という肯定命題は、「アダムは思惟しない」という否定のかたちでも成立しうるため、永遠真理ではない。また逆に「キマイラは存在しない」という否定命題は、決して肯定命題に転換されえないために、永遠の真理といわれるが、「アダムは思惟しない」という命題はそうではない［ibid.］。アダムが思惟すること、あるいは思惟しないことは、たんに事実にかかわる偶然真理とみなすことができるからである。

このようにみてくると、ここでいわれる「永遠真理」とは、その反対がありえない、またその反対を考えることができないという意味において、必然真理の別名であると考えられる[15]。しかしそれだけではない。スピノザは次のようにいう。「ものの実在が永遠真理ではない——その本質は永遠真理なのだが——場合には（si existentia rei non sit aeterna veritas, uti est ejus essentia）〔…〕」［67］。この引用では本質一般が永遠真理であるとみなされている。これはどのような事態を示しているのだろうか。そして、永遠真理とされる本質と、永遠真理ならざる実在はいかなる関係を有しているのだろうか。

スピノザは先に、「或るものの個別的実在は、のちにみるであろうように、本質が認識されなくては知られない」［26］と語っていた。M・ベイサッドはこの一文（「のちにみるであろうように」）の参照先を、まさにいま私たちが検討している虚構についての議論に定めているが[16]、これは正当な指摘である。この引用をも踏まえて右の問いを検討していこう。

永遠真理である本質にかんしては、それがまさに永遠真理であるがゆえに虚構はありえない一方で、「ものの実在が永遠真理でない場合には」、それを「その本質に突き合わせ」れば虚構は制限される。つまり、その実在が必然的実在ではなく、外的諸原因によって産出される実在、すなわち或る個別的なものの個別的実在を虚構に陥ることなく正当に理解するには、当のものの本質を、すなわち永遠真理であり、その意味でその反対が不可能な必然真理である本質を、何よりも先に認識しなければならない。スピノザの推論はおよそこのようなものだろう。

この点にかんして、幾何学的図形の身分をめぐるデカルトとトマス・ホッブズ（一五八八―一六七九年）の対立を引き合いに出すと、スピノザの立場をより明確にすることができる。デカルトは、たとえば三角形という幾何学的図形にかんして以下のようにいう。「私は、ひょっとすると私の外のどこにも実在しないかもしれないが、それでも無であるとはいわれえない何らかのものどもの無数の観念を、私において見出す」[17]［「第五省察」Med. 5, ATVII64: 6-9］。こうしたもののうちの一事例が三角形である。この図形が「ひょっとして私の思惟の外なる世界のどこにも実在しない、また決して実在していなかったとしても、しかしながらたしかに、その或る規定された、不変にして永遠なる本性いうなら本質いうなら形相」[18]がある［「第五省察」Med. 5, ATVII64: 12-16］。デカルトによれば、こうした図形が思惟の外に実在していないとしても、いわば三角形についての思惟の内容が有する規則性や整合性を正当に主張することができる[19]。

これに反してホッブズによれば、こうした図形の本質は、たとえば紙や黒板に実際に描かれた図形を離れてしまうと、決して基礎づけられない。彼によれば、「実在から区別されるかぎりでの本質は、「である〔est〕」ということばによる諸々の語の繋辞づけ以外の何ものでもない」し、「このため本質は実在なしには私たちの捏造である」［「第三反論」Obj. 3, 14, ATVII194: 1-4］。つまりホッブズの立場では、幾何学的対象についてさえ、その本質に対応する〈いま・ここ〉での物体的実在が与えられなければ、当の本質は基礎づけられえない[20]。

こうした対比を考慮すれば、ここまでみてきたようにスピノザはデカルトのほうに与するだろう。実際スピノザは、「その対象が私たちの思惟する力に依存し、自然のうちなる或る対象をもたないことを、私たちがこのうえなく確実に識っている或る真の観念」[72] について語っているのだから。

かくて或るものの実在の認識にかんする本質の優位、つまり本質の認識論的優位性が存する。しかしそうなると以下の疑問が生じる。或る個別的なものの個別的本質もまた、それが本質であるからには永遠真理とみなされるべきだろう。けれどもこの個別的なものの実在のほうは、外的な諸原因によって規定されると考えられた。自らとはことなる他の諸原因によってその実在が規定されるようなものの本質が、永遠真理とみなされねばならないとはどういうことか。それでは個別的なものの本質と実在が、まったく関係のないものになるのではないだろうか。実際スピノザはのちに、私たちのこの危惧のとおり、「変化する個別的なものども」の「実在はそれらの本質と何の連関ももたない」[100：強調引用者] と明言するまでに至る。しかしながら個別的なものの個別的実在と個別的本質は、密接に呼応すべきものとして語られていたはずである。くわえて、或るものの本質が永遠真理であるといわれるさい、この言明はいかなる基礎にもとづけられているのだろうか。以上の諸論点はしかし、「確固永遠なるもの (res fixa aeternaque)」[e. g. 100] についての議論に逢着することになる。この点はのちに詳しく検討する。

さて、以上にみてきた第二の論点、本質の優位にかんして、レクリヴァンの要点をおさえた整理を借りながらまとめよう。「本質を知らないということは、実在そのもの〈を知らないこと〉にも波及する。というのも、本質が私たちにものの実在を保証するのに十分ではないとしても、ものの実在は自然的諸原因の無限な系列に依存するので、私たちがこの実在について少なくとも何かを知ることができるのは、実在するすべてのものの知解可能性を構成するその本質をとらえることができるという条件でのみなのだから(21)」。

いまいちど本節での私たちの議論の出発点に立ち返ってみよう。ものの実在にかんする虚構を排除するためには、「ものの実在をその本質に突き合わせ、かつ同時に自然の順序を考慮に入れることに配慮すればよい」[65：強調引用者] とされていた。したがって次に検討されなければならないのは、この「自然の順序」という概念である。

第三項　「自然の順序」

私たちが問題としている個別的なものの本質と実在の関係の理解を深めるためにも、この「自然の順序」という表現を精確にとらえておく必要がある。というのも、先にみた「外的諸原因」の議論と一体となって、この「自然の順序」という概念が、『改善論』における個別的なものの実在の条件となっていると考えられるからである(22)。

スピノザによれば、「自然のうちに実在するすべてのものども」は、「他のものどもと連関を有している」[41]。そして「他のものどもと連関を有しているというのは、他のものどもから産出されること、あるいは他のものどもを産出することである」[41, n. p]。つまり自然のうちなる実在はすべて、原因 - 結果の産出的原因性によって連関づけられている。くわえて、この原因 - 結果の産出関係は盲目的なもの、つまり一定の規則も定まった法則もないランダムなものではなく、法則にしたがう必然的な関係である。というのも、「自然のうちにはその〔自然の〕諸法則に反する何ものも在りえず、むしろすべてのものはその一定の諸法則にしたがって、その一定の諸結果を、一定の諸法則を介して、反転されえない連結において（*irrefragabili* concatenatione）産出するという仕方で生じる」[61, n. a：強調引用者(23)]とされるからである。

たしかに「可能的」といわれていたものは、それが実在していても実在していなくても矛盾を生じないものであった。しかしながら当のものの実在は、外的諸原因によって必然的に産出されるか、あるいはそれらによって実在することを必然的にさまたげられるか、このいずれかである。つまり、その実在が本性上必然的でない存在者、つまり個別的なものの実在であっても、その実在はしかし一定の順序を有した原因 - 結果の産出関係によって必然的に規定されているのである。

さらにスピノザはいう。「ここから、精神がものを真に概念する場合、精神は同じ諸結果を対象的に形成し続けることが帰結する」[61, n. a]。この一文の理解は、私たちが先に論じた対象的本質の議論と個別的なものの実在との関係を考えるうえで重要である。詳しくみていこう。

この一文では、少なくとも精神がものを真に理解する場合には、知性の外で自然のうちなる実在が他の実在を結果として生じさせるとき、知性の内部でもこの同一の結果の観念が形成されること、いいかえれば、自然のうちなる実在の原因 - 結果の産出関係と、知性に内的な観念の形成ないし導出関係が厳密に同一であることが語られていると考える必要がある。というのもまず、「観念は、その観念対象が事象的にあるのと同じ仕方で、対象的にある」[41：強調引用者]。そして右にみたように、「自然のうちに実在するすべてのものども」は、「他のものどもと連関を有している」[ibid.]。それゆえ、「これら〔自然のうちに実在するすべてのもの〕の対象的本質もまた同一の連関を有しているだろう、すなわち、他の諸観念がそれら〔対象的本質〕から導出されるだろう〔…〕」[ibid：強調引用者]といわれるからである。

こうした一連の言明にかんして、観念あるいは対象的本質と、対象となるものあるいは形相的本質とのあいだの「並行論」ないし「対応説」をみてとる解釈がある。たとえばコイレは次のようにいう。「対象的本質と形相的本質の対応は、スピノザにとって、形相的事象性の世界を統治する原因性と、対象的事象性の世界を支配する原因性の、すなわちものの原因性と観念の原因性の並行論をともなう[24]」。

しかしながら、右にみたように、自然のうちなる実在の原因 - 結果の産出連関と、知性に内的な観念の形成ないし導出連関は厳密に同一であると考えるべきである。とはいえたしかにコイレも、以上に引用した箇所に続けて、「観念の順序と連結は、もののそれと、たんに合致するだけではなく、同一的に同じものである」と述べているけれども、しかし彼はその理由として（おそらく彼の『エチカ』理解にもとづいて）、「原因」と「理由」のあいだの同一性がそのもっとも強い意味においてとられている」ことを挙げている[25]。けれども、このようにスピノザの他の著作にみられる考えかたを持ち込むことなく、『改善論』のテクストの内在的な分析によって得られた対象的本質についての私たちの解釈に依拠することで、この同一性の理由を示すことができる。真の観念の真理性は、観念の対象的な側面（観念に内的な側面）と観念の対象となるものの形相性がそれぞれ独立のものとしてとらえられたうえで、それらの並行ないし対応によって基礎づけられるのではなく、むしろひとつの同一的な何か、すなわち本質が、対象的な側面と形相的な側面という二つの側面のもとでとらえられる点に存していた。自然のうちなる実在の産出連関と、知性に内的な観念の導出連関が同一の連関であることは、まさに三三―三五節の確実性の議論が準備していたこの本質の同一性にこそ基礎づけられていると考えるべきである。

＊

まとめよう。本質はつねに或るものの本質である。(26) そしてこのものは自然的実在でも観念でもありうる。ペテロは事象的なものだし、ペテロについての観念もまた事象的なものであって、それぞれに固有の本質を有しているのだから［cf. 33-34］。そしてペテロについての観念は、その対象であるペテロの本質（形相的本質）を対象的に含んでおり、この観念の側からみられたペテロの本質が、ペテロの対象的本質である。つまりペテロの形相的本質も対象的本質も、ペテロというものの同じひとつの本質なのである。私たちが第一章でみてきたように、確実性はこのような論点にかかわっていた。

しかしながら、「対象的本質」概念が中心的に論究されていた三三―三五節では、「実在」の論点はほとんどあらわれておらず、むしろ実在はたんに前提とされていた。けれどもここまで検討してきた箇所では、自然のうちなる産出連関と知性に内的な観念の導出連関が、同一の連関であることが示されている。そして或るものの個別的実在と個別的本質には密接な連関がなければならなかった。要するにスピノザは、一方で或るものの個別・特殊的本質の認識と、その同じものの個別・特殊的実在を統一的に説明する理論を提示しようと努めているのにもかかわらず、他方で本質を「永遠真理」とすることで、本質の優位性を際立たせ、さらに個別的なものの実在と本質がまったく連関を持たないと明言してしまうことによって、結局のところ個別的なものの本質と実在の統一的連関を、きわめて危ういものにしてしまっているといわざるをえない。

とはいえ、個別的なものの本質、その個別・特殊性はそもそもいかにしてとらえられるのだろうか。先に示唆しておいたように、この論点は「定義」論に収斂していく。「私たちが諸々のものの探求にたずさわるかぎり、抽象的なものどもから何かを結論して」はならず、むしろ「最上の結論は或る特殊的肯定的本質から、いうなら(sive)真でかつ正当な定義から引き出されるべきであろう」[93]。ここまでみてきた複数の問題点を踏まえながら、『改善論』の「方法の第二部のかなめ」[94]、定義論が導入される場面を検討していこう。

第三節　『改善論』の定義論(1)——定義論と順序づけ　「方法の第二部」の標的

「定義が完全といわれるためには、ものの内的な本質を説明しなければならず、さらに私たちは何らかの諸特質をその本質に置き換えてしまわないように注意しなければならないであろう」[95]とスピノザはいう。彼のこの議論の背景をなす考えとして、まずは本質と特質の区別を検討する必要がある。というのも、引用文にみられるとおり、ここでの彼の主張では本質と特質の身分上の区別がすでに前提とされているからである。

たしかにスピノザは『改善論』において「特質」という概念の内実を明示的には規定していない[27]。けれども、スピノザの議論を注意深く追っていくと、本質と特質の身分上の区別にかんして次の二点が明らかとなる。第一に、或るものの特質は、当のものの本質が先だって認識されなければ明晰には知られないということ[27, 95]、第二に、まず或るものの定義を立て、そこから諸特質が導出されるべきこと[96 (II), 97 (IV)]、以上二点である。

したがって或るものの定義は、先だって認識されるべき本質を説明しなければならず（本質の認識論的優位性）、他方諸特質のほうはあくまでこうした定義から導出されるべきものという身分を与えられることになる。

考察を先に進める前に、スピノザが定義論を導入するそもそもの文脈を確認し、これ以降の彼の議論の大まかな流れをつかんでおこう。

「方法の第二部」の「標的」について、スピノザは次のように語っている。

標的は、明晰かつ判然とした諸観念を、すなわち、物体の諸々の偶発的な運動によってではなく、純粋な精神にもとづいて形成される諸観念を持つことである。次に私たちは、すべての観念をひとつの観念に帰着させるために、私たちの精神がなしうるかぎり、自然の形相性を全体にかんしてもその諸部分にかんしても、対象的に反映する（referre）という仕方ですべての諸観念を連結し順序づけることに努めるだろう。[91]

ここでは、これ以降の議論でスピノザが自らの課題としていくことになる二つの論点が示されている。あらかじめ要点のみを挙げておけば、第一に定義論、第二に順序づけという論点である。

まず「物体の諸々の偶発的な運動によって」形成される観念とは、「精神の力能そのものに由来するのではなく、身体が、あるときは眠りながら、またあるときは目覚めながら様々な運動を受容するに応じて、外的な諸原因に由来する何らかの偶発的な、（いってみれば）孤立した諸々の感覚知覚に」、つまり「表象（imaginatio）にその起源を有する」観念である［84］。こうした表象にもとづくものではなく、「純粋な精神」いうなら「純粋な知性」［91, n. e］にもとづく観念を持つために提示される議論こそ、この節ののちに続く定義論［92-98］にほかならない。それゆえ求められるのは、表象と知性の区別［74］を踏まえたうえで、「できるだけ抽象的な進みかたを避け」［75］、特殊的な認識を、より正確には、先にみたように「特殊的肯定的本質」［93］の把握を目指すこと。

これが第一点目である。さらにもうひとつ「順序づけ」という論点が提示されており、九九節から一〇五節の議論がこの二つ目の論点に対応する。この第二の論点で何が語られているのか、次にこれを明確にしていこう。

スピノザはいう。「〔…〕観念がその形相的本質と全体的に合致するために、みずからの観念すべてを、自然全体の起源と源泉を私たちの精神が自然という範型を全体的に反映するためには、今度は、[28] 反映するひとつの観念から産出し、この観念がまた他の諸観念の源泉となるようにしなければならないのは明らかである」[42]。

まず「観念がその形相的本質と全体的に合致しなければならない（debere）」（強調引用者）というのは、私たちが本書でみてきたことからすれば、（真の）観念の側での本質つまり対象的本質が、対象そのものの形相的本質と同一であることに由来する論理的必然性、つまりこうした（真の）観念の本性から帰結する論理的必然性をしめす'debere'と理解できる。[29]

さてそれでは、先に引用した九一節でもあらわれる「反映する（referre）」という表現はどのように理解すればよいか。カーリーもいうように、この動詞を含んだ一文をどう訳すかは困難な問題である。[30] いずれにせよこの'referre'という語を、多くの注釈者たちが指摘しているように、対象がまずあって、そののちにこの対象が原因となって表象像（imago）としての観念が生じるとか、あるいは観念とその対象の像的な類似性、いわば映像と実物といった関係を表現するものととらえるべきではない。[31] 私たちが先に示したとおり、『改善論』での観念（真の観念）は対象の本質にかかわるものであって、観念を何か図像的なものととらえる理解は前もって、しかも決定的に排除されているからである。

ではこの「反映する」という表現はいかなる事態を示しているのか。右に挙げたこの動詞の使用例［42, 91］を検討すると、まず総じてそれが自然の全体性にかかわっている点を指摘できる。さらに、私たちが考察してきた真の観念の議論では、あくまで個別的なひとつひとつのものがその対象としてとりあげられていたわけだが、この論点と対照させて考えてみれば、いま検討している場面では、そうしたひとつひとつのものに局限されず、あるときは自然の部分的な一側面、またあるときは自然の全体というように、複数の観念と対象に焦点が当たるさいに「反映する」という表現がもちいられていると考えられる。

四二節でのスピノザの議論をもういちどみなおしてみよう。「観念がその形相的本質と全体的に合致しなければならないということから、今度は、私たちの精神が自然という範型を全体的に反映するために」[42：強調引用者]、とスピノザは語っている。つまりこの「反映する」という表現は、観念の側での対象的本質と対象となるものの形相的本質の同一性に依拠したものであるとはいえ、しかしそれとは区別される別の何らかの事態を言表していると考えなくてはならない。

この何らかの事態とは何か。私たちは、やはりこの「反映する」という動詞と全体性との連関を考慮に入れるべきだと考える。つまり、個別的な諸観念を「連結し、順序づける」[91] こと、すなわち諸観念の導出連関のただなかにおいて、自然の原因－結果の産出連関を全体的に反映させることがねらわれていると考える必要がある。そしてこのように自然の形相性全体、自然という範型を諸々の観念の導出連関によって全体的に反映するためには、スピノザがいうには、私たちが持つ観念のすべてを、「自然全体の起源と源泉を反映するひとつの観念から産出し、この観念がまた他の諸観念の源泉となるようにしなければならない」[42]。それゆえ「できるだけはやく〔…〕最高完全な存在者」の認識に到達すること [49]、これが求められることになる。

ところがスピノザは、先にみたように、精神が「ものを真に概念する場合、精神は〔知性の外なる自然の産出関係と〕同じ諸結果を対象的に形成し続け」ると語っていた [61, n. p]。そしてこのような形成作業をつねに続けていくことができるなら、精神は「一定の諸法則にしたがってはたらきをなし、或る霊的な自動機械」のようなものになるだろう、とまで語られている [85]。そうなると、精神は或るものを真に概念するや否や、自然の形相性を原因の産出連関と同一的な仕方で反映しうるはずである。それにもかかわらず、ここ（四二節）では明らかに或るひとつの条件――そのもとではじめてこうした精神の自動的運動が実現されうる条件――が付加されている。この条件とは、「自然全体の起源と源泉を反映するひとつの観念」へと諸々の観念を帰着させ、このひとつの観念から他の（いまだ認識されざる）諸観念の導出を開始する、というものである［42, 91］。さらにスピノザはいう。この条件を満たすには、「すべてのものどもの原因であり、このためその対象的本質がまた私たちのすべての観念の原因であるところの或る存在者が在るかどうか、そして同時にそれがどのようなものか、これを問うこと」が必要である［99］。この問いに答えを与えることができたとき、そしてそのときにのみ、「私たちの精神は、先に語ったように、最上の仕方で自然を反映することになる。というのも〔その場合私たちの精神は〕、この〔自然の〕本質と順序と合一とを対象的に有することになろうからである」［ibid.］。

まとめよう。「方法の第二部」の「標的」として、⑴表象にではなく、知性にもとづく明晰かつ判然とした観念を手に入れること（定義論）、そして⑵明晰かつ判然たる真の諸観念を、自然の原因‐結果の産出連関を反映するかたちで「順序づける」ために、すべてのものと観念の原因である最高完全な存在者の観念から出発して他の諸観念の導出を遂行すること（順序づけ）、この二点が明示された。しかしこの先の『改善論』でのスピノザの議論は、これら二点双方にかんして問題を抱えていくことになる。

私たちは以下で、⑴『改善論』の定義論が理論的な難点を有しており、それが成功しているとはいいがたいこと、また⑵順序づけにかんして重要な意義を担わされている「確固永遠なるもの」の内実が理解困難であること、以上二点が『改善論』の未完という事実と連関していると考えられることを示し、これら二つの問題からみえてくるスピノザ形而上学の課題をとりだすことで、スピノザ形而上学の生成を跡づけていこう。

第四節　『改善論』における定義論の理論的困難と確固永遠なるものの問題

第一項　『改善論』の定義論⑵——その理論的困難

先に述べたように『改善論』は未完の著作である。それがなぜ未完のままに残されたのかという問題をめぐって、これまで多くの解釈がなされてきた。そのなかでマトゥロンは、『改善論』の未完の理由が何らかの理論的な困難にあるのではなく、この著作が読者として想定していると彼の考えるデカルト主義者たちに対する「教育的難局」にあると主張する。[32] 私たちはこうした解釈に反して、『改善論』で提示される定義論を詳細に検討することにより、『改善論』の未完がまさにこの著作のはらむ理論的な困難に起因するものであることを示していく。

これから詳述していくが、控えめにいっても、『改善論』全体をとおしてみたときに、そこで提示されている定義論、あるいは少なくともスピノザが提示しようとしていた定義論が成功しているかどうかはきわめて疑わしい。[33] その是非を検討するために、私たちはまずスピノザが定義論を導入する文脈をいまいちど簡単におさえ、そのうえで定義にかんする論点、問題点をとりだしていく。

定義論導入の文脈　真の観念を偽の観念、虚構された観念、疑わしい観念から区別し、分離しようとする「方法の第一部」［50-90］に続いて、「方法の第二部」が開始される。ここでの標的のひとつとして挙げられていたのは、明晰かつ判然とした観念、すなわち純粋精神ないし知性から形成される観念を持つことであり、それには、⑴ものがその本質から概念されるか、あるいは、⑵近接原因から概念されることが求められる［91-92］。この要求は、「ものの十全な本質を包括的に理解し、かつ誤謬の危険がない」［29］とされた「ものがその本質のみによって、あるいはその近接原因の認識によって」理解される第四の知得様式［19］との関係で、「いまだ認識されざる諸々のものが〔…〕私たちに知解されるために」この様式がいかにして適用されるべきか［29］という議論の延長線上にある[34]。そしてこの第四の様式のみが、「ものの十全な本質を包括的に理解し、かつ誤謬の危険がない」［ibid.］といわれるのだから、その本質のみによってであれ、近接原因の認識を介してであれ、最終的に到達すべき知識の対象は、ものの本質にほかならないと理解すべきである。さらに、認識されるべきものとは、いまだ認識されていない諸々のものであるとされているが、これは先にみたように、いまだ認識されざるものへと知識を拡張していくことが学（scientia）に求められていたためである。この点はのちの行論に大きく影響するので、注意をうながしておく。

さらに先ほどの(1)と(2)の二区分は、(1)'それ自身においてあり、人々がいうように自己原因であるものと、(2)'それ自身においてなく、実在するために原因を要するもの、という二つの区分に対応している［92］。つまり若干敷衍していうなら、実在するために他の原因を要さないものは、その本質のみによって概念されるべきであり、他方実在するために自己自身以外の他の原因を要するものは、その近接原因から概念される必要がある、と主張されている。要するに〈本質による／近接原因による〉という区分は、認識されるべきものの存在論的身分に対応しているのである。

続いてスピノザは、諸々のものの探求にたずさわるかぎり抽象的なものから結論を導き出してはならず、またたんに知性のうちにのみあるものを、もののうちにあるものと混同しないようにと注意を与えたのち、「最上の結論は或る特殊的肯定的本質から、sive 真で正当な定義から引き出されるべきであろう。というのも、普遍的な公理のみからは、知性は個別的なものへと降りていくことができない」［93］からであると述べる（ここではあえて‘sive’という接続詞を訳さない。‘sive’は「あるいは」、「いうなら」等に訳しうるラテン語だが、この接続詞の用法は以下の三つに大別できるだろう。つまり、‘sive’によってつながれる両項の、(a)並置、(b)同義ないし等価、(c)選言（必ずしも排他的ではないが、排他的なときもあり、その場合両項を区別することに意味があることになる）、以上三つである。

私たちは以下でこうした‘sive’の多義的な用法が『改善論』の定義論に含まれる理論的困難の一因となっていることを示していく[35]。この箇所以降にはじめて、定義に対して大きな重要性が与えられるようになり、定義にかんする詳細な議論が展開されていくことになる。スピノザの議論の展開をみる前に、ひとまずここまで語られたことがらを整理し、いくつかの問題を提起しよう。

『改善論』の定義論の諸問題　まず定義論が導入されるもくろみとして、いまだ認識されていないものを、その本質からか、あるいはその近接原因からとらえることが主眼となっており、さらに純粋精神ないし知性から形成される明晰かつ判然たる観念を持つことが目指されている点をおさえておく必要がある。まさにこの標的へと至る手段として、定義論が導入されるからである。くわえて、スピノザのこの議論の重点は、抽象的なものとたんに知性のうちにのみあるものを避け、もののうちにあるものを目指し、ものそのものの「特殊的肯定的本質」‘sive’「真で正当な定義」を求めていくことにある。というのもスピノザによれば、「観念はより特殊的であればあるだけ、それだけいっそう判然とし、したがってより明晰だから」であり、「それゆえ特殊的なものどもの認識をこそ、私たちは求めるべき」だからである［98］。

　ところが、ここですぐいくつかの疑問が生じる。第一に、定義とはスコラ哲学と同様に、或るものが「何であるか」、この意味で本質を記述するものだとさしあたり理解しておくことで、「本質」と「定義」が‘sive’という接続詞によってつながれていることは理解されると思われるが、しかしそれでも、あるいはそれゆえ、そもそも定義自身が「たんに知性のうちにのみあるもの」［93］に過ぎないのではないだろうか。すなわち、本質とのかかわりにおける定義の身分が問われうる。第二に、いまだ認識されておらず、これからその本質ないし近接原因をとらえることで探求されるべきものに対して、私たちはどのようにして定義を与えることができるのだろうか。つまり、或るものを定義するには、それがあらかじめ何らかの仕方ですでに知られていなければならないはずであるし、またどのようにして未知のものに定義を与えることができるのだろうか。この観点からスピノザの議論の展開を追っていくと、彼は探求されるべきものとその探求のためにもちいられるものを混同しているように思われ[36]、この混同のなかで「堂々めぐりのような[37]」議論が行われるまさにその箇所で、『改善論』は未完のまま残されているのである。さらに、第三に、一般的に「何であるか」にかかわるはずの定義、つまりたとえば「人間は理性的動物である」といった人間という種に固有の種的本質にかかわると思われる定義が、どのようにして特殊的なもの、個別的なものにかかわりうるのだろうか。

　まずこの第三の疑問にかんして、スピノザは特殊的なもの、個別的なものと対置される一般的なもの、抽象的なものに対する批判を行っており、ここから私たちの疑問に対応するスピノザの主張を引き出すことができる。スピノザは、「あらゆる普遍的なものがそうであるように、或るものが抽象的に概念されるとき、特殊的なものどもはつねに、自然のうちに実在しうるよりもさらに拡張された仕方で理解されてしまう。さらに、自然のうちには、ほとんど知性から逃れてしまうほどの微細な差異を有する多くのものがあるから、（もしそれらが抽象的に概念されるなら）私たちはそれらを容易に混同してしまう」という[76]。つまり、個々別々なもののそれぞれの特殊性を度外視してしまう一般的概念、抽象的概念をもちいることなく、特殊的なもの、個別的なものを、あくまでその特殊性、個別性を示す仕方で、すなわちまさに「特殊的肯定的本質」を示す仕方で定義することが求められている。

　この意味において、先の「普遍的な公理のみからは、知性は個別的なものへと降りていくことができない」[93]という言明が理解されるだろう。すなわちスピノザはあくまで特殊的なもの、ないし個別的なものの本質を問題にしているのである。私たちが本章第一節でみた個別性を確保しようとするスピノザの意図は、ここでも一貫しているといわなければならない。ルッセは「特殊的肯定的本質」が求められるべきものを、原因を持たない自己原因といわれるもの、『改善論』ののちのことばを先どりすれば「創造されないもの」のみに限定しているが[38]、これは不当な理解である。というのもここまでみてきたように、『改善論』は個別特殊的なものの個別的な本質と実在をいかに把握するかという論点に専心してきたわけであり、この点はまた私たちが第一章で示した、個別的なものである人間の生についての探究というスピノザ哲学の倫理的志向に応じたものでもあるのだから。

とはいえ、たしかにスピノザが個別的なものの個別的本質をとらえうる定義を目指していることは読みとれるにせよ、しかしながら、どのようにして個別的なものを定義すればよいのか、この点はいまだ明確ではない。さらに、自然のうちにある微細な差異をもったすべてのものどもにかんして、それぞれひとつひとつ定義を与えていくようなことがスピノザの念頭におかれているとするなら、これは到底不可能なことがらである。以下ではこうした諸問題を意識しながらスピノザの議論の展開を追っていこう。

探求のための定義／定義のための探究

それゆえ、**invenire**（発見する／案出する）するための正しい途は、ex data aliqua definitione（或る与えられた定義から／ある定義を与えることから出発して）諸々の思惟を形成することである。このことは、私たちが或るものをよりよく定義すればそれだけいっそうより適切にまたより容易に進むであろう。そういうわけで、この方法の第二部全体のかなめはまったく次のこと、すなわちよい定義の諸条件を認識すること、続いて定義を[39] **invenire**（発見する／案出する）する仕方に存する。それゆえまずは定義の諸条件にとりかかろう。[94]

この箇所ではまず、二つの'**invenire**'をどう訳すかが問題となる。というのも、'**invenire**'を「発見する」か、あるいは「案出する」か、どちらで理解するかによって文意が変わってくるからである。まずひとつめの'**invenire**'は、いまだ認識されていないものを探求するために定義論を導入したスピノザの意図を勘案すると、

「〔或るものを〕発見するための正しい途」と訳すべきだと思われる。ところが二つ目の「定義を'invenire'する」のほうはといえば、こちらはより複雑な問題をはらんでいる。というのは、「定義を発見すること」と、「定義を案出すること」、いいかえれば定義を作成することは別のことがらだと思われるからである。とはいえそもそも、「定義を発見する」というのはどういうことがらなのか。それはたとえば定義が、精神のうちのどこかに見出されるべきものとして埋もれていて、私たちに発見されることを待っているといったようなことなのだろうか。けれども、スピノザがそのように考えていたとは決して思われない。さらに、「私たちが或るものをよりよく定義すればそれだけいっそう〔…〕」ということばから理解できるように、スピノザはあくまで定義を「作成すること」を主眼としているわけだから、素直に読めば、この二つ目の'invenire'は定義を「案出すること」つまり作成することと理解するべきだろう。ところが、先に指摘しておいたように、スピノザは定義にかんして、探求されるべきものとその探求のためにもちいられるものとを混同しているふしがあり、スピノザの議論の展開を慎重に吟味していく必要がある。

くわえてこの問題は、'ex data aliqua definitione'をどう訳すかにもかかわってくる。というのもこの文は、「或る与えられた定義から」というように'data'の所与性を強くとるか、あるいは「ある定義を与えることから出発して」といったように、定義を与えること、つまり定義を作成することに重点をおいて読むかで、これまた意味合いが変わってくるからである(40)。

ここではさしあたり、スピノザの本来の(と思われる)意図を勘案して、「定義を作成する」という意味で理解しておくことにしよう。そうすると、「よい定義の諸条件」といわれるのは、より正確に表現すれば、「よい定義を作成するための諸条件」として理解することができる。

ところで、この「諸条件」とは具体的にはどのようなものなのか。「定義が完全といわれるためには、ものの内的な本質を説明しなければならず、さらに私たちは何らかの諸特質をその本質に置き換えてしまわないように注意しなければならない」とスピノザはいう［95］。ここでの彼の主張の要点は、正当な定義が、(A)定義されるものの本質を説明するものであること、そして、(B)定義されるものをその本質の代わりに諸特質によって説明してはならない、という二点である。

本質の代わりに特質によってなされた定義の例として、スピノザは有名な円の例を持ち出す。「もし〔円が〕中心から円周へと引かれた諸線が等しい或る図形であると定義されるなら」、この定義は円の本質を説明せず、たんにその特質を説明しているだけだと彼はいう［95］。そして、本質の代わりに特質によって定義することは、図形やその他の理拠的存在（ens rationis）にかんしてはそれほど重大な問題を生じさせないが、しかし自然的で事象的な存在者にかんする場合には、問題は大きいと彼は続ける［ibid.］。この存在の二区分は、先の「知性のうちにのみあるもの」と「ものにおいてあるもの」の区分［93］と密接にかかわっていると考えられる。

つまり私たちは、図形やその他の理拠的存在のような「知性のうちにのみあるもの」と、自然的で事象的な存在のような「ものにおいてあるもの」を混同することなく、はっきりと区別したうえで、ものについての探求に向かわなければならない。そして定義が特質ではなくものの本質を説明すべきなのは、「疑いなく諸々のものの諸特質は、それらの本質が知られなければ知解されないからである」［95］というスピノザの鮮明な主張にもとづいている。

あくまで本質を求め、特質でもって定義してしまうことを避けるために、続いてスピノザは、「創造されたもの」と「創造されないもの」[41]、すなわち九二節で提示された〈それ自身においてなく、実在するために原因を要するもの〉と、〈それ自身においてあり、自己原因であるもの〉の区分それぞれについて、定義を作成するうえで守られるべきこと、つまり定義作成の「諸条件」［94］と思われるものを提出する。その内実はといえば、前者にかんしては、(I)定義は近接原因を含まなければならない、(II)ものの概念すなわち定義は、他のものどもと結びつけられることなく、それのみでみられるかぎり、もののすべての特質がそこから結論されることができなければならない、(III)[42]すべての定義は肯定的でなければならない、というものであり、他方後者にかんしては、(I)すべての原因を排すること、いいかえれば、対象が自らの存在以外のいかなるものをも自らの説明のために必要としないこと、(II)そのものの定義が与えられれば、「それが存在するか」という問いに対する否定的な疑念の余地を残さないこと、(III)形容詞にもなりうるいかなる実詞も実質上持たないこと、いいかえれば、抽象概念によって説明されないこと、(IV)その定義からすべての特質が結論されること、以上のことがらが求められる[43] [96-97]。

さて、全体としてみたときに、これらの定義の要件は、はたして定義を作成するための十分な条件たりえているだろうか。控えめにいっても、これらはあまりにも形式的、抽象的に過ぎ、定義を実際に作成するうえで守られるべき最低限の基準、いいかえれば必要条件にしかならないように思われる。実際スピノザ自身が「必要要件」ということばをもちいているのだから [96]。

ところでスピノザはまず、よい定義の条件を認識し、続いて定義を案出する仕方を求めようとしていた [94]。ここまでみてきた定義の要件は、いま述べたように、必要条件としてはかろうじて認められるにせよ、しかし定義を案出する仕方、いいかえれば実際に定義を作成する具体的な仕方までは教えてくれない。当然スピノザは、自らが予告していたところにしたがって、この定義作成方式を明らかにすべきにもかかわらず、右にみた諸条件を提示したのちあっさりと話題を変えてしまうのである [99]。とはいえ、こののちのスピノザの議論から、定義にかんする彼のもくろみとその理論的困難がより明確になってくるので、最後まで彼の歩みを検討していこう。

定義探求の理論的困難　先に述べたように、スピノザは個別的なものどもの定義を念頭において論を進めている。これを端的に裏づけるのは、一〇一節末尾の「変化する諸々の個別的なものの定義（definitionum rerum singularium mutabilium）」ということばである（'definitionum' という複数形になっている点に注意されたい）。スピノザはこの箇所の前に、「変化する諸々の個別的なもの」と「確固永遠なる諸々のもの」を区別しており [100]、そのうえで、確固永遠なるものが変化する個別的なものの定義の類のようなもので、またすべてのものの近接原因であるという［101］。さらに第二節第二項でみたように、変化する諸々の個別的なものの実在は、その本質とは何の連関ももたないとされ［100］、それゆえ先述の実在するために原因を要する「創造されたもの」［92］とみなすことができる以上、スピノザが求めていた定義の条件にしたがえば、この変化する諸々の個別的なものの定義はその近接原因を、すなわち確固永遠なるものを含まなければならない、ということになるはずである。

　そうなるとまずはこの確固永遠なる諸々のものを理解しなければならないことになろう。実際私たちのこの予想どおりスピノザは、「私たちが永遠なる諸々のものの認識に到達することができるために、またそれらの定義を先に述べた諸条件によって形成するために必要な」ことがらを示していこうとする［103］。しかしそのためには、スピノザが主張するには、さらに「知性と、その諸特質と諸力の認識」が求められねばならない［105］。そしてこれ以降のスピノザの議論は、『改善論』の定義論が抱えている複数の問題が、さらに絡まりあっているさまを明示しているため、少しながくなるが彼のおおよその論述を以下に引用する。

> 〔…〕私たちは（方法のこの第二部において述べられたことがらにしたがって）、必然的にこれら〔知性の諸力と本性〕を思惟と知性の定義そのものから導出することに努めよう［106］。しかし私たちはここまで、諸定義を案出するどのような規則ももたなかったし、また、知性の本性 sive（あるいは／すなわち）定義とその力能が認識されなければそれらの定義を立てることができないのだから、ここから帰結するのは、知性の定義がそれ自身で明晰でなければならないか、あるいは、私たちが何ものをも知解することができないか、いずれかである。ところが、これ〔知性の定義〕はそれ自身のみでは明晰ではない。しかしながら、その〔知性の〕諸特質は、私たちが知性から得るすべてのものと同様に、その本性が認識されなければ明晰かつ判然と知得されることができない。したがって、私たちが明晰かつ判然と知解している知性の諸特質に注意を向けるな

ら、知性の定義はそれ自身で知られるようになるだろう。［107］

まずこの箇所でスピノザが、「ここまで、諸定義を案出するどのような規則ももたなかった」と明言していることが問題となる。先にみたようにスピノザは、定義を作成するための必要条件だけはかろうじて示しているように思われたが、実際に定義を作成する具体的な仕方までは示していなかった。しかもいま問題としている箇所では、この箇所まで定義を作成する仕方ないし規則を示すには至っていないことを、スピノザ自身が認めている。そして結局のところ『改善論』全体をとおして、この定義を作成する仕方あるいは規則が示されることは最後までなかったのである。

次に、知性の定義をめぐる循環を指摘することができる。すなわち、知性が有する諸特質を導き出すには、それに先立って知性の定義が知られなければならない、ところが知性の定義は知られていない、しかし求められているものであるはずの知性の諸特質からその定義を知ることができる、という明らかな循環である。[44] ここでは、探求されるべきものとその探求のためにもちいられるものが混同されていることがはっきりとみてとれる。

さらにこれと連関する問題として、或るものの本性ないし本質とその特質の関係についてのスピノザの混乱がみてとれる。つまり、先述のように、スピノザは「諸々のものの諸特質は、それらの本質が知られなければ知解されない」［95］と主張し、さらに「定義が完全といわれるためには〔…〕何らかの諸特質をその本質に置き換えてしまわないように注意しなければならない」［ibid.］と語っていたはずなのに、この個所では彼は逆に、知性の本性 'sive'（あるいは／すなわち）定義が、その諸特質のほうから導き出されるとしているのである。

ルッセはこの知性の定義をめぐる循環にかんして、それが「おそらく計算ずくの、たぶん見かけ上のアポリア」にすぎず、スピノザは彼自身がそこに「閉じ込められていることを完全に自覚している」という。[45] そのうえで彼は、この場面でスピノザが解決しようとしている問題を――若干パラフレーズしていえば――、知性

(intellectus) を知解すること (intelligere)、すなわち、知性をはたらかせることによって、知性そのものを知性的に理解することに見定める。[46] ルッセによれば、この場面でスピノザはそれゆえにこそ、「私たちが明晰かつ判然と知解している知性の諸特質」[107：強調引用者] に目を向けているわけであり、ルッセの結論をまた若干パラフレーズして示せば、この諸特質の理解――ルッセによればこの理解は、すでにこの場面に至るまでのスピノザの議論において得られている――によって、すでに知性そのものがそれ自身によって自らを私たちに理解させているのであって、それゆえそれとは別にあらためて、あるいはそれに先立って知性の定義が立てられる必要はない。[47] こうしたルッセの解釈はしかし、この場面でのスピノザ自身とまったく同じ混乱に陥っている。つまり、本質と特質の導出関係にかんする混乱である。ルッセがもちいる「本質的諸特質[48]」というスピノザのテクストにはあらわれないことばが、はっきりとこの混乱を示している。

探求されるべきものは、まずは知性の本質とその諸特質と諸力であるとされる。そしてこの探求のためにもちいられるものが、知性の定義である。私たちが先に注意をうながしておいたこと、つまり、いまだ認識されていないものをとらえていくというもくろみのもとで定義論が導入されたことを想い起こそう。

少なくとも知性の本質はいまだ認識されていないものであり、したがって探求されるべきものである。ところが、これもまた先に記しておいたように、いまだ知られていないものに対して定義を与えることなどできないのではないか。それにもかかわらずスピノザは、知性の本質を知性の定義から導き出そうとしているのである。

そして探求されるべきもの (ここでは知性の本質) とその探究のためにもちいられるもの (ここでは知性の定義) とのこの混同は、「知性の本性 sive (あるいは／すなわち) 定義とその力能が認識されなければそれらの定義を立てることができない」というスピノザの言明に端的に示されている。ここでスピノザは本質ないし本性と定義を同一視したうえで、さらにその定義を立てる、ということを語っていると読みとることができ、結局のところ定義の身分に一貫性が欠けていると考えざるをえない。

実のところ、こうした定義の身分にかんする危うさは、「最上の結論は或る特殊的肯定的本質から、sive（あるいは／すなわち）真で正当な定義から引き出されるべきであろう」［93］という、定義論が導入される端緒となっている記述にすでにはらまれていた。つまり、この‘sive’という接続詞が、本質と定義という両項の身分上の混同をすでに用意していたと考えられるのである。さらに、私たちが先に注意しておいたように、定義を‘invenire’すると語られるさいに、この‘invenire’が「定義を作成する」ことだけではなく、「定義を発見する」こととしてもとらえられ、‘invenire’ということばそのものが元来有しているこれら二つのことがらの緊密な連関もまた、探求されるべきものとその探究のためにもちいられるものとの混同を準備していたと考えることもできる。

このように『改善論』末尾近くで語られる定義論では、複数の問題がもつれあっているさまをみてとることができる。そしてこののちスピノザは、知性の特質を八つ列挙したうえで、「これ〔思惟の本質〕はいましがた検討してきた諸々の積極的特質から求められるべきである。すなわち、そこからこれら諸特質が必然的に帰結し、あるいはそれが与えられればこれら諸特質が必然的に与えられ、それがとりさられればこれらすべてもとりさられるところの、共通な或るものがここに立てられなければならない」という［110］。

私たちがのちに（第五章第二節）詳しくみるように、スピノザは『エチカ』において、個別的なものの本質にかかわる次のような定義を提示することになる。「或るものの本質には、それが与えられればものが必然的に措定され、それがとりさられればものも必然的にとりさられるもの、あるいは、それなしにはものが〔在ることも概念されることもできないもの〕、かつ逆に、ものなしにはそれが在ることも概念されることもできないものが属する、と私はいう」［E2Def2］。たしかにこの定義では、本質に属するものと、本質を有するものとの関係に主眼がおかれている一方で、右に引いた『改善論』のテクストでは、「共通な或るもの」と特質の関係が主眼となっているし、さらに『改善論』の文言には、『エチカ』の定義の後半部が欠けているという決定的と思われる相違もまた見出される。とはいえ一見して明らかなように、この定義の前半部と『改善論』の文言［110］は酷似している。

さらに、『改善論』のこの場面で問われていたのは、思惟あるいは知性の本質にほかならず、またそもそも知性の本質認識が求められたのは、個別的なものの個別的本質の把握を目指してのことだったのだから、この「共通な或るもの」［110］が、本質であるか、あるいは少なくとも本質と密接にかかわるものであると考える十分な理由がある。(49) そうだとすれば、ここでスピノザはまたしても本質とその特質の関係にかんする混乱を示しているといえるだろう。すなわち、思惟ないし知性の本質はその諸特質から求められるべきだとスピノザ自身がこの個所で語っているのにもかかわらず、この諸特質が今度はやはり本質（「共通な或るもの」）から帰結される、という循環である。

循環はそれゆえ、決して解決されていない。したがってまた、この循環が見かけ上のものだとして済ますわけにはいかない。そして『改善論』はちょうどこの箇所で、すなわちここまでみてきた定義にかんする諸問題の錯綜のうちに中断され、未完のままにとどまってしまった。まさに個別的なものの個別的本質の把握に至ろうとするその矢先で。

第二項　確固永遠なるもの

以上、スピノザが定義論に求めていた第一の論点である、知性にもとづく個別的なものの個別特殊的本質の認識にかんする理論的な困難を検討してきた。次に第二の論点である順序づけにいまいちど目を向けてみよう。自然の形相性全体、つまり自然という範型を諸観念の導出連関によって全体的に反映するためには、すべてのものの原因である最高完全な存在者の認識から出発して他の諸観念を導出する必要があるとされていた。

さらにスピノザは続ける。「ここから私たちは次のことをみてとることができる。何よりもまず私たちに必要なのは、なしうるかぎり諸原因の系列にしたがって、ひとつの事象的存在から別の事象的存在へと進むことによって、つねに自然的なもの、いうなら事象的存在から私たちの観念のすべてを導出すること、そして抽象的なものと普遍的なものを介することなく、あるいはこれら〔抽象普遍的なもの〕から事象的な或るものを結論することなく、あるいはまた事象的な或るものからこれら〔抽象普遍的なもの〕を結論することなく導出すること、これである」[99]。ここにも抽象的な認識や普遍的な認識を忌避し、あくまで個別特殊性をねらおうとするスピノザの意図がみてとれる。そうなると、「自然的なもの」や「事象的存在」といわれるのは、個々の具体的な人間個体に代表される個別的なものであり、そして「諸原因の系列」といわれるのは、知性の外なる自然における個々物の原因‐結果の産出連関なのであって、要するにこの引用は、先にみた議論の反復と考えられそうである。

しかしながら、こののちのスピノザの議論は私たちのこうした予想を裏切り、これまで『改善論』の議論のなかでまったく語られていなかった論点、さしあたりここまで語られてきた自然的なものどもを超えた次元にかかわるという意味において、きわめて形而上学的な議論へと一挙に跳躍する。「注意しなければならないのは」、スピノザはいう。

私がここで諸原因の系列、また事象的存在ということによって、変化する個別的なものどもの系列を知解しているのではなく、むしろ確固永遠なるものどもの系列のみを知解していることである。というのも、変化する個別的なものの系列をとらえるのは、人間の弱さにとって不可能であろうから。なぜならそれらはあらゆる数を超え出る多数性を有するからであり、またひとつの同じ〔変化する個別的な〕ものをめぐる諸状況の各々が、当のものが実在すること、あるいは実在しないことの原因でありうるからである。それというのも、それらの実在はそれらの本質と何の連関も持たないから、いうなら（すでにいったように）永遠真理ではないからである。[100]

私たちがこれまでみてきたように、スピノザが定義論を導入したのは個別的なものの個別的な本質の把握をねらってのことであった。しかしこれもすでにみたように、定義論は理論的な困難を含んでいた。そうなると結局のところ、ゲルーもいうように、「このような本質がどのような手段によって十全に認識されうるのかを知るという問題は解決不可能に思える[50]」。おそらくスピノザ自身、こうした問題に自覚的であった［cf. 102］。私たちがいま引いた箇所で言及される、変化する個別的なもののそのものとはことなる「原因」としての「確固永遠なるもの」、こちらのほうからこの問題に対する応答を引き出すことはできないだろうか。

個別的なものの本質と実在の問題

「可能的」といわれる実在は、実在していても実在していなくても、その本質に矛盾しないものとして理解されていた。そしてその実在は、外的な諸原因によって規定されていた。たとえばここにいる私が実在しなかったことも十分に考えられる。また私が現に実在していることも、自然の無数の原因‐結果の連関によって規定されており、それゆえどういった事態が私の実在の原因となっているのかを網羅的に特定することは不可能である。たしかに先にみたように、自然の順序は一定の法則にしたがって連関づけられているが、しかし私たちは、その把握能力の有限性のために、この順序の項をなしている個別的な出来事を網羅的に把握することができない。とはいえ「永遠真理」ではない個別的なものの実在の把握は、その（永遠真理である）本質と同時に「自然の順序」への注視をも要請していたではないか。

しかしながらいま問題としている場面では、変化する個別的なものの実在が、その本質と何の連関も持たないと明言されてしまっている。さらにこの個別的な本質のほうにかんしても、それをねらっていたはずの定義論の理論的困難によって、それがいかに把握されうるのかも明らかにされないのではないか。こうなってしまっては、個別的なものの個別的な本質にかんしても、またそれに密接に連関すべき個別的な実在にかんしても、ともにその把握が行き詰まることになってしまうのではないか[51]。

さらにスピノザはいう。変化する個別的なものの「系列を私たちが知解する必要もない。というのも変化する個別的なものの本質は、それらの系列、いうなら〔それらが〕実在することの順序からは引き出されない」のだから［101：強調引用者］。つまり、個別的なものの本質を理解するには、個別的なものの可能的実在が織り成す原因‐結果の産出連関のみを追っていっても無駄である、そうスピノザははっきり語っているのである。

それでは、個別的なものの本質は結局のところいかにしてとらえられるのか。彼はいう。個別的なものの「内的本質はただ確固永遠なるものどもからのみ」、「かつ同時に、この〔確固永遠なる〕もののうちに〔…〕書き込まれている諸法則からのみ求められ、これらの諸法則にしたがってすべての個別的なものが生じかつ順序づけられるのである」［101：強調引用者］。

先にみたように、自然のうちに実在するすべての個別的なものは、一定の法則にしたがった原因‐結果の産出連関、すなわち自然の順序によって条件づけられていた。しかしすべての個別的なものが生じかつ順序づけられる法則は――いま検討している箇所ではじめて語られるのだが――「確固永遠なるもの」、すべての個別的なものがそこに「本性上同時に存在している」確固永遠なるもの［102］のうちに書き込まれている。問題となっているのは、いまや変化する個別的なものそのものの産出連関ではなく、「確固永遠なるもの」という原因の系列なのである。こうなると、「確固永遠なるもののうちに書き込まれた諸法則」（つまり原因としての確固永遠なるものと不可分な諸法則）は、個別的なものの実在が認識論的にも存在論的にも全面的に依拠しなければならない形而上学的原理として提示されていると考える必要がある。

そして個別的なものの内的本質についていえば、この本質は、今度はこうした諸法則と不可分の確固永遠なるものからのみ求められるといわれている。ここからひるがえって考えてみるなら、先に本質一般が永遠真理であると語られたのは、実はこうした事態と連動しているためではないか、と推定できる。実にスピノザは、「変化する個別的なものは、こうした確固たるもののなしには在ることも概念されることもできないほどに、内的にそして（いわば）本質的にそれらに依拠している」という［101］。

要するに、変化する個別的なものは、その実在にかんしても、その認識にかんしても、さらにまた本質にかんしても、結局のところ「確固永遠なるもの」に全面的に依拠していると考える必要がある[52]。したがって、個別的なものの実在と本質をともに包括的に把握するには、これらの形而上学的原理となっているこの「確固永遠なるもの」とその「諸法則」こそを、他の何にもまして理解しなければならないことになる。

しかしながら、この「確固永遠なるもの」をめぐってスピノザ研究史上これまで数多くの解釈がなされており、いまだに決定的な解釈が提示されているとはいいがたい。多くの解釈者たちは『エチカ』における「実体の属性」や「直接あるいは間接無限様態」、さらには「共通概念」の議論からこの「確固永遠なるもの」を理解しようと努めてきた[53]。なぜこのような手続きをとるのか。その理由は単純である。スピノザ自身が『改善論』においてこの概念の内実を明確に規定しなかったのだから。

定義論についてみてきたように、スピノザは確固永遠なるものを定義しようとしていたが、この予定はいったんわきに押しやられ、知性の定義へと移行していた。そしてこの知性の定義をめぐる循環のなかで、『改善論』は未完のままとどまったのであり、結局のところ確固永遠なるものの定義もまた与えられなかった。それゆえミニーニのいうように、結局のところその内容をはっきりと理解することは不可能といわねばならない[54]。

スピノザ形而上学の生成に向かって

『改善論』終盤で示される知性の諸特質の第一のものとして、「〈知性は〉確実性を包含する、いいかえれば、〈知性は〉ものが知性のうちに対象的に含まれているとおりに形相的にある、ということを知る」と語られていた［108］。『改善論』前半の確実性の議論の鍵概念となっていた「対象的本質」ということばはもはやあらわれず、〈対象的に・形相的に〉という対だけが残される。この点にかんしては、ここまでの考察から次のようにいうことができよう。

『改善論』前半の議論では対象の実在はすでに前提とされていた。それゆえにこそ実在にかんする議論が度外視され、対象の本質のみに焦点をおくことによって真理論が叙述されていたのである。けれどもそれ以降スピノザは、「いまだ認識されざるもの」へと知識を拡張する学の説明を自らに課すことになる。そうなると、こうした未知の対象にかんしてその個別的な実在と本質をともに包括する認識をいかに獲得していくか、これが主眼となっていくはずである。したがって「本質」ということばが抜け落ち、対象的・形相的という対だけが残されたのは、スピノザが対象の本質のみにかぎらず、実在をも含めた仕方で認識について語ることをもくろんでいたことに起因すると考えられる。

このような認識論はしかし、ものの実在と本質を包括的に説明し基礎づける存在論をも要請することになるだろう。私たちはまさにこの点にスピノザ形而上学の生成を見届ける。[55]「確固永遠なるもの」という難解な概念の導入は、スピノザ形而上学がねらおうとするこうした方向性をたしかに示してはいる。けれども、(1)この「確固永遠なるもの」という原因の系列は、変化する諸々の個別的なものそのものの系列ではないと語られたわけだから[99-100]、個別的なものが具体的にはどのような仕方で、またどのような基礎のもとでこれら「確固永遠なるもの」という原因に依拠しているのかが示されねばならなかったはずである。しかしながら、『改善論』はこれを説明することなく未完のまま閉じられてしまう。さらに、(2)永遠真理ではない個別的なものの実在と永遠真理である必然的実在は完全に分断され、両者がいかなる仕方で連関しているのかという議論は『改善論』には不在である。そしてこの事態は、必然的実在が積極的な規定を受けないままにとどまっていることに起因すると考えられた。くわえて、(3)一方で個別的なものの個別的実在は、その本質が認識されなければ知られないとされ[26]、この点において永遠真理としての本質の認識論的優位がみてとれるが、他方で個別的実在と個別的本質は密接に呼応しなければならないとも語られる[55]。この議論は定義論と確固永遠なるものの議論に帰着することになったわけだが、私たちはいずれの議論も問題を抱えていることを示してきた。さらにまた、(4)スピノザは

「確固永遠なるもの」についても、それが「個別的」であると形容する［101］。このことはたしかに、あくまで抽象性や普遍性を持ち込むことなく、個別的なものの個別特殊性をとらえようとする彼の意図を反映していると考えられるけれども、しかし『改善論』のテクストをいくら注意深く追っていっても、こうした形容によってどのような事態が考えられているのかを読みとることはできない。「確固永遠なるもの」の内実は、この点からしてもまったく不明なのである。[56] (5)さらに私たちは、『改善論』の最後にあらわれる「共通な或るもの」の規定と、『エチカ』の個別的なものの本質にかかわる定義の、表現上の部分的な酷似を指摘した。個別的なものの個別的本質の把握を目指した定義論の果てに、こうした酷似が見出されるという事実は示唆的である。しかしながらこの酷似は部分的なものでしかなかった。『改善論』の規定には、『エチカ』の定義の後半部が欠けていたのである[57]（私たちはのちに、『エチカ』のこの定義こそが、個別的なものの本質の個別性をとらえることを可能にする定義にほかならないことを示していくことになる）。

個別的なものの本質と実在を連関させ、両者を包括し、さらに個別的なものの本質と実在の個別性をとらえることを可能にする体系的な理論をいかに与えていくか。『エチカ』の形而上学が引き受けることになる課題はまさにここにある。しかも「確固永遠なるもの」が原因性の観点から個別的なものの本質と実在の連関を示そうとしていたことは、のちの議論できわめて重要なポイントとなるため、ここで注意をうながしておく。

以上のように、『改善論』ではスピノザ哲学がとりくむべき課題の方向性は示されていると考えることができるけれども、全体的な結論としては次のようにいわなければならない。『改善論』は『エチカ』で提示されることになる精錬された議論そのものを開示しているのではなく、あくまでその萌芽を、そしてそれのみを含んでいるとしかいえない、と[58]。

さて、『エチカ』の体系は、個別的なものの本質と実在を包括的に、しかもそれらの個別性を逃すことなくとらえるということの課題にどのように応じるのだろうか。いまや『エチカ』で提示されるスピノザ形而上学の構造解明に立ち入るべき時である。

（1） Joachim 1940, p. 215, n. 2.

（2） テクストの読みに若干のブレのある箇所である。原文は 'et difficilius alicui, nisi rei ipsa, ubi non attendimus ad naturae ordinem, affingitur.' この文の理解において争点となるのは、問題となっている当のものとはことなる別のものに実在が仮構されるという事態が、「自然の順序」が考慮されないときにかぎられるのか否かという点である。私たちとしては、この文で問題となっているのは、一般性による実在理解と個別特殊性による理解との対置であって、実在が特殊的な仕方で理解されれば虚構は生じにくいということ、これが眼目になっていると解釈するため、「自然の順序に注意しない場合でも」という訳を採用した。私たちと同様の理解としては、Joachim 1940, pp. 118-119, n. 2 また Spinoza 1994, p. 42 を参照。

（3） この点は、三四節での「ペテロ」が、レクリヴァンもいうように「ペテロと呼ばれる個人である事象的にかつ自然的に実在する存在」と考えられるべきであるのと同様である［Spinoza 2003, p. 171, n. 14］。

（4） Suarez 1597 / 1965, Disp. 2, sec. 4, 6. また「定義は一般的に、ものの本性を説明する語り（oratio）である」［Eustachius 1609, I, pp. 155-156, cf. Gilson 1979, texte 113］。また「定義することは、ものの本性をその本質的なものによって境界画定し、限定することである」［Goclenius 1613 / 1980, p. 500］。

（5） それぞれ Burgersdijk 1626 / 1644, lib. 2, cap. 1, theolema 1, comment. 1 そして cap. 2, theolema 1.

（6） 「形而上学的思想」第二部第一二章［CM2/12, Geb., I, p. 138: 19］。なおこの二人のオランダのスコラ学者については、*Dictionary of Seventeenth and Eighteenth-Century Dutch Philosophers* それぞれ pp. 181-189, pp. 395-397 が参考になる。また Bunge et al. 2011 それぞれ pp. 60-62, pp. 72-74 さらに Gueroult 1968, pp. 245-246, n. 7 をも参照。

（7） Heereboord 1658, lib. 1, cap. 1, quaest. 2.

（8） Ibid.

（9） Cf. Rousset 1992, pp. 281-282.

（10） Rousset 1992, p. 274. またコイレも以下のようにいう。「〔…〕虚構は無知をその基礎としており、知は虚構を不可能にする」[Spinoza 1994, p. 106, n. 54]。

（11） ただし五六節では、「地球はまるい」とか「太陽は地球の周囲をめぐる」ということがらにかんして「可能」、「不可能」、「必然」が語られている。この場合太陽なり地球なりの実在の可能性や必然性が語られているのではない。たとえば「地球はまるい」という認識は天文学等の理論の進展などによって、その定式化に変更がくわえられうることがらなので、事実にかんする偶然真理として考えられるだろう。とはいえ私たちにとって肝要な点は、スピノザが『改善論』において不可能性や必然性を論じるとき、或るものの本性ないし本質そのものの必然性という論点を『エチカ』で展開されるほど厳密な仕方で論じてはいない、と考えられる点である。しかし『改善論』終盤でわずかに一度だけ、「私たちの本性の必然性」[108, VI] ということばがもちいられる。これもまた『改善論』のテクストの多層性を示す事例のひとつとみなすことも可能であろう。

（12） Mignini 1990, p. 140 参照。

（13） たとえば Spinoza 2009, p. 153, n. 145 さらに Rousset 1992, p. 324 を参照。またゲルーによれば、『改善論』の定義論で語られる「創造されないもの」にかんして、そこでは〈自己原因〉と〈原因なしに在ること〉の同一視が前提されており、他方『エチカ』ではこうした消極的な規定が捨て去られることになる [Gueroult 1968, pp. 59-60, pp. 172-173]。

（14） たしかに、「虚偽の観念」についての論述 [66ff.] のなかに、「〔…〕もし、ものの本性が必然的実在をその基においている（supponere）とすれば、このものの実在について思い誤ることは不可能であり〔…〕」[67] という表現がみられ、畠中尚志とコイレはこの 'supponere' をそれぞれ「含む」、'impliquer' と訳しているけれども、この言明を必然的実在の積極的規定とみなすことは困難であり、ことがらとしては先にみた「虚構」にかんする議論と同一の議論、すなわち、実在しないことがその本性に矛盾するという意味で語られていると考えられる [スピノザ 一九三一

（二〇〇五）、五五―五六頁、Spinoza 1994, p. 54］。

（15） たとえばルッセもそう考えている［Rousset 1992, p. 276］。

（16） Spinoza 2009, p. 146, n. 41.

（17） 原文は以下。'... invenio apud me innumeras ideas quarumdam rerum, *quae*, etiam si extra me fortasse nullibi existant, non tamen dici possunt nihil esse'［ATVII64: 6-9：強調引用者］. ここで強調した 'quae' が受けるのは 'ideas' か 'rerum' かという議論があるが、私たちは 'rerum' で受ける。この点にかんして村上 二〇〇五、三五―三七頁、五一頁、注（10）参照。

（18） また幾何学の諸論証のうちには、「それらの対象の実在を私に確証させる何ものもない」という『方法序説』第四部のことばをも参照［ATVI36: 16-18］。

（19） 「数学的真理は純粋に内的な性格にかかわる。それはすべての対象との関係の外で完全に理解される。〔…〕それらの対象は純粋に理念的であり、またさらにそれらの「観念対象」は思惟の外に存しない」［J. Moreau 1985, p. 379］。このJ・モローの議論はスピノザにかんするものだが、こうした言明はここで挙げたデカルトの議論にも妥当するだろう。

（20） たとえば Medina 1985, p. 183 参照。

（21） Spinoza 2003, p. 166, n. 11.

（22） こうした理解はいま引いたレクリヴァンの言明にも読み取ることができる。なお同様の理解として Rousset 1992, p. 281, p. 291 をも参照。

（23） 'irrefragabilis' を「反転されえない」と訳したが、一般的には「反論されえない」と訳されることばである。しかしこの意味のままでは内容をとりづらいし、「真の学知は原因から結果へと進む」［85］のであって、決してその逆ではありえず、また「全自然の第一の要素」すなわち「自然の源泉、起源」から出発して、「順序を踏まない」ことのないよう注意しなければならないとされる［75］ことをも考慮に入れれば、私たちの訳は正当化されるだろう。なおルッセはこの引用部を「決定論の一般的原理」とも呼ぶが、これは正当な理解である［Rousset 1992, p. 301］。

（24）Spinoza 1994, p. 110, n. 85（強調引用者）. 同様の指摘は、Spinoza 2009, p. 149, n. 94.

（25）Spinoza 1994, p. 110, n. 85.『エチカ』における「原因」と「理由」の関係については第四章で論じる。

（26）Cf. Deleuze 1968, p. 175.

（27）Cf. Eisenberg 1971, pp. 181-182, p. 181, n. 17.

（28）OP のこの箇所にみられる 'ex eo' は余計なので排除して読む。Cf. Joachim 1940, p. 100, n. 4, Rousset 1992, p. 78, p. 251. なおＰＵＦ版著作集ではこれをテクストにとどめている［Spinoza 2009, p. 88］。

（29）Cf. Gueroult 1968, pp. 102-103.

（30）*CWI* p. 20, n. 33. ちなみにカーリーは四二節に二度あらわれる 'referre' をそれぞれ 'reproduce', 'represent' と訳し分けている［*CWI* p. 20］。なおこの 'referre' という動詞は、多くの場合前置詞 'ad' をともない、何らかのものに対する関係を示す意味でももちいられる［六六、六七、九五、一〇九節を参照］。

（31）Cf. Spinoza 2009, p. 147, n. 62, Rousset 1992, p. 251. 國分功一郎は同様の注意を喚起しながら、この動詞を「対応する」と訳し［國分 二〇一一、二五九頁］、いわゆるスピノザの並行論（國分による表記では「平行論」）が表現されているという理解のもとで考察を進めている。この点にかんしてルッセも 'referre' の意味合いが、「観念の順序とものの順序の対応を表現する」ことだと述べており［Rousset 1992, p. 251］、彼もまたいわゆる並行論の理解を持ち出している。とはいえ 'referre' がそもそも「対応する」という日本語に訳しうるラテン語であるかどうかは疑問が残る。さらに國分によれば、観念とものの連関の「同一性」のほうは、「最終的に」「観念と事物が存在としては同一である」ことに支えられているとする［國分 二〇一一、二六〇―二六一頁］が、こうした解釈が『改善論』でのスピノザの論述と整合的であるかは疑わしい。というのも、スピノザが観念と対象的本質（國分は「想念的本質」と訳している）について語るさいに持ち出す「ペテロ」の観念［三三―三五節参照］を検討してみるなら、國分の解釈を採用する場合、ペテロという事物とペテロについて認識する者の有する観念が「存在としては同一である」ことになるが、このような事態は理解不可能だからである。

(32) Matheron 2011-3, p. 542. マトゥロンによれば、スピノザは『改善論』において、「自然的なものについての真の観念のすべてが、その観念対象のリアルな原因を対象的に表現する別の真の観念から導出され、かつ、自然的なものについてのすべての真の観念から、その観念対象のリアルな結果を対象的に表現する別の真の観念が導出される」ことを示し、かくて原因から結果への関係を原理から帰結への論理的関係と同一化することを介して、「事象すべての全体的知解可能性の原理」を確立しようとする [Matheron 2011-3, pp. 544-545：強調はマトゥロン]。ところがマトゥロンによれば、この原理を根底のところで基礎づけるとされる「観念の形相的事象性と観念の対象的事象性のあいだの並行論原理」は、デカルト主義者たちにとっては認めがたいものにとどまるという [Matheron 2011-3, p. 550]。これが「教育的難局」の概要である。

(33) のちにも触れるように、上野修は『改善論』が「まさに定義論で失敗していて未完に終わっている」と明言する [上野 二〇一二‐一、四四頁]。

(34) この点は九二節の「すでに述べたように」という記述から裏づけられ、この参照先は一九節と二九節であると考えられる。M・ベイサッドも同じ参照先を指示している [Spinoza 2009, p. 153, n. 144]。さらに、私たちのこの見解と同一趣旨の解釈として、Eisenberg 1971, pp. 187-188 を参照。

(35) こうした 'sive' の用法について、Phillips 1984, p. 13, n. 1 をも参照。

(36) Cf. Joachim 1940, p. 211. また上野 二〇一二‐一、四五頁参照。

(37) 佐藤 二〇〇四、一八二頁の表現を借りた。

(38) Rousset 1992, p. 382.

(39) テクスト原文は '... in modo eas inveniendi' となっており、代名詞の 'eas' はその形からみれば「諸条件」を受けていると思われるが、その場合「よい定義の諸条件を認識すること、続いてその諸条件を発見すること」となり、文意がとおらないため、文法上は無理があるが「定義」と読む。カーリー [*CWI* p. 39] と畠中尚志 [スピノザ 一九三一

（二〇〇五）、七四頁］は私たちと同じ読みをしている。

（40）M・ベイサッドは、「諸々の思考を形成するための出発点として何らかの定義を与える（... donner quelque définition comme point de départ pour former des pensées ...）」と訳すことで、後者の意味合いを強く出している［Spinoza 2009, p. 123］。

（41）H・A・ウォルフソンはここでの「創造」が、「無からの創造」といった特殊な意味での「創造」ではなく、少なくともその実在に原因を要するという一般的意味でとるべきだというが［Wolfson 1962, vol. 1, pp. 350-351, vol. 2, p. 143］、私たちもこれに賛同する。なお「創造されないもの」と「創造されたもの」がより具体的には何か、という問題にかんしては様々な理解がある。ルッセはそれぞれを『エチカ』での「実体と属性」と「有限ならびに無限様態」と理解する［Rousset 1992, p. 379］。ゲルーも同じ理解を示している［Gueroult 1968, p. 59］。F・ポロックは「創造された」という形容が事実上有限性を意味するとし、『エチカ』での様態（とりわけ有限様態ということになろう）を候補として提示する［Pollock 1880, p. 146, et n. 3］。いずれにせよ多くの解釈者たちはこれら二つのものの理解に『エチカ』の規定を持ち込んでいるが、先に述べたように、私たちとしてはこうした解釈の方向性には断固として反対である。

（42）テクスト上このローマ数字(iii)はあらわれないが、ひとつの要件としてみなせるために数字を付して独立させた。

（43）テクストは 'quoad mentem' であるが、文意を勘案して畠中尚志訳にならい「実質上」と訳す。スピノザ 一九三一（二〇〇五）、七七頁参照。

（44）この知性の定義をめぐる循環にかんして、De Dijn 1986, p. 63 また Joachim 1940, p. 214 さらに Di Vona 1977, p. 41, 清水 一九七八、二〇四―二〇六頁、さらに上野 二〇一二‐一、四五頁参照。

（45）Rousset 1992, p. 9.

（46）Cf. Rousset 1992, p. 411.

（47）Rousset 1992, pp. 412-414.

（48） Rousset 1992, p. 413.

（49） ディ・ヴォーナはこの「共通な或るもの」を本質とみなしている［Di Vona 1977, p. 43］。また同じ理解として、De Dijn 1986, p. 60 参照。

（50） Gueroult 1974, p. 607.

（51） アピューンも同様の問題を指摘している［Spinoza 1964, p. 423］。

（52） ルッセは「確固永遠なるものとその諸法則が、変化する個別的なものの内的本質そのものである」とまで解釈を推し進め、「内的本質」が「すべてのものにおいて同一である」とまで語るが、そうなると、たとえばペテロの本質とアダムの本質が同一であることになり、それゆえこの「内的本質」は彼らに共通する種的本質のようなものとなってしまい、その結果あくまで本質の個別特殊性をとらえようとするスピノザのねらいを無視することになるため、行き過ぎた解釈だと思われる［Rousset 1992 それぞれ p. 400, p. 399］。

（53） 反対に『エチカ』で提示される存在論的諸概念を理解するための手がかりとして、『改善論』の「確固永遠なるもの」を参照する解釈者も少なくない。以下では解釈者たちの規定を概略的に参照しよう。たとえば、「確固永遠なるもの」が「スピノザ哲学において甚大な重要性を持つ」というE・E・ハリスは、これを『エチカ』における神（実体）の属性と無限様態と同定する［Harris 1973, pp. 23-24, p. 50, p. 100. なおハリスはとりわけて直接無限様態と間接無限様態を区別していない［cf. pp. 57-58］］。その内実としては、「区別可能な（けれども分離することのできない）有限な部分（〈有限〉様態）からなる具体的で体系的な全体」とし、この意味でG・W・F・ヘーゲル（一七七〇―一八三一年）の「具体的普遍」という概念で説明を与えている［Harris 1973, p. 24］。なおハリスは別のところで、『改善論』での「確固永遠なるもの」が「個別的であるとはいえ」と語られている箇所［101］にもとづいて、『エチカ』における実体をも「現実的で個別的なもの」と規定する［Harris 1986, p. 146］。しかし「確固永遠なるもの」はそもそも『改善論』においてしか語られないし、いまみたようにこの概念はきわめて問題的な概念であるため、このようなハリスの理解を受け入れることはできない（なお「確固永遠なるもの」は『改善論』においてつねに複数形で出現する）。ポロックは「確固永遠なるもの」を「直接ならびに間接無限様態」のみに限定する［Pollock 1880, pp. 151-153］。ただしポロックはこの「確固永遠なるもの」の理解が、『エチカ』ではわずかに修正されるとも示唆している［Pollock 1880, p. 153, n. 1］。また、この「確固永遠なるもの」という概念が登場する数節を、「興味深いが難解な数節」と評価するカーリーは［Curley 1969, p. 67］、ポロックの説に属性をつけくわえるべきではないかと疑念を呈したうえで、「法則論」の観点から考察をくわえている［Curley 1969, pp. 66-72］。このカーリーの議論を詳細に検討する余裕はないが、要点のみをいえば、カーリーは『エチカ』における有限様態の存在論的身分を説明するさいに、有限な原因性（「変化する個別的なもの」）と無限な原因性（「確固永遠なるもの」）の協働という論点を補強するもくろみのもとで、この『改善論』の数節を引いているといえよう。このように「確固永遠なるもの」の解釈には振れ幅があるけれども、いずれにせよ多くの解釈者たちは『エチカ』に登場し、『改善論』にはまったくみられない存在論的な概念（属性や様態）をもちいる点では一致している（ゲルーもこれを属性とみなす［Gueroult 1974, p. 452, n. 15］）。こうした解釈の方向性にかんする批判は Mason 1986, p. 202 にみられる。つまりR・メイソンによれば、「確固永遠なるものがスピノザの体系の展開においていかなる役割をはたすにせよ、〔『エチカ』では〕論理的地位を持たないように思われる」［ibid.］。また他の諸解釈について、Spinoza 1994, pp. 112-113, n. 100 のコイレの注を参照。なお『エチカ』で登場する「共通概念」との連関で読もうとする解釈としては、Deleuze 1968, pp. 271-272, Deleuze 1981, pp. 162-163, Lærke 2008, p. 578, Rousset 1992, p. 9, p. 40, p. 44, p. 280 参照。

（54）　Mignini 1990, p. 139.

（55）　J－L・マリオンは別の論点から、『改善論』の終盤の議論が、あらゆるものの存在論的な、ならびに認識論上の土台である神概念の構成から出発する『エチカ』の形而上学を要請する次第を示している。ここで簡単に彼の解釈の要点のみを整理しよう。彼によれば、一方でスピノザは認識の基礎を、思惟に外的な対象による規定にではなく、思惟そのものに内的な導出関係に求めようとする。同時にスピノザは、諸々の観念の原因がまた諸々のものの原因でもあることを唯一保証しうる「最高完全な存在者」（神）へと、観念の導出連関を介して至ろうとする［49, 99, 75］。

しかしながら、「導出の各契機は、もの〔対象〕そのものへとまったく目を向けることなしに構成されるのだから、いかにして認識の基礎と存在論的土台が対応しうるのだろうか」。つまりスピノザは『改善論』で、認識の基礎（思惟に内的な導出連関）と存在論的土台（神）を一致させることの不可能性に直面している。認識と存在双方の基礎となる神概念の構成から出発する『エチカ』の形而上学が求められるゆえんである〔Marion 1972, pp. 366-368〕。

（56） Cf. Mignini 1990, pp. 138-139.

（57） なお『短論文』にみられる本質規定には、反対に『エチカ』の定義の前半部が欠けている〔KV2/Praef〕。

（58） したがってハリスのように、『改善論』には「『エチカ』の形而上学説が明らかに隠然と含まれている」〔Harris 1986, p. 131〕とする評価は退けられるべきである。なお私たちと同様の評価は Mason 1986, p. 202 にみられる。

第三章　スピノザ形而上学の構造――本質・実在・力能

前章までみてきたように、『改善論』では個別的なものの本質と実在の連関がきわめて危ういものとなっていた。その理由を私たちは、これらの本質と実在を包括的に基礎づける存在論が展開されなかったこと、さらに、すべてのものの原因と考えられる「自己原因」、ならびに「必然的実在」の規定が、消極的なものにとどまったことに求めてきた。

まさに「自己原因」の定義からはじまる『エチカ』冒頭の諸定義、また第一部定理七までの諸論証、そしてこの定理にさしむけられた備考［E1P8S2］[1]がねらっていること、それはおよそ〈在るもの〉の全領域を尽くす実体の実在と本質の同一性を、すなわち必然的実在の積極的規定を、論証を介することによってそれ以外ではありえないという必然性のもとで確立し、それによって「真理」の領野を認識論的かつ存在論的に基礎づけること、つまり「真理」の形而上学的基礎づけにほかならない。

第一節　『エチカ』冒頭における定義の問題

「幾何学的な順序で論証された」という表題を持つ『エチカ（*Ethica ordine geometrico demonstrata*）』は、何の序文や導入もなしに八つの定義からはじまる。まずはこの点を端的な事実として受け入れる必要があるだろう。G・W・ライプニッツ（一六四六―一七一六年）がそう考えたとされるように、『エチカ』の幾何学的な形式を借りた叙述様式が読者の目を欺くものだとして、[2] この著作の形式そのものに疑義をさしはさむような解釈をとらないかぎり、この事実はまさに事実として揺るがない。さらに当のライプニッツそのひとが定義を哲学の出発点として考えていた時期もあり、[3] 哲学的探求の出発点としての定義という問題は、古くアリストテレスにまで淵源する哲学史の観点からしても重要な問題のひとつである。それゆえ、この冒頭の諸定義がいかなる性格のものであり、どのような機能を有しているのかを見定めることは、『エチカ』全体の理解のためにも、何よりもまず考察されねばならない重要な問題となる。

第一項　問題の所在

『エチカ』冒頭の定義はすべて次の二つの形式のいずれかをとっている。「～によって私は…を知解する（per ～ intelligo …）」というものと、「～のものは…といわれる（ea res dicitur … quae ～）」という二つの形式である。この形式だけをみれば、しばしば指摘されるように、これらの定義はたんに或ることばがのちの論証でどのように使用されるのかを約定するという意味で名目的定義と、そして名目的定義とのみみなされ、それゆえ真偽にかかわらないとされるかもしれない。そうだとしたら、『エチカ』はものの真理を度外視したたんなる「言語ゲーム」になってしまうのではないか。[4] しかしながらスピノザ自身は、「私は自らが真の〈哲学〉を知解していることを知っている」［Ep76, Geb., IV, p. 320: 4］と語っている。それゆえ、定義から出発する諸論証によって織り成される『エチカ』の体系が、いかにして真理にかかわるのかという点を検討しなければならない。このためにも、まさに論証の出発点となっている定義がいかなる機能を有しているのかを、とりわけ定義がいかに真理にかかわるのかを考察する必要がある。

ところが『エチカ』の内部にこの考察のよりどころを求めようとしても、たしかにA・ギャレットのいうように、『『エチカ』において定義にかんする明示的な論述はほとんどない」(5)。けれども、定義にかんしてまとまった論述が見出されるテクストが三つ存在する。第一に『改善論』の九三節以降、第二に『デカルトの哲学原理』に付されたメイエル（一六二九―八一年）による序文、そして第三に、一六六三年三月のものと推定される「書簡九」である。

これまで多くの解釈者たちは、とりわけ前二者に立脚して『エチカ』の定義を理解しようと努めてきた。しかしながら、第一に、カーリーが詳細に示したように、メイエルによる序文がスピノザ自身の幾何学的叙述様式理解と全面的に整合的であるとはいいがたく、とりわけ定義の身分にかんする解釈の基盤をこの序文に求めることを避ける必要がある(6)。第二に、ここまで私たちが詳細に検討したように、『改善論』の定義論はどれほど控えめにいっても成功しているとは思われない。そして『改善論』での定義論の大きなもくろみは、そもそも個別的なものの個別特殊的本質の把握にこそ向けられていた。『改善論』の定義論と『エチカ』冒頭の諸定義は、明らかに議論の水準がことなっているといわねばならない。

さらに上野修はよりはっきりと、『改善論』が「まさに定義論で失敗して未完に終わっている」ことを「事実」として指摘し、さらに『改善論』と「書簡九」のあいだに、「定義の考え方にかんしてドラスティックな転回」があったのではないかと示唆している(7)。この「転回」にかんする評価は留保するにせよ、私たちとしても『エチカ』冒頭の定義理解にさいして参照すべきテクストは、メイエルの序文でも『改善論』でもなく、まさにこの「書簡九」でなければならないと考える。というのもこの書簡でスピノザは、まさに「論証の原理のうちに数え入れられる定義の本性について」［Ep8, Geb., IV, p. 40: 17-18］尋ねられており、それゆえ『エチカ』の諸論証の出発点となっている定義の機能にかんして、スピノザ自身による説明が期待されるからである。

この書簡でスピノザは、定義を二つのタイプに区別する。さしあたりその要点のみを示せば、第一に、「知性の外に在るとおりのものを説明」し、「真でなければならない」定義と、第二に、「私たちによって概念されるとおりのもの、あるいは概念されうるとおりのものを説明する」定義の二つである［Ep9, Geb., IV, p. 43: 29-33］。のちに詳しくみるが、解釈史上この定義の二区分にかんして、その内実についても、またスピノザ自身が『エチカ』においてどちらを採用しているのかについても大きくことなる理解が存在する。「書簡九」が慎重に検討されるべきゆえんである。さらにこれら二種の定義の定式上の相違が問題にしているとおり、定義そのものがすでに真理にかかわるのか否かを、そして定義自身が真理にかかわらないとしたら、そのような定義から出発して構築される『エチカ』の体系が、いかにして真理にかかわっていくことになるのかを検討する必要がある。

以下の議論は次のような手続きを踏む。まず、(1)「書簡九」を検討し、そこで提示されている二種類の定義の内実を立ち入って考察することで、そのどちらが『エチカ』で採用された定義なのかを見定める。ついで、(2)『エチカ』での「実体」の定義をめぐる議論を検討することで、(1)で得られた理解を跡づけ、そのうえで『エチカ』冒頭の諸定義が有する機能を一貫した仕方で提示することをめざす。(3)以上の議論を踏まえて、定義から出発して構築される『エチカ』の体系が、ほかならぬ実体の定義をめぐる議論を介してこそ、真理へとかかわっていくことを跡づける。

第二項　「書簡九」——二種類の定義

先に触れたとおり、「論証の原理のうちに数え入れられる定義の本性について」［Ep8, Geb., IV, p. 40: 17-18］、書簡相手のシモン・ド・フリース（一六三三、四頃—六七年）たちから尋ねられたさいのスピノザの返答が「書簡九」[8]にほかならない。ここでいわれている「原理（principia）」は「はじまり」とも訳すことができ、私たちが問題としている『エチカ』冒頭の、まさに論証の出発点となっている定義の本性にかんして、スピノザ自身の見解が提示されているとみることができる。以下ではこの書簡の内実を立ち入って検討していこう。

この書簡でスピノザは以下のような区別を立てる。定義には二種類のものがあり、一方は「特定の対象を有しているために真でなければならないが」、他方は「その必要がない」。「たとえば」、とスピノザは続ける。「(A)誰かが私にソロモンの殿堂の構成を尋ねる場合には、その人と意味のないおしゃべりをかわそうと望むのでなければ、私はその殿堂の真の構成を示さねばならない。(B)ところが私が何らかの殿堂を精神のうちで構想したのち、その構成にもとづいて〔それを〕建てようと望み、これこれの土地やどれほどの他の資材を、あるいは幾千もの石材を買わなければならないと結論する場合、健全な精神を持つ人なら、私がきわめて偽なる定義をもちいたという理由で、私が誤って結論を下したなどというだろうか」〔Geb., IV, p. 42: 31-p. 43: 25〕（引用文中の(A)、(B)は便宜上の挿入であり、以下では前者の定義をA、後者をBとする）。

スピノザはAの定義を、「その本質のみが問われており、本質のみについて疑念が抱かれるものを説明するために仕える」定義だとするが〔Geb., IV, p. 42: 29-31〕、この書簡の自筆原稿では、「その本質」という語の箇所に、もともとは「私たちの外なるもの」と書かれており、そのうえでこの文言が棒線で消されている[9]。そしてAは「特定の対象を有」するものとされていた。それゆえ、この異文を踏まえれば、この定義Aは、より正確には私たちの知性の外に、私たちの知性とは独立して実在するものを対象とする定義だと理解できる。したがってここで例示されている「ソロモンの殿堂」は、或る特定の場所に実在する建築物であると考えねばならない。Aはこの建築物が、たとえば実際にどれほどの敷地を持ち何本の柱によって構成されているのかを記述するもの、つまり「知性の外に在るとおりのものを説明し、この場合真でなければならない」定義である〔Geb., IV, p. 43: 29〕。

他方Bのほうはといえば、「何らかの殿堂を精神のうちで構想」するという例が示しているように、私たちの知性の外に実在する特定の対象を有するものではない。さらにこの定義Bは、「私たちによって概念されるとおりの、あるいは概念されうるとおりのもの」〔Geb., IV, p. 43: 33〕を説明する定義であって、「それのみで概念される」だけでよく、「公理のように真という規定のもとで」考えられる必要はないとされる〔Geb., IV, p. 43: 35〕。

ところで、先に言及したように、これら二つの定義の内実、さらにスピノザ自身が採用している定義はどちらなのかという点にかんしても大きくことなる解釈がある。カーリーはAとBの両者をそれぞれ「事象的定義(real definition / definitio rei)」と「名目的定義(nominal definition / definitio nominalis)」に同一視できるとし、これら二種の定義の「伝統的対立」が「書簡九の主題のひとつ」となっているとの評価を与える。そのうえで、「少なくとも(『エチカ』)冒頭の定義のうちでもっとも重要なものを、名目的というよりも事象的とみなすべきである」という。[10] このような理解を推し進めるなら、『エチカ』の定義はこの書簡で提示されるAと同定されることになろう。

ところが上野によれば、そもそもこの書簡の二区分を事象的/名目的定義の対立として読む理解は、スピノザが実際にいわんとしていたことをとらえそこなっている。上野の議論の要点のみを示せば、ここでのスピノザの区別は、むしろ定義の「使用」にかんする区別であり、問題になっているのは、「既知の対象を他者に説明し伝えるための記述としての定義」(A)と、「それ自身が試され吟味されるためにのみ立てられる定義」、つまり私たちの「思考を導き、未知の結論へと至る定義」(B)との区別にほかならない。さらに上野によれば、スピノザ自身のものは後者の定義Bである。[11]

はたして私たちは、AとB両定義をどのように理解すればよいのか。そしてスピノザ自身は『エチカ』でどちらを採用していると考えるべきなのか。

第三項　『エチカ』冒頭の定義

もし上述のようなカーリーによる解釈の方向性を共有するなら、Aタイプのものと同定された『エチカ』冒頭の諸定義は、「或るものをあるがままに認識させる」ものだとするP・マシュレのような理解が出てくるだろう。[12] くわえてこうした定義理解をしたうえで、『改善論』の定義論における次の言明、すなわち「定義が完全といわれるには、ものの内的本質を説明しなければならないであろう」［TIE95］という言明を無批判に受け入れれば、S・ナドラーのように、正当な定義は「或るものの本質を叙述する」ものである、というスコラ的な伝統を踏まえた解釈も生じてくることになる。[13] つまりこれらの解釈者たちは、『エチカ』冒頭の諸定義が、彼らのことばをもちいるなら、「名目的定義」ではなく「事象的定義」であると考えているわけである。

しかし私たちには、こうした理解が正当であるとは思えない。というのも第一に、この二種の定義をそれぞれ「事象的定義」、「名目的定義」というスピノザ自身が決してもちいない名称で規定してしまうと、彼自身が説明しようとしていた問題そのものを見逃してしまう惧れがある（この点について私たちは上野の解釈と軌を一にする）。むしろこの書簡で区別されているのは、右にみてきたことから明らかなように、私たちの知性の外に実在するものを記述する定義（A）と、特定の実在する対象、いいかえれば知性の外なる実在にかかわることなく、たんに知性の内部で概念可能なものにかかわる定義（B）なのである。さらに、第二に、この点も上野が正当に述べているように、スピノザはBタイプの定義のほうに焦点を当てた説明を行っており、それゆえこのBこそがスピノザその人の定義理解だとみなすべき理由がある。[14] それだけではない。『エチカ』冒頭の諸定義がAタイプのものであり、さらに知性の外に実在するものの本質をあるがままに記述するものであるとする解釈は、それ固有の困難を抱えてもいる。

『エチカ』第一部冒頭の諸定義の内実、また導出連関におけるその機能がとりわけて問題となるのは、それらが何の序文も導入もなく『エチカ』のまさに冒頭に記されているからであった。『エチカ』が全体としていかなる性格の書物であるのかについて、読者は大方の見とおしも与えられずにいきなり諸定義に直面する。そこでもし、これら諸定義が「書簡九」のAであるとでもするなら、たとえば実体の定義［E1Def3］は、実体というものが知性の外に実在するとおりにそれを記述する定義であり、したがって真であるとみなされねばならないことになろう。たしかに、このように冒頭の諸定義にのっけから真理性を認めようとする傾向にはそれなりの理由がある。というのも、諸定義が「真理にかかわるからこそ、それらは真理を証明するためにもちいられうる」ということ、要するに、真理を真理として論証するためには、その前提となる定義自体が真理にかかわっていなければならないということは、論理的にみて明らかだと思われるからである。[15] しかしながら、『エチカ』のまさに出発点となっている冒頭の諸定義、そのなかの実体の定義が、なぜそれだけで実体の本質と合致し、真であるといえるのだろうか。こうした事態はいかにして保証されるのか、あるいはそもそも保証されうるのだろうか。以上のような解釈をとる者は、こうした問題に答える責務を負わねばならない。この点にかんしてたとえばナドラーは、「スピノザは〔冒頭の〕諸定義が自明な仕方で真であると考えているように思われる」[16] と述べているが、これだけでは定義の真理性が正当化されえないのはあまりにも明らかである。

とはいえのちにまた確認するように、私たちはスピノザ自身の定義を「書簡九」のBと同定するが、この理解が正しい場合、Bは「真という規定のもとで」みられる必要はないとされていたのだから、冒頭の定義に真理性を要求すること自体が問題を外しているといわねばならない。

かくて私たち自身は、それそのものとしては真という規定のもとでみられる必要のない定義から出発する『エチカ』の体系が、いかにして真理にかかわっていくのかという問題に答える責を負うことになる。またこの点と連動する論点として――以下で詳述することになるけれども――、『エチカ』冒頭におけるスピノザの意図は、マシュレやナドラーのような解釈に反して、「書簡九」のBからみてとれるように、定義によってその対象の本質を論証に先立って固定してしまうことにあるのではない。むしろ反対にスピノザのねらいは、対象の本質を固定させることなしに定義によって被定義項の概念を一義的に定める点にこそある。『エチカ』冒頭における実体の議論こそがまさに、私たちのこうした理解にとって決定的と思われる論点を提供してくれるし、さらに実体こそが真理性を担保することになると考えられるため、以下で詳しく実体の定義を検討していこう。

第四項　実体の定義とその本質

実体は次のように定義される。「実体ということによって、私は、それ自身において在り、それ自身によって概念されるもの、いいかえれば、その概念が形成されるために他のものの概念を要しないもの、と知解する」〔E1Def3〕。さしあたって私たちは、はたしてこの定義がそれだけで知性の外に在るとおりの実体の本質を記述し、したがって真であるといわれうるかどうか、つまり「書簡九」のAでありうるかどうかを検討することで、『エチカ』冒頭の諸定義がむしろBのほうであるとする私たち自身の解釈を確認すると同時に補強していこう。

スピノザは〈同一本性あるいは同一属性の二つ、ないし複数の実体はありえない〉という定理五について、実体が「それ自身においていいかえれば（定義三と公理六より）真に考察されれば〔…〕」〔E1P5D：強調引用者〕という論点をもちいることで証明を行っている。

この証明で参照されている公理六は、「真の観念はその観念対象と合致しなければならない」〔E1Ax6〕というもの。つまり、真といわれる事態がどのような事態なのかを規定している公理六をもってはじめて、つまりこの公理と実体の定義（定義三）を突き合わせたときにはじめて、実体の定義についてその真理性を云々することができる、ということが示されている。したがってこの点からしても、この公理に先立つ冒頭の定義のみにかんして、それが真か偽かを問うのは当を得たことではない。冒頭の定義群では、そもそも真という事態の内実はまだ確定されていないし、問題となってもいないのだから。かくして定義そのものが「真という規定のもとで」みられる必要はない、という「書簡九」のBの立場こそが、やはりスピノザ自身の立場なのである。

それでは、実体の定義とその本質はどのような関係にあるのか。この関係を理解するには、「実体の本性には実在することが属する」という定理七とその証明をおさえる必要がある。というのも、みられるように実体の本性・本質に属するものである実在がはじめて証明されるのはこの定理においてであり、この点だけからしても、冒頭の実体の定義が、それだけで実体の本質を定めるものではないことが確認されるからである。そして、この点をより明確にし、さらに実体の定義がこの論証のなかでどのような機能を有しているのかを明らかにするためにも、定理七の証明を詳細に検討していこう。

この証明は次の三つのステップを踏む。⑴実体は他のものから産出されえない（定理六系より）、⑵よって自己原因ということになろう、⑶それゆえ自己原因の定義［E1Def1］より、その本性には実在することが属する。それぞれ順を追ってみていこう。

まず、ステップ1が参照する定理六系は、「実体は他のものから産出されえない」［E1P6C］というもの。注目したいのは背理法による第二証明である。この系の反対の事態を仮定してみる。つまり、実体が他のものから産出される、いいかえれば他のものが実体の原因になると仮定する。そうなると「結果の認識は原因の認識に依存しかつこれを含む」という公理四より、結果である実体の認識はその原因、つまり他のものの認識に依存しなければならない。「そういうわけで（定義三より）〔このような実体は〕実体ではないということになろう」［E1P6CD2：強調引用者］。定義三によれば、実体はそれ自身によって概念され、その概念が形成されるために他のものの概念を要しないものである。ところがこの背理法の仮定のもとでは、実体が他のものの認識、他のものの概念に依存すると推論されていた。したがってこのようなものは、実体の定義を踏まえれば、実体とはいえない何ものかであることになる。いいかえれば、他のものの認識、概念に依存するものは定義上実体ではない。要するにこのステップ1で遂行されているのは、定義で示された実体の概念を一義的に遵守することで、当の定義で規定されたもの以外の語義をそぎ落としていく、という手続きである。

さて、こうしてまず実体は他のものから産出されえないということが、冒頭の実体の定義を厳格に一義的に遵守することで定められた。そして他のものから産出されえないということはまた、他のものが実体の原因となりえないということであり、こうなると論理的に考えれば、実体は自らが自らの原因となる、つまり「自己原因」とみなされざるをえないことになる（ステップ2）。

ところで、「自己原因」は、原因としての自己が結果としての自己と区別されることを含意するのだろうか。あるいはまた自己自身が原因となって、結果としての自己自身に先立つことになるのだろうか。これらの事態は端的に思考不可能ではないのか。「自己原因」という語の問題性をめぐって、デカルト、ヨハネス・カテルス（一五九〇頃―一六五五年）、アントワーヌ・アルノー（一六一二―九四年）が『省察』の「第一反論と答弁」と「第四反論と答弁」で繰りひろげたこのような議論が想い出される（この点は第四章でくわしくとりあげる）。

けれどもここでのスピノザの論証において、「自己原因」という語の理解をめぐる以上のような問題が介入する余地はまったくない。というのも、「自己原因」はほかでもなく「（定義一より）その本質が必然的に実在を含む、いうならその本性には実在することが属する」［E1P7D：強調引用者］（ステップ３）ものなのであって、この定義の語義以外のものはあらかじめそぎ落とされているのだから。つまり自己原因というからには、この冒頭の定義で示される語義のみが理解されなければならないというわけである。逆にいえば、冒頭の定義でもってすぐさま自己原因の概念を一義的に定めることによって、この概念に付きまとっていた問題性があらかじめ排除されているのである。このようにして実体の本性には実在することが属するという定理は証明される。

ところでここまでみてきたように、実体はいかなる外的原因からも産出されえない。その帰結としてさらに、「その〈実体の〉実在はその本性のみから帰結しなければならず、このため〈実体の実在は〉その本質にほかならない」ことが示される［E1P11S］。みられるとおり、ここでは実体の実在と本質の同一性が肯定されるに至っている。つまり、実体の本質であるその実在との同一性がようやく定まるのは、定理七が証明されて以降であって、それ以前ではない。したがって定義三は、定義されるものである実体の本質を、それのあるがままに示すような定義ではなかったことになる。

かくて定理七までの諸論証の流れのなかでこの実体の定義が頻繁にもちいられることによって、『エチカ』における「実体」の在り様、その実在と本質の同一性が定まっていくことが示すように、被定義項の本質が導出されるためにもっとも有効と考えられる〈論証の出発点となる定義〉と、論証の手続きを経ることではじめて確立される〈本質〉とを明確に区別する必要があるといわねばならない。

第五項　定義の機能

ここまでの議論から私たちは、『エチカ』における定義の機能を次のように理解できる。定義がのっけから論証の出発点におかれていることは、被定義項の概念を一義的に定め、それ以外の語義を許容しないという事態をもたらす。スピノザが幾何学的なスタイルをとり、いきなり定義を掲げているのは、こうした事態を巧みに利用した彼の戦略であるように思われる。すなわち、『エチカ』冒頭の定義にかけられているのは、被定義項の概念を、その概念領野の全体ではないにせよ一義的に定め、それ以外の語義をとりのぞき、あるいは当の概念に付きまとっていた問題性を排除し、それをもちいた後続する諸論証を介して徐々に、そしてあらたに被定義項の本質を確定させていき、ことばとしては同じ語彙を保持しつつも、全体として既存の意味を改変するという戦略である[17]（「～ということによって私は…を知解する」という定義の表現上の形式もまた、こうした理解に親和的だろう）。

定義によってその対象の本質をあらかじめ定め、固定してしまうのではなく、むしろ定義をもちいた論証を介してはじめて当の本質を確定させることで、問題となる本質を説得的に、まさに論証的に示すことが主眼となるのである。そしてこのようにして確定された本質は、論証の網の目をたどってきた者にとって、それ以外の仕方ではありえないという論理的な必然性の相のもとにあらわれることになるだろう。スピノザのねらいはまさにここにある。

けれども、ここまでの私たちの議論に対して次のような疑念が浮かぶかもしれない。或る概念に付きまとっていた問題性を排除し、そこで定められたもの以外の語義を許容しないという機能を有する定義は、スピノザが自身の体系に都合のよい仕方で独断的にこしらえたものにすぎないのではないか。読者はなぜそのような定義を受け入れなければならないのか、という疑念である。[18]

このような疑念はしかし、その前提として、定義が定義対象の本質を即座に定めてしまうものであると考える先入見に根ざしていると思われる。けれどもここまで示してきたように、スピノザの定義は被定義項の本質をのっけから定めてしまうものではない、という点にこそその特質がある。定義はあくまで被定義項の概念領域（或ることばによって考えられている語義）のみを定めるものにほかならない（この意味にかぎれば、「名目的」といいたければそれでもよい）。

しかもこの語義の内容はスピノザによってまったく独断的に定められているのではなく、スピノザが『エチカ』の主要な読者として想定していたであろうデカルト主義者たちにとっても理解可能なものである。たとえば、「自己原因」の定義ひとつをとってみても、この概念がデカルト哲学においては問題含みのものであるとはいえ、『エチカ』で定義されている語義だけをみれば、本質と実在が切り離しえない存在者である神と「自己原因」が結びつけられる諸「答弁」の議論［cf. ATVII243: 17-18］を想いうかべることによって、十分に理解されうる内容になっているのはたしかである。「書簡九」のBをいまいちど想い起こせば、スピノザの定義は「それのみで概念される」だけでよいものなのである［Ep9, Geb., IV, p. 43: 35］。

このような機能を持つ定義から出発した諸論証を介して被定義項の本質が定まったとき、たとえば「実体」は、スコラ哲学でもデカルト哲学でももちいられる同じことばを保持しつつも、しかし全体としてスピノザ哲学に固有の意味に改変されることになる。

第六項　実体の定義とその実在

以上の論点にくわえてさらに、ここまでの議論から明らかなように、冒頭の実体の定義は、被定義項である実体の実在（この実在はのちの論証によって実体の本質以外の何ものでもないことが示されたのだが）を前提とするものではない。定義の時点ではその実在はいわば宙づりにされており、定理七証明以降の議論をまってはじめて、実体の実在がその本質そのものであることが示されるのである。そしてまさに実体の実在が語られたのちにはじめて、『エチカ』において「真理」概念が登場する（定理八備考二）というテクスト上の事実に注意しよう。『エチカ』冒頭の議論がいかに真理にかかわるのか、またそのさい真理概念の内実はいかなるものなのか、これを問うためにも、まずこの定理八備考二前半の議論を吟味する必要がある（以下次項までの引用は、注記しないかぎりすべて定理八備考二からのもの）。

「諸々のものをその第一原因から認識することを習いとしてこなかった」人々は、スピノザがいうには、実体の様態と実体そのものを区別せず、また諸々のものがいかにして産出されるのかを識らないので、「諸々の自然的なものが有すると〔彼らの〕みてとる始源を諸実体にも適用」してしまう。したがって彼らは実体がある特定の時点から実在するようになると、いいかえれば実体が「創造される」と考えてしまう。マシュレもいうように「自然的なもの」とは様態の身分をもつものと考えられ[19]、ここでは要するに実体と様態のそれぞれのありかたを混同することなく両者をとらえる必要性が説かれていると理解できる[20]。

しかし「人々が実体の本性に注意するなら」、すなわち実体の定義が運用されることで証明されてきた定理一から定理八の帰結に注意し、さらに実体と様態をこうした帰結どおりに理解するなら、「定理七の真理についてわずかも疑わないだろう」といわれる。そして右にみてきたように、定理七では実体の必然的実在が証明されていた。ここでいわれている「定理七の真理」（強調引用者）とはそれゆえ、「実体の本性には実在することが属する」という定理七そのものの真理性であると理解できる。しかしながらスピノザはこれ以降、実体と様態の定義をとりあげなおすことを介して、定理七そのものについて語られる以上の真理性、すなわち「実体の真理」（強調引用者）に言及していくことになる。

実体と様態それぞれの定義によれば、一方で、実体はそれ自身において在り、またそれ自身によって概念され、したがって実体が理解されるためには他のものの理解を要しない。他方で、様態は他のもののうちに在り、様態がそこにおいて在るこの〈他のもの〉の概念によって理解される。

そういうわけで、私たちは実在しない様態変状についても真の観念を有することができる。なぜなら、〔様態変状が〕たとえ知性の外に現実的に実在しないとしても、しかしその本質は他のもののうちに含まれていて、この他のものによって概念されうるからである。他方で、実体の真理は、知性の外ではそれ自身においてて以外のところにはない（substantiarum veritas extra intellectum non est, nisi in se ipsius）。〔実体は〕それ自身によって概念されるからである。

難解な一節だが、マシュレが提示する例を借りつつ、私たちの議論にとって重要な論点をとりだしていこう。様態の本質についての真の観念、たとえば三角形の本質の真の観念（内角の和が二直角に等しいという理解）が与えられたとする。こうした三角形はしかし、実在するものとしても実在しないものとしても与えられうる。つまり特定の大きさを有する三角形の図形は、一定の時に或る紙のうえに書かれることも書かれないこともありうる。しかし三角形の本質についての理解は、その図形が紙に実際に書かれているか否かにかかわらずつねに真であろう。[21] くわえて、様態（三角形）の本質は他のもののうちに含まれていて、この他のものによって概念される。そしてこの「他のもの」とは実体にほかならない（この点はまたのちに確認する）。つまり、様態について「真」を語ることができるのは、当の様態がそこにおいて在り、また様態の本質がそこに含まれ、かつそれによって概念される実体、いうなら存在論的かつ認識論的な基盤としての実体にもとづいてのことなのである。他方で実体はそれ自身において在り、それ自身によって概念される。それゆえ実体の真理は実体そのものにおいてのみ在る。

くだんの引用は、さしあたりこのように理解される。

かくてスピノザは、自らが先に立てていた実体の定義をほとんどそのままのかたちで[22]再提示し、この定義どおりに実体（と様態）が一義的に解されねばならないことを論証の中核に据え、この定義を厳格に守り、それ以外の含意を排することで、さらに「実体の実在は、その本質と同じように、永遠の真理である」ことが「必然的に承認されなければならない」（強調引用者）と結論する。つまり、先にみたスピノザの戦略にそくしていえば、論証の出発点として一義的に定められた定義を厳密な仕方で論証に適用することで、論証されるべきことがらの必然性――まずはその論理的な必然性――を読者に承認させることがここで実践されているといえよう。

こうしてスピノザは、「実体が創造される」と主張することが、「偽の観念が真の観念になった」というに等しいと明言する。つまりその本性に必然的に実在することが属する実体、それゆえ実在するとしか考えられない実体（実体の真の観念）が、もし「創造される」とすれば、或る時点では実在していなかった実体（実体の偽の観念）が、或る時点以降に実在するようになるとみなさざるをえない。そして先にみたように、「真」といわれる事態は公理六で規定されていた。そのうえでこの公理の運用［E2P44D / E2P44C2D］をみていくと、「ものを真に知得する」（強調引用者）とは、すなわち「（第一部公理六より）〔ものが〕それ自身において在るとおりに知得すること」である。それゆえここでの「真の観念」とは、実在するとしか考えられない実体の本性をあるがままに、すなわち実在するものとしてとらえるという事態を示していると理解できる。とはいえ、「実体の真理は、知性の外ではそれ自身において以外のところにはない」という一見したところとらえがたい言明によってスピノザが語ろうとしていることがらをさらに明確に理解するために、最後に実体の実在をめぐる彼の議論を再構成してみよう。

第七項　実体の実在と真理性の連関

「知性の外」には実体とその諸変状ないし諸様態しかない［E1P4D］。そして「すべて在るものは、自らのうちに在るか、他のもののうちに在る」かのいずれかである［E1Ax1］。くわえてゲルーのいうように、〈自らのうちに在る〉と〈他のもののうちに在る〉のあいだに中間項は存在しない(23)。つまり、「自らのうちに在る」実体と「他のもののうちに在る」様態のみによって、〈在るもの〉のすべてが尽くされる。さらに、定義上実体は自らのうちに在り、変状すなわち様態はまさにこの実体の変状にほかならない。したがって変状がそこにおいて在る〈他のもの〉は、やはり実体以外の何ものでもないことになる。それゆえ実体という概念で摑まれるものは、およそ〈在るもの〉の全領域を尽くす。そうなると、〈知性のうち〉であれ〈知性の外〉であれ、いずれの領野も実体という〈在るもの〉の全領域を超え出ることはありえない。

くわえて知性が様態という身分を持つ点も重要である［E1P31］。つまり知性は様態として、実体なしには在ることも概念されることもできない。知性はそれによって自らが概念される実体、またそこにおいて知性作用が実現される実体に含まれていなければ、いかなる実在性をも持ちえない。つまり実体は〈知性のうち〉と〈知性の外〉を包括する実在なのである。いいかえれば、〈知性の外〉もなお実体のうちに在る（先ほどの「実体の真理は、知性の外ではそれ自身において以外のところにはない」という言明はまさにこうした事態を示している）。知性作用としての観念と知性の外なる観念対象の合致が、真の観念の「真」たるゆえんなのだが［E1Ax6］、この真理性は知性の内外を包括する実在としての実体に基礎づけられることによってこそ実現されるのである（なお「知性の外」という表現は、「自然のうち」という表現と等置される（「知性の外には実体とその変状しかない」［E1P4D］。「自然のうちには実体とその変状しかない」［E1P6C］）。『エチカ』はのちに、「自然のうちには唯一の実体しか実在しない」［E1P10S / cf. E1P14C1］こと、この実体が無限の属性によって構成される神であること［E1P11］、神と自然が等置されること（Deus seu Natura［E4Praef］）を示していく）。

ここでさらに定理八備考二で「永遠の真理」という概念があらわれていたことを想い起こそう。実体の実在は永遠の真理であることが承認されねばならない、スピノザはそう語っていた。つまり実体の実在の必然性がひとたび論証されたからには、この論証ののちにようやく実体が実在しはじめるのではなく、実体の実在はむしろ永遠の真理として、「〈以前〉も〈以後〉もない」[E1P33S2] 永遠の実在とみなされなければならない。スピノザの推論はこのようなものであると考えられる。

実体の本質と実在は同一なのだから、実在を欠いた実体の本質など語りえない。さらに実体の実在は永遠真理である。そういうわけで、実体の本質と実在、そして真理、この三者の同一性が肯定されていると理解する必要がある。これはまた別の観点からいえば、実体（神）の実在も本質も変化しないということ、つまり実体が不変であることをも示している [E1P20C2]。真理であるものがもし変化するとしたら、それは真理が偽になること、真理が破壊されることに等しい [ibid. / E1P17S]。しかし実体の本質と実在は永遠真理である。つまり決して偽に変化することなく、永遠に、必然的に真であることが論証されたのである。「或る本性の実在の絶対的肯定」[E1P8S1] とは、まさにこのような事態を指すものと理解できよう。永遠、真理、必然、本質、実在が密接に連関しているのである。(24)

ここまでの議論を踏まえれば次のように結論できる。実体にかんする真理は、実体について知性の側でのみ言表されうる真理、つまり実体についての観念（知性のうち）とその観念の対象である実体の本性（知性の外）との合致によってのみ語られる真理であるにとどまらない。それだけでなく、真理そのものと同一視される永遠の実在を有する実体は、知性の内外を包括し実在の全領域を尽くすものとして、いわば真理領野そのものであるといわねばならない。(25)

実体の定義を出発点とした以上の議論を介してはじめて、「実体」を対象として措定し、その対象がたんに知性に内的であるにとどまらず、知性の外に当の対象が実在すること、さらには実体が実在の全領域を包括する永遠真理そのものであることが示され、このことによってこそひるがえって、『エチカ』の諸論証がたんに論理的な、知性に内的なものであるにとどまらず、それ以外ではありえない必然性のもとで知性の外の実在にかかわっていくという存在論的かつ認識論的な基礎が定立されることになるのである。

かくて定義から出発し、それをもちいた論証を介して実体の本質と実在を同一のものとして確立することによって、『エチカ』全体の基礎となる真理の領野を定立するには、『エチカ』の幾何学的順序にのっとった叙述様式がどうしても必要であったといわねばならない。したがってL・ロスのような、この幾何学的様式が「ある種の書式（literary form）」に過ぎないという理解、また「スピノザ哲学の内実と、それが書かれている形式とのあいだには論理的な関係はない」というH・A・ウォルフソンのような解釈は、(26)断固として排される必要がある。

＊

A・ギャレットによれば、『エチカ』冒頭の定義は、スピノザと哲学的語彙を共有する人々をスピノザ自身の議論に引き込むために、「あいまい」で「概略的」なものであるとされる。(27)『エチカ』の読者として、デカルト主義者たちを代表とする人々を想定する点は正しいけれども、しかしここまで述べてきたように、冒頭の定義はあくまで定義された語義どおりに厳格に運用されており、そこにあいまいさはない。スピノザの定義にあいまいさはないという点にかんして、私たちは上野と同意見である。(28)けれども上野が『エチカ』の定義は「ある種の説得のための戦略〔…〕ではない」(29)と結論づけるのに対して、私たちはスピノザの採用した定義から出発する幾何学的順序が、或る種の戦略になっていると主張する。一定の読者を念頭においたうえで、スピノザ自身が理解していると語っていた「真の哲学」〔Ep76〕を彼らにも理解させるべく、「いわば手をとって導」く〔E2I〕ための戦略である。ひとまずはデカルト主義者たちにも理解可能で、受け入れることのできる定義から出発して――さもなくば当時の多くの読者はのっけから『エチカ』の議論についていけなくなっていただろう――、そこで定められた語義を一義的に遵守することによって、唯一実体としての神あるいは自然というスピノザ的世界、人間は実体ではなくたんに様態にすぎないというスピノザ的世界が証明されていく。この帰結はデカルト主義者たちには耐えがたいものだろう。しかしこれは出発点としての、つまりこの意味での原理（principium）としての定義、彼らにも受け入れ可能な原理（定義）を厳格に遵守することで論証された、正当な帰結としての真理にほかならない。

私たちの解釈をいま一度繰り返せば、スピノザは定義によってその対象の本質をあらかじめ固定してしまうのではなく、むしろ定義をもちいた論証を介して、定義対象に付きまとっていた問題性をとりのぞいていき、徐々に、そしてあらたに、被定義項の本質を確定させていくことで、ことばとしてはたとえばデカルト主義者たちと同じ語彙を保持しつつも、全体として既存の意味を改変させていく。そしてこのようにして確立された本質は、論証の網の目をたどってきた者にとって、それ以外ではありえない必然性の相のもとにあらわれるだろう。スピノザが『エチカ』冒頭の諸定義にかけたねらいは、まさにここにある。

第二節　属性・本質・完全性・事象性・力能――力の存在論

かくて実体の本質と実在の同一性が確立され、『エチカ』全体をつらぬく真理の領野が措定された。そして私たちは先に、『改善論』の分析を経ることで、個別的なものの本質と実在を連関させ、両者を包括する体系的な理論を与えるということを、『エチカ』が引き受ける課題としてとりだしていた。それゆえ、前節で追ってきた議論から出発して、いかにして個別的なものの本質と実在が語られていくことになるのか、次にこの点を跡づける必要がある。はたして実体の本質と実在は、個別的なものの本質と実在に対してどのような関係を有しているのだろうか。

ここで、『改善論』において実在と本質を包括的に説明しようという意図のもとで提示されていた「確固永遠なるもの」の議論が、原因性の観点から説明を与えようとしていたことを想い起こそう。次章で詳しくみていくように、『エチカ』においてはまさに原因性の議論こそが、或るものの本質と実在を包括的に説明する装置となる。とはいえ、『エチカ』の体系内で原因がどのようなはたらきを担っているのかを分析する前に、すなわち原因性そのものの内実ならびに機能の分析に立ち入る前に、まずはここまで考察を行ってきた実体がいかにして原因性という実効力を備えることになるのか、このことの一端をあらかじめ跡づけておきたい。というのもこの論点にかんして、スピノザ研究史上ながらく議論され続けている大きな問題が存するからである。

第一項　特質の導出とものの産出

実体の実在証明に引き続く第一部定理九、定理一〇とその備考は、属性の概念を介することで、「その各々が永遠かつ無限の本質を表現する、無限の属性から成る実体」としての神の実在が証明される定理一一への移行を画している。そして、こうした手続きを経て神の実在を証明したのち、スピノザは定理一六において、「神の本性は、（定義六より）その各々がまた自己の類において無限な本質を表現する無限な諸属性を有しているのだから、それゆえ神の本性の必然性から、無限のものが無限の仕方で（すなわち無限知性のもとにとらえられうるすべてのものが）帰結しなければならない」ことを証明する。次章でも詳しくみていくが、この定理一六は様態の導出、つまり原因としての神＝実体から、結果としての様態が産出されるありさまを論証していく議論の出発点を画する重要な定理である。

問題の所在　「或るものの定義が与えられれば、知性はそこから多くの特質を結論する」。この定理の証明はこのようにはじまっている。そしてこの「定義」は、「すなわち、ものの本質そのもの」といいかえられる。私たちは先に『改善論』の定義論において、存在論的にも認識論的にも先行すべき本質から、諸々の特質が帰結されねばならないという議論があることをみた。ところがこの定理以降では、「特質」が本質（定義）から導出される点と同時に、さらに「様態」あるいは「もの」が、原因としての神＝実体から産出されることが主眼となっていく。私たちはまず、この定理にかんする解釈者たちのいくつかの見解を紹介することを介して、問われるべき問題の所在を明確にし、そのうえで私たち自身の問いを定式化する作業を行う。

書簡相手のひとり、エーレンフリート・W・フォン・チルンハウス（一六五一―一七〇八年）から提示された、『エチカ』の「第一部でおそらくもっとも重要な」この「定理一六」にかんする問い［Ep82, Geb., IV, p. 334: 5-6］に対するスピノザの応答をめぐって、M・レルケは次のようにいう。「この定理は、はっきりみてとれるように、諸々の個別的なものがいかにして神から生じてくるのかを説明することをねらっている。「ものの特質」という表現はここで、「実体の様態」という意味でもちいられている」[30]。問題はまさにここにある。

この問題をマトゥロンはさしあたり、およそ次のように定式化する。はたして或るものの本質から多数の特質が帰結するということから、当のものが多数の結果を産出することを導き出せるのだろうか。特質と結果は、ともに「帰結」というカテゴリーに属すること以外にどのような関係があるというのか。たとえば三角形という幾何学的な図形は、〈内角の和が二直角に等しい〉という特質を持つけれども、このことはいかなる結果をも産出しないはずではないか[31]。そしてこうしたマトゥロンの定式化をさらにいいかえれば、いかなる権利のもとで結果としての「様態」が、論理的帰結と考えられる「特質」と並置されるのか――このような問題が存するのである。

ゲルーによれば、スピノザがこの場面で確立しようとしているのは、「神による諸様態の産出と、定義から出発した本質からの諸特質の導出」との「同一化」であり、そしてこの同一化によってのみ、「神による諸様態の必然的産出を確立することが可能となる」[32]。くわえてこの点は、マトゥロンがいうように、『エチカ』ののちの議論全体の妥当性がそこに依拠しているがゆえに、すこぶる重大」な点である[33]。しかしマトゥロン自身の解釈によれば、スピノザは定理一六において特質と結果を同一化しているのではなく、「神がすべての属性において、当の属性のもとで概念可能なすべてのものを必然的に産出しなければならないという特質を有すること、またこのことがその本性から無媒介に導出されることを彼〔スピノザ〕は確立している」[34]。つまり、彼のこの解釈によれば、この定理での神の本性から帰結する諸「特質」は、様態そのものと同一視されるべきなのではなく、むしろ永遠性や無限性等の神の「特質」と同じ資格で、「様態を産出する」という「特質」として理解されるべきであることになろう。興味深い解釈ではあるが、テクストからは支持しにくい幾分強引な解釈である。というのも、まず定理一六そのものにおいては、神の本性の必然性から「無限のもの」が帰結するといわれ、その証明においてこの「無限のもの」に対応するのが「多くの特質」である。そしてこの定理から帰結する「系」として、神が「すべてのもの」の「作用因」であることが示されるわけだし［E1P16C1］、さらにたとえばこの定理の議論をとりあげなおす定理一七備考において、スピノザが彼の敵対者たちのことばを借りうけつつ語っているように、神の本性から帰結する「無限のもの」は「被造物」に相当するのだから、問題となっている「特質」は、永遠性や無限性等とならぶ性質ではなく、やはり産出されるもの、いいかえれば「様態」に対応すると考えるべきだからである[35]。ここまでの議論を踏まえて、さらに問題を彫琢していこう。

　マシュレは『エチカ』のうちに「〈原因あるいは理由〉という根本原理」を見出し、この原理を次のように特徴づける。この根本原理は、彼によれば、「すべてのものを結果として同時に、推論上の原理からの帰結としても提示し、この推論上の原理のほうもまた原因のような仕方で作用する」ようにさせるものである[36]。私たちが問題にしたいのは、まさにこのような根本原理がいかにして正当化されるのかという点にほかならない。

　さらに、こうした問題が『エチカ』の理解においてきわめて重要な問題となるのは、ヘーゲルや彼の哲学に多くを負うイギリス観念論の系譜に属する解釈者たち（たとえばヨアキム）に代表されるように、『エチカ』の体系における個別的なもの、すなわち結果として産出されるものの存在論的な一貫性に対して疑問が投げかけられてきたからである。つまり彼らによれば、スピノザの体系では結局のところ、諸々の個別的なものは唯一実体のうちに、それらの区別が廃棄されるという仕方で埋没してしまい、それゆえ「無世界論」が帰結している惧れがある[37]（私たちは第五章でもこのような解釈をとりあげて批判していく）。このような理解が不当なものであることを示すためにも、私たちは以上のような問題に答えなければならないのである。

無限の実体、すなわち神がいかに原因として結果を産出する力を備えていくのか。私たちはこの問いに答えることで、以上の問題に一定の解を与えようと試みる。私たちのみるところ、『エチカ』のテクストからこの問いへの応答として二段構えの議論を見出すことができる。第一に、定理九、定理一〇とその備考で導入される属性の議論、そして第二に、無限の属性から成る実体である神の実在証明の議論である。というのもまず、私たちが問題としてきた定理一六の証明によれば、本質あるいは定義から特質が結論されるという点にくわえ、さらに「ものの定義がより多くの事象性（realitas）を表現するほど、すなわち定義されたものの本質が、より多くの事象性を含むほど、それだけ多くの」特質が結論される点に注意が向けられさえすれば、「この定理〔E1P16〕は誰にとっても明白でなければならない」とされるのだが、このような本質と事象性の連関が言及されるのはまさに属性の議論［E1P9 / E1P10 / S］においてだからである。そして次に、こうした属性の議論の直後に、無限の属性から成る実体としての神の実在が、まさに原因性を軸にして証明され、またこの証明において、「或るものの本性により多くの事象性が適すれば、それだけ多くの〈自らに依って実在する力〉を有する」［E1P11S：強調引用者］という論点が見出されるからである。以下ではまず、第一の論点である属性の議論を検討していこう。

属性の議論　「各々のものがより多くの事象性あるいは有（esse）を持つにつれ、より多くの属性がそのものに帰される」という定理九の証明は、「定義四から明らか」というそっけないものになっている[38]。この定義四は次のものである。「属性ということによって私は、知性が実体についてその本質を構成すると知得するものを知解する」[39]。

ここまでみてきたように、定理八備考二までの議論によって実体の本質と実在の同一性が論証された。実体の「本質を構成する」属性の身分が確定されていくのは、したがってまさにすぐのちに続くこの定理九以降になると考えられる。そして属性の多さに応じるといわれる「事象性あるいは有」が帰されるものは、属性がその本質を構成するとされる実体にほかならない。

ここまではよい。けれども、事象性や有、そして本質ということばによって私たちは何を理解すればよいのだろうか。また、属性と「事象性あるいは有」との連関は、いかなることがらを示しているのだろうか。私たちがここまで検討してきた『エチカ』の冒頭部のみからはしかし、これらの問いに対するはっきりした答えを見出すのは難しい。この冒頭部ではスピノザ自身がこれらについて多くのことを明示的に語っているわけではないからである。そこで以下では他のテクストをも参照することで、スピノザの議論を再構成するかたちでこの点を考察していこう。

定理一〇備考においてスピノザはいう。

〔…〕各々〔の属性〕は実体の事象性いうなら有を表現する〔…〕。〔また〕各々の存在者がある属性のもとで概念されなければならないということ、そして〔その存在者が〕より多くの事象性あるいは有を持つほど、必然性いうなら永遠性と無限性を表現するそれだけ多くの属性を持つこと、これらのことよりも自然において明晰なものはない。そしてこの帰結として、絶対的に無限な存在者は必然的に、（定義六で示したように）その各々が永遠かつ無限な一定の本質（*certa essentia*）を表現する無限の諸属性から成る存在者と定義されね

ばならない、ということ以上に明晰なことはない。［E1P10S：強調引用者］

みられるとおり、ここでは明らかに定理九がとりあげなおされている。またこのテクストにしたがえば、属性が「実体の事象性あるいは有を表現する」ことと、属性が実体の「一定の本質を表現する」ことが等しい事態であると考えられる。そしてその内実の一端は、実体が「或る属性のもとで私たちに概念されなければならない」［ibid.］ということであり、たとえば思惟属性のもとで概念されることにほかならない。つまりこの場合には、実体の本質が思惟というありかたのもとでとらえられる、いいかえれば実体が「思惟するもの」［E2P1］としてとらえられるということである。実体は、いわばいかなるありかたをもまとわぬ裸の何かとして現出するのではない。

ここまではよいだろう。しかしさらにスピノザは、「思惟する存在者がより多くを思惟することができれば、できるほど（*posse*）、それはそれだけ多くの事象性いうなら完全性を含む」［E2P1S：強調引用者］と語り、さらに別のところでは完全性と事象性を同一視する［E2Def6］。このようにスピノザは、属性、本質、事象性、有、完全性、そして「力能（potentia：動詞'posse'の現在分詞形からの派生名詞）」を密接に関係づけている。はたしてこの事態をいかに理解すればよいだろうか。

第二項　潜在態・可能態としての potentia

「完全性（perfectio）」というラテン語は、ギリシア語の「エンテレケイア」の訳語のひとつである。[40] つまり「エネルゲイア」とともに「活動実現状態」を意味することばの系列に連なっている。[41] このことばはまた、伝統的に「潜在態ないし可能態（ギリシア語でデュナミス、ラテン語では'potentia'と訳されてきた）」と対になって語られる。くわえてルッセによれば、アリストテレス由来の哲学的伝統において、「潜在態」にある存在は、それがいまだ実現されざる存在であるかぎり、いいかえれば現実的実在を欠いた状態にとどまるかぎり、現実態（actus）にある存在、いいかえれば活動実現状態にある存在よりも劣ったもの、不完全なものとみなされる。(42)

こうした伝統的な思考の枠組みは、デカルトにおいてもなお見出される。たとえば、有限である「私」の不完全性と、無限である神の完全性を対比的に論じる箇所において、デカルトは次のようにいう。「私の認識が次第に増大すること、そして、現実態の状態ではいまだ存在しない多くのものどもが、私のうちに潜在態の状態で在ることは真〔…〕」〔「第三省察」ATVII47: 9-11〕であり、さらに「次第に増大するというこのこと自体が不完全性のもっとも確実な証拠である」〔「第三省察」ATVII47: 13-14〕。

ここにみてとれる論理を再構成するなら、それは次のようなものとなろう。私は或る時点で何らかのことを理解するようになる。つまり私はそれまでそのことを理解していなかった。いいかえれば、それまでは私に知られていなかったものが、その時点においてはじめて知られるようになる。ところが、この〈それまでは私に知られていなかったもの〉は、まったくの無ではありえない。というのも、「或るものが無から生じることはありえない」〔「第三省察」ATVII40: 26-27〕からである。(43) それゆえ或る時点まで私に持たれていなかった認識は、少なくとも潜在態の状態で可能的に私のうちにあったのだと考えなければならない。とはいえその時点まではたしかに、私はその認識を欠いていた。「〔…〕或るものが私には欠けており、私はまったく完全ではない」〔「第三省察」ATVII46: 1-2〕。かくて「次第に増大するというこのこと自体が不完全性のもっとも確実な証拠である」ことになるわけである。くわえてデカルトによれば、「私」がこのように自らの不完全性を認めうるのは、「私のうちに在るより完全な存在者〔すなわち神〕の観念」との「比較」によってのみである〔「第三省察」ATVII46: 2-4〕。さらに、「私のうちに何らかの仕方であるべき認識」の「欠如」、いうならそれを「欠いている状態」は、「私」が「誤謬」に陥っている状態にほかならない〔「第四省察」ATVII54: 31-55: 3〕。そして事実上「私」が無数の誤謬にさらされている「原因」〔「第四省察」ATVII54: 12〕を、デカルトは次のように述べている。

私は、神の、いうならこのうえなく完全な存在者の、事象的で積極的な観念のみでなく、またいわば無の、いうならすべての完全性からこのうえなくへだたっているものの或る否定的な観念もが、私に見出されること、そして、私が、神と無のあいだの、いうならこのうえない存在者と非存在のあいだの中間的な何かとして構成されており、このため、私がこのうえない存在者から創造されたというかぎりでは、たしかに私のうちには、私を誤らしめ、あるいは誤謬のうちに引きずりこむ何ものもないのだが、しかし私がまた何らかの仕方で無を、いうなら非存在を分け持つかぎりでは、すなわち、私自身がこのうえない存在者ではなく、また私にははなはだ多くのものが欠けているかぎりでは、私が誤るということも、それほど驚くにはあたらない、ということに気付くのである。［「第四省察」ATVII54: 13-24］

ここにはマトゥロンが「優勝性の哲学（une philosophie de l'éminence）」と呼ぶ考えかたが見出される。つまりこの考えかたのもとでは、「諸々の被造物が無を分け持っているということは〔…〕、それらに固有の諸完全性が、神のうちにはその積極性の全体において優勝的に含まれるけれども〔…〕、〔他方で〕被造物〔自身〕においては、劣化したかたちでのみ存し、それが被造物の存在の欠如についての尺度を与える、ということに帰着する」。これに対して、「スピノザにおいては何ものも存在を欠いてはいない」(44)。

第三項　力能としての potentia

実際スピノザは、「欠如」も「不完全性」も、もののそのものに属する肯定的な規定ではないことを強調する。「私たちは、存在するすべてのものが、別の何かとの関係なしにそれ自身において考察されれば完全性を含んでおり、この完全性は各々のものにおいて、ものの本質そのものが及ぶところにまで及ぶ、ということを知っている。というのも、本質はまた完全性にほかならないからである」[Ep19, Geb., I, p. 89: 1-4]。

存在するすべてのものは、たとえば眼の見えない者であっても完全性を有しており、何ものをも欠いてはいない。実にスピノザはいう。「私たちはたとえば、眼の見えない者が視力を欠いているというけれど、これは私たちが眼の見えない者を安易に〔本来は〕見る者として表象するからである。あるいは彼の〔眼が見えていないという〕現在の状態を、眼が見えていたときの過去の状態と比較することから〔視力を欠いているという表現が〕生じる。そして、私たちがこの男をこのようなありかたのもとで考察する場合、すなわち、彼の本性を他の人々の本性と、あるいは彼の以前の本性と比較する場合、私たちは、視力が彼の本性に属することを肯定し、そのうえで彼が視力を欠いているというのである。ところが、〔…〕この人間について、彼が視力を欠いていると肯定しえないのは、石について同様のことを肯定しえないのと等しい。というのも、この時期〔すなわち彼の眼が見えない状態にあるとき〕には、視力がこの人間に矛盾なしには適さないということは、石についてもそうであるのと同様だからである」[Ep21, Geb., I, p. 128: 15-26]。

かくてスピノザにとって一般に、私たちが何等の哲学的吟味もなくもののありかたを形容するために通常もちいている「完全」や「不完全」、あるいは「欠如」ということばは、諸々のものを比較することでつくりあげられる「思惟の様態」に過ぎず [cf. E4Praef, Ep21, Geb., I, p. 128: 12-15, CM1/5, Geb., I, p. 245: 3-5]、現実的に実在する個々のもののありかたそのものを積極的に規定するものではない。K・ヒューブナーも述べているように、アリストテレス由来のスコラ的伝統にあって「欠如」とは、或る類に属するものが、その類に属しているからには持たなければならない特質を欠いていることである[45]。ところが『改善論』にかんして先に私たちがみたように、スピノザは類と種にもとづく一般的な定義を拒否し、あくまで個別的なものの個別特殊性を積極的にとらえようとしていた。個別的なものの個別性の重視は、いま検討している論点においても貫徹されているのである。

それゆえスピノザにとって完全性は、或るものと、それとは別のものとを比較することなしに、むしろ個々のもの自身の「本性と力能のみにもとづいて評定されるべき」ものである［E1App］。そしてこの場合には、完全性は「ものの本質そのものとしてとられている」［CM1/6, Geb., I, p. 249: 4-5］。他方、不完全性は端的にものの「実在をとりさる」［E1P11S］。そうなると結局のところ、各々のものの「はたらきをなす力能（potentia agendi）」いうなら実在することの力」、またとりわけて精神にかんしては「思惟する力能」が、当のものの完全性そのものであることになる［E3AffGenDefExp / cf. E3P11 / S］。より一般化していえば、完全性は「事象性」、「すなわち一定の仕方で実在しかつ作用するかぎりでの或るものの本質」そのものにほかならず、それ以上でもそれ以下でもない［E4Praef］。要するにスピノザにとって、或るものが現実的に行使している力能ないし力、また別の側面からいえば、或るものの力能ないし力が現に行使されている事態そのものこそが、当のものの完全性すなわち活動実現状態であり、また事象性でありかつ本質にほかならないのである。

いま検討してきたスピノザのテクストは、たしかに個別的なもの、つまり様態にかんして語られているものではあるが、こうした考えかた自体は、実体（神）の場面にもなお当てはまる。この場面ではとりわけ、力能概念から、〈いまだ実現されざる潜在的・可能的なもの〉という意味を剝奪する作業がともなわれる。

第四項　力の存在論

スピノザによれば或る人々は、神が神自身の「権能（potestas）のうちにあるものどもを生じさせないように、いうなら産出しないようにすることもできると考えている［E1P17S］。より具体的には、彼らは「神を、現実的にこのうえない仕方で知解する者と考えながら、しかし神自身が現実的に知解するすべてのものを、神が実在させることができる、とは信じていない」［ibid.］。こうした人々の考えから、まず次の二つの論点を抽出できる。第一に、神が全知の存在者であること、そして第二に、神が認識するもののすべてが実在するわけではないこと、いいかえれば、神が知性認識するもの――神の知性の対象となりうるすべてのもの――と、当のものの現実的実在との乖離である。[46] ここから、神によって認識可能なものが、あらかじめ神の知性のうちに――そしてそこにのみ――先在し、そしてそれ自身を神の知性の外に現実的に実在せしめる原因を「待っている」という「虚構」が生じる。[47]

ここにさらに、「神の意志が、作られたもの、あるいはいつか作られるであろうものすべてに対して永遠にわたって無差別」であるという考え、また意志のはたらきが、「同じことをなしたりなさなかったりすることができるという点にのみ存する」という考えかたがつけくわわるなら、[48] 神がそれについての認識を有しているにもかかわらず創造にもたらされることのない、〈実現されざる可能的なもの〉という概念が生じることになろう。

ところがスピノザにとって、「神の権能のうちにあるものはすべて〔…〕、神の本質から必然的に帰結するという仕方で神の本質のうちに含まれていなければならず、それゆえそれらはすべて必然的に存在する」［E1P35D］。というのも、次章以降で詳しく跡づけていくように、スピノザ哲学においては、実体の場面であれ様態の場面であれ、本質・実在・力能は同一のものとなるからである。それゆえこれにともない「力能（potentia）」は、いまだ実現されざる潜在的・可能的なものという意味を捨て去り、現実的に実在しつつ、つねに活動実現状態にある本質としての力、より詳しくいえば、諸々の結果を産出する力という意味を持つことになる。したがってスピノザの体系においては、何ものも潜在的なままにとどまることはない。[49] いいかえれば、或る時点で活動が実現状態にもたらされるまでは潜在的なままにとどまるという意味での「能力」なるものは、彼の体系では認められないのである。[50]

「思惟する存在者がより多くを思惟することができればできるほど（*posse*）、それはそれだけ多くの事象性いうなら完全性を含む」［E2P1S：強調引用者］といわれていた。ここまでの議論を踏まえれば次のようにいうことができる。強調部の「できる（*posse*）」は、可能性を、つまりいつでも実現状態にもたらされうるのだが、いまのところは潜在的な状態にある、ということを示していると考えるべきではない。むしろここで語られていることがらは、思惟属性のもとでみられたものが、思惟する力能を現実的に行使していることそのこと、いいかえれば、思惟というはたらきの実現状態にあることそのこと、(51) これこそが当のものの完全性、事象性、すなわち本質にほかならない、ということである。それゆえ、先にみた「事象性いうなら有」という表現は、或る特定の属性のもとでつねに活動実現状態にあるものの本質のありかたを示すと理解できる。

かくて、潜在態、可能態という存在の様式が、いってみればスピノザ哲学の舞台上から放逐されることによって、"potentia" は力能として、活動実現状態（エネルゲイア・エンテレケイア）という完全性のそもそもの意味をまとって舞台に躍り出ることになる。このようにみてくると、ライプニッツが、唯名論の立場を一貫して保持しつつも、可能的なものに「神の知性における観念性という身分」を与えることによって、可能的なものの存在論的身分を確保し、彼の「成熟期の哲学〔…〕を支配する可能的なものの存在論」を提示したのに対して、(52) 私たちはスピノザの哲学を力の存在論と呼ぶことができるし、そのように呼ぶ必要がある。(53) この力の存在論のさらなる内実は、次章以降で立ち入って示されるはずである。

まとめよう。「各々の存在者は或る属性のもとで概念されなければならない」[E1P10S]。つまり存在者としての実体はたとえば思惟属性のもとで、思惟という活動を実現しているものとして、より正確には思惟という活動の実現状態そのものとしてとらえられる。そしてこの活動実現状態は、思惟属性のもとでの実体の事象性あるいは完全性にほかならない。いいかえれば、思惟属性は思惟活動という側面から「実体の事象性あるいは有を表現」している [ibid.]。くわえて思惟する存在者がより多くを思惟することができればできるほど、いいかえれば思惟する力能をより多く有するに応じて、いわば思惟活動の実現状態の強度や幅が増大する [cf. E2P1S]、つまりより多くの結果（知性理解という結果）を産出する。この意味において、力能の度合い、すなわち結果を産出する原因としての力の度合いと、完全性あるいは事象性の度合いが対応することになる。(54) それゆえC・ラモンのいうとおり、『エチカ』において「事象性の度合い」という考えかたは、力能概念への訴えによる再編成なしには、孤立し、実りないものになるといえるだろう[55]。

以上を踏まえれば、「無限のものを無限の仕方で思惟することができる存在者は、必然的に思惟する力において無限である」ことが帰結する［E2P1S］（この点にかんしては本書第四章第二節第四項をも参照）。ここでは思惟属性における活動実現状態・本質・力能・力の極大、その無限性が語られている。

「絶対的に無限な存在者は必然的に、（定義六で示したように）その各々が永遠かつ無限な一定の本質（*certa essentia*）を表現する無限の諸属性から成る存在者と定義されねばならない」［E1P10S：強調引用者］と語られていた。マシュレはここで強調した'certa essentia'を「一定の本質」と訳すことに異を唱えている。というのも彼によれば、この訳語を採用した場合、属性の数だけ多くの本質が考えられることになり、統一性を有し分割されえないはずの実体の本性が［cf. E1P10S］、こうした「複数の本質」のために、「ばらばらの状態に複数化（démultiplier）」されてしまうと考えられるからである[56]。しかしながらここまでみてきたことを踏まえれば、たとえば思惟属性のもとで実体の活動が実現している動的なありかたと、延長属性のもとでの同様のありかたは、互いに排斥しあうことなく、同じひとつの実体の本質についていわれる無限の活動状態の諸側面とみなすことができる（「実体が有する属性のすべては、同時に実体のうちに存する」[57]［E1P10S］）。いいかえれば、実体の活動実現状態は、すべての属性において「はたらきをなす現実的力能」の行使として、また同時にとりわけ思惟属性においては「思惟する力能」の行使としてとらえられる、ということである[58]［cf. E2P7C］。実体は、こうした実現状態がそこに事後的に付加されるような裸の基体や主体ではないし、あるいはこうした実現の背後に潜み、それ自身は同一のものにとどまり続ける静的な受容体のようなものでもない。実体とはむしろ、マトゥロンのことばをかりれば、「主体なき産出性〔…〕、その背後にいかなる基体をも持たない純粋な産出的活動性」[59]そのものにほかならない。そして定義六によれば、「絶対的に無限な存在者すなわち無限の諸属性から成る実体」（強調引用者）は、

「神」である。

スピノザはこのような属性の議論と、さらに神の実在証明を介したうえで、「定義されたものの本質がより多くの事象性を含むにつれ」、知性は「より多くの特質」を結論づけると語り［E1P16D］、さらに「神の本性は、（定義六より）その各々がまた自己の類において無限な本質を表現する無限な諸属性を有しているのだから、それゆえ神の本性の必然性から、無限のものが無限の仕方で（すなわち無限知性のもとにとらえられうるすべてのものが）帰結しなければならない」ことを証明するのである［ibid.］。

以上の議論を踏まえれば、先に示したスピノザ研究史上の問題に対して、私たちはさしあたり次のように答えることができる。事象性と完全性は、或るものの本質の活動実現状態を標すことばであり、事象性あるいは完全性の度合いは力能の度合いと等しい。そして自己の類において無限な属性は、当の属性のもとでとらえられた実体の活動実現状態の強度や幅の極大を表現する。それゆえ、その各々が力の極大を表現する無限に多くの属性から成る実体、すなわち神の本質の活動実現状態もまた、無限の力を備える力動的なものとなるはずである。さらに、〈いまだ実現されざる潜在的・可能的なもの〉が存在領野から排除されることにともない、「力能」概念が、現実的に実在しつつ、つねに活動実現状態にある本質としての力、結果を産出する原因としての力という内実を得た。したがって神の本質の豊かさ、その力動的な活動性によって、そこから導出される特質が、同時にまた現実的に実在するもの、すなわち原因によって産出される結果としての様態であるという事態が担保され、かくて実体＝神が原因性という実効力を備える基盤がととのえられるのである。

とはいえ先の問題に十分にこたえるには、この原因性そのものの内実を、属性の議論に続く神の実在証明が遂行される場面に立ち入って分析していくことで、『エチカ』におけるスピノザ形而上学のさらなる展開を跡づけていかなければならない。

（1）この備考はNSでもOPでも定理八に付加されているが、内容的には定理七に向けられている。この辺のテクスト事情にかんしては、Geb., II, p. 346のゲプハルトの解説、CWI p. 412, n. 14, Matheron 1969 / 1988, p. 14, n. 32を参照。なお幾何学的な論証の流れにおける「備考」の位置づけにかんしては様々な評価がある。たとえばマシュレによれば、備考がそれに結びつけられ、その個別の注釈を提示している定理からこそ備考を読むべきであって、その逆ではない[Macherey 1997-1, p. 78, n. 1]。またゲルーによれば、備考は「導出の余白で」なされるものであり、「このことは、それら〈備考〉が、それ自身によって証明され、導出とは独立である直観的な認識を構成していること」を示すという[Gueroult 1968, pp. 39-40]。なおマトゥロンも同様に、備考が「『エチカ』の他の水準よりも高い「直観知」という水準に私たちを至らしめる」ものであるということを、既得のものと考えているように思われる[Matheron 2011-2, p. 532]。けれどもゲルーによればこのことは、備考以外の導出過程のなかで論証された諸真理が、読者である私たちを覆っていた諸々の先入見をとりさることではじめて可能になることがらである[Gueroult 1968, pp. 39-40]。またよく指摘されるように、「備考」の機能にかんしてまとまった整理を与えているのはジル・ドゥルーズ（一九二五―一九五年）である。つまり彼によれば備考には次の三つの特徴がある。(1)別の証明を与えること（この場合定理では否定的に外的に証明されていたものが、肯定的に内的に証明される[e. g. E1P5 / E1P8S]）、(2)直示的（ostensif）性格（先行する諸証明とは独立に、公理のように提示される）、(3)論争的性格（これら二点目と三点目は連関づけられもする。たとえば、錯雑とした仕方でしか理解しようとしない人々に対する論争的な議論を提示し、証明された定理の正当性をあらためて裏づけることを介して、思考内容に公理のような明証性を与える第一部定理八備考——私たちがまさにいま検討しようとしている備考——のようなケースである）[Deleuze 1968, pp. 316-317]。さらに私たちは次の二点をつけくわえる。(4)総括的（先立つ諸定理での議論を整理反復する[e. g. E2P3S]）、(5)移行的（後続の議論の主題を提示し、先立つ議論とのあいだに楔を入れる[e. g. E2P13S]）。なおこの最後の役割を、鈴木泉は「場面転換」と呼んでいる[鈴木 二〇〇六、二〇三頁]。いずれにせよ「備考」は諸定理の論証の網の目から比較的独立した議論を提示している。

(2) Cf. Lærke 2008, p. 586.

(3) Lærke 2008, pp. 445-458.

(4) Parkinson 1990, p. 52. また Gueroult 1968, pp. 20-21 参照。

(5) A. Garrett 2003, p. 156. たしかにスピノザは『エチカ』において、本質ないし本性のみを表現するという「真の定義」[E1P8S2]、また本質と等置されうる「ものの定義」[E1P16D / E3P4D] についても語っている(『改善論』の定義論が接続されうるとしたら、まさにこうした点にかぎってのことであろう)。けれどもこの本質定義は、論証の出発点として各部(第五部をのぞいた)の冒頭に配される定義と、身分と機能双方において区別されなければならない。以下で私たちは論証の出発点となっている定義に的を絞って考察していく。

(6) Curley 1986, pp. 151-160. メイエルの序文とスピノザその人の思想の関係について、おおまかにいえば次の二つの態度がある。第一に、「この序文はあらかじめ十分スピノザの意を体して書かれ、しかも後でスピノザがそれを読んでさらに注文をつけて一部訂正させたものであるから(書簡一五)、スピノザ自身の意見が正確に反映していると見てよい」[スピノザ 一九五九(二〇〇四)、訳者畠中尚志の「解説」二八六頁] とみなす立場と、第二に、この序文に書かれていることがらすべてをそのままに受け取るべきではないとする立場 [たとえば、Curley 1986, pp. 152-153, p. 160 等、また Meshelski 2011, p. 215] である。私たちとしては、スピノザ自身がこの序文にかんして「書簡一五」でメイエルに頼んでいるのは、厳密には二点の付加と或る「男」への非難の箇所の削除だけであり、序文の他のことがらにかんしてスピノザは沈黙しているのだから、少なくともスピノザが実際になした付加と削除以外の修正は強いてなされる必要がなかったという程度で理解すべきだと考える。それゆえ、この序文に「スピノザ自身の意見が正確に反映していると見てよい」とするのは行き過ぎた見解であると思われる。

(7) 上野 二〇一二‐一、それぞれ四四頁、四六頁。

(8) スピノザの往復書簡集の正式なタイトルは、「ベネディクトゥス・デ・スピノザへの或る学識ある人々の書簡と著者の返事――彼の他の諸著作の解明に寄与するところの少なくない」[Geb., IV, p. 3] である。みられるように、スピノザの書簡は基本的に答弁としての性格を有している。つまり基本的にスピノザは対話者の導入したテーマに対して答えており、さしあたりその次元でしか語っていないという書簡相手との非対称的状況と呼べるようなものがあり、要するにスピノザはイニシアチブをとらない（Ｐ‐Ｆ・モローはこの点にかんする例外としてEp80-81を挙げる［P.-F. Moreau 2004, p. 6］）。したがって書簡からスピノザ自身の思想、彼自身の思考の手続きを再構成しようとするさいには十分な注意を払う必要がある。私たちは、スピノザの書簡をあくまで彼自身の著作にかんする注解の位置を占めるものとみなし、書簡相手の提起する問題に注意を払いつつ解釈の傍証としてとりいれていく。なおＰ‐Ｆ・モローの整理を借りて一七世紀における書簡の性格を簡単にまとめれば以下のようになる。この時代にあって書簡はもっとも普及した著述形態のひとつであった。そして書簡はしばしば、書簡をかわしている相手のみならず、より広い公衆に向けて開かれてもいた。つまり、特定の人々のあいだで書簡が回覧されるだけではなく、人文主義的伝統のなかで、書簡は完全な権利をもった文学的・哲学的ジャンルとみなすことができ、いずれ出版されることも念頭におかれていたのである。また書簡では印刷された著作では語られていないことが提示される場合もある（デカルトの場合、とりわけマラン・メルセンヌ（一五八八―一六四八年）を相手取ったいわゆる「永遠真理創造説」の開示であり、スピノザの場合「キリストの復活」について［Ep78］など）。この場合は書簡相手の有する問題意識に応じた話題が展開されていると考えられよう。さらに書簡に含まれている内容にかんしていえば、情報伝達、生活面における要望もあれば、理論的テーゼの展開や或る理論的問題についての議論も含まれる［P.-F. Moreau 2004, pp. 3-8］。

（9）　*CWI* p.194, n. 66.

（10）　Curley 1986, pp. 158-160. なお「事象的定義」という術語は、複数の解釈者たちによってそれぞれ若干ことなる内実を与えられている。ここで手短にスピノザの定義にかんする主な解釈を参照しよう（ゲルーの解釈については本章の注（15）を参照）。ドゥルーズは名目的定義と事象的定義を次のように区別する。彼によれば名目的定義は類と種差といった抽象物によってなされるか、特質（たとえば、神：無限に完全な存在者、円：一点から等距離にある点の軌跡）によってなされる。一方事象的定義は発生的な（génétique）ものであり、ものの原因、あるいは発生的諸要素によって示される［Deleuze 1981, pp. 84-86. また、Deleuze 1968, pp. 16-17, p. 65, pp. 120-121 をも参照］。S・ザクは対象の構成の規則を概念化することで対象を措定する生成的定義（définition génératrice）と、知性の外にあるとおりにものを認識させる記述的定義を区別している［Zac 1963, pp. 66-67］。マトゥロンは事象的定義ということばをその内実を明確に規定せずにもちいているが、彼の議論の文脈から推察されるかぎりでは、彼はこの定義を、定義対象がどのように産出されるかを示すものとして理解しているようにみえる［Matheron 1969 / 1988, pp. 11-16］。このように、さまざまな定義の名称が解釈に持ち出され、また複数の解釈者たちが同一の名称をもちいている場合であっても、だからといってそれぞれの解釈者が同一の意味内容を含ませているわけではなく、この点でスピノザの定義をめぐる解釈史は紛糾しているといわざるをえない。くわえて、名目的定義と事象的定義という区別にかんして、そもそも「スピノザ自身がそのような区別があることに決して気づいてはいなかった」という主張もある［Meshelski 2011, p. 202］。さらにK・メシェルスキは、あらたに「ア・プリオリな定義」と「ア・ポステリオリな定義」という区別を立てる。この論者がそもそもどのような意味で「ア・プリオリ」「ア・ポステリオリ」という概念をもちいているのか、この点ですら明示されているとはいいがたいが、文脈から判断すると、経験による正当化がなされるかなされないか、という基準でもちいているように思われる［たとえば p. 208, p. 210, p. 212 などを参照］。とはいえ、「事象的定義」は、その最小限の意味内容として、或るものの本質を記述する定義であるということができ、以下本書でもこの意味でもちいる。

（11） 上野二〇一二-一、四六―四八頁。

（12） Macherey 1998, p. 29, n. 1. マシュレは他方で、定義が或る概念の使用の諸規則を規定する一定数の弁別特徴を際立たせることで、その概念の覆う領域を明確にするという理解を提示しているにもかかわらず、本文に挙げたような理解をも提示している［Macherey 1998, pp. 28-29］。

（13） Nadler 2006, p. 44.

（14） 上野二〇一二-一、四八頁。

（15）　Gueroult 1968, p. 21［また同様の指摘として Parkinson 1990, pp. 49-53, Curley 1986, p. 160］. なおゲルーの定義解釈にかんしてはここで概説のみを与える。まず彼によれば『エチカ』の定義は「ものの定義」でありかつ「語の定義」である。つまり対象にかかわり、不可疑的に真で、ものがそれ自身においてあるところのもの（ce que les choses sont en soi）を記述する定義でありかつ、任意の語について私たちが理解するものを説明する定義である［Gueroult 1968, pp. 20-22］。この論点にかんする批判は Curley 1986, pp. 159-169, A. Garrett 2003, pp. 149-150 を参照。さらにゲルーは「発生的定義」という概念を導入するが、彼は或る特定の定義だけを「発生的定義」とみなすというよりも、むしろ神から諸々のものが産出される過程をトレースすることを可能にするような神概念の構成に寄与する一連の定義をそのように呼んでいる［cf. Gueroult 1968, pp. 32-33, p. 36］。『エチカ』で神は六番目に定義されるが、その理由は、それに先立つ定義一から五が、この神という複雑な構成の対象のより単純な構成諸要素をあらかじめ規定するからである［Gueroult 1968, pp. 37-38］。また彼は、定義三の「実体」が〈唯一属性を持つ実体〉であるという一方で、実体である神が〈無限の属性から構成される実体〉であると語り、そのうえで「実体」概念の一義性を確保するために、最終的に前者から「実体」の名を剝奪する［Gueroult 1968, p. 55］。この議論は、定義が「ものの定義」かつ「語の定義」でなければならないという右にみた彼自身の議論と整合的であるか疑問である。またこのゲルーの「発生的定義」解釈には「無限に多くの属性が神において統一される論理は不在である」［柏葉 二〇〇二、八頁］。

（16）　Nadler 2006, p. 48.

（17）　Cf. Jaquet 2005, p. 61, p. 63. また Busse 2009, pp. 78-79 をも参照。

（18）　同様の疑念を挙げているものとして、A. Garrett 2003, pp. 14-18 を参照。

（19）　NS では、同備考中にラテン文にはない「かつて在ることのなかった或る実体がいま在りはじめた」という文が挿入されており、私たちのこの読みを支持するように思われる。Cf. *CWI* p. 414, n. 19.

（20）　Macherey 1998, p. 84.

（21）　Cf. Macherey 1998, p. 88.

(22)「ほとんど」というのは、実体の定義中の'conceptus'がこの備考では'cognitio'に変わっているからである［cf. Curley 1969, p. 163, n. 14］。けれどもこの変更は公理四や定理六系証明二（定義三がもちいられる）を介して素描されていたものであり、結局のところ冒頭の定義が厳密に運用されているからこそ生じた帰結だといえる。

(23) Gueroult 1968, p. 57.

(24) その一連の論考で上野修は、『エチカ』が「「現実」というものに相当する一つの説明モデルを作ろうとしているのだと思う」［上野 二〇一三、七六頁］と述べ、「現実」ということばを軸にスピノザ哲学を解釈している。そのさい「真理」概念もこの「現実」と密接に連関づけられることになる。「〔…〕現実は隅から隅まで本当のことである。本当でないなら現実ではない」、つまり「現実」は「真理でできている」［上野 二〇一三、八一頁］。「真理は、本当、ということだ。つまり「そのとおり」ということ、それが真理である。〔…〕現実はどこもかもが真理でできている。〔…〕現実は本当にある。というか、それが現実というものだ。だれも現実はごまかせない」［上野 二〇一二－二、四〇頁］。

(25) Cf. Macherey 1998, p. 88, n. 1.

(26) それぞれ、Roth 1954 / 1979, p. 37（また p. 24 も参照）, Wolfson 1962, vol. 1, p. 55. なお『エチカ』の幾何学的叙述様式がスピノザの体系にとってたんなる「外殻」に過ぎないのか、あるいはこの様式そのものがその「中核」であるのかという問題をめぐる解釈史のまとまった整理として、Steenbakkers 1994, pp. 139-180 参照。

(27) A. Garrett 2003, p. 168.

(28) 上野 二〇一二－一、五一頁。

(29) Ibid.

(30) Lærke 2008, p. 396. 特質と様態がいかにして、またいかなる権利のもとで類同化されるのかという問題は、しかしチルンハウスその人が問うている問題そのものではない。この点にかんしては Matheron 2011-5, p. 581 参照。なおレルケ自身の定理一六にかんする解釈によれば、この定理が証明しているのは、有限様態の実在の論理的必然性のみであり、それゆえこの定理は有限様態が実際に産出される仕方を説明しているわけではない。つまり彼によれば、この定理における「帰結」は、原因による実効的産出と類同化されるものではない［Lærke 2008, pp. 525-526, cf. pp. 413-414］。のちに本文で示していくように、私たちはこのような解釈をとらない。なお様態という結果として産出されるものと並置されるかぎりでの「特質」と、神の本質のありかたである無限性や永遠性等を示すかぎりでの「特質」をしっかりと分けて考える必要がある（後者にかんしては「書簡八三」［Ep83, Geb., IV, p. 335: 4-7］を参照。マトゥロンはこの後者の特質に「分析的特質」という名称を別個に設けている［Matheron 1969 / 1988, p. 16, n. 45］）。

（31）　Matheron 2011-4, p. 567, Matheron 2011-5, pp. 580-581. また同様の問いとして Gueroult 1968, pp. 267-268, pp. 293-295 をも参照。

（32）　Gueroult 1968, p. 294.

（33）　Matheron 2011-5, p. 581.

（34）　Matheron 2011-5, p. 589（強調はマトゥロン）.

（35）　とはいえこの点をのぞけば、マトゥロンの解釈には学ぶべき多くの論点が含まれており、以下で私たちの議論を補強するために彼の議論をしばしばとりいれていくことになる。

（36）　Macherey 1998, p. 24 また pp. 17-18 をも参照。

（37）　Cf. Hegel 1971, S. 195. たとえばヨアキムは、「より一般的な意味での「原因」はスピノザの哲学にはない」と語り［Joachim 1901, pp. 53-54, n. 1］、原因のいわゆる物理的な実効性を認めていない。なおイギリス観念論とヨアキムの関係については、Parkinson 1993 を参照。

（38）　この定理九は『エチカ』ののちの諸論証のなかで一度も明示的には引証されないが、その内容に注意すれば、明らかに定理一〇備考、定理一一備考、定理一六証明の議論の中で重要な役割を演じている。この点にかんしては、Macherey 1998, pp. 91-92, n. 3 をも参照。またその証明にかんしてはマシュレのいうように、定理九は属性の定義［E1Def4］の「直接的帰結」として肯定されているし［cf. Macherey 1998, p. 92, n. 1］、ある書簡ではスピノザ自身がこの定理九の内実を「公理」とまで呼んでいる［Ep64, Geb., IV, 278:20］。また Ramond 1995, pp. 51-52 をも参照。なおゲルーはこの定理九を、論証の「前提となる補助定理」であるという［Gueroult 1968, p. 143, p. 143, n. 5］。

（39）属性が実体との関係においてどのような存在論的身分を有するのかをめぐる、「主観主義的解釈」と「客観的解釈」のあいだのながく続いた論争については考察の外におく。属性が実体そのものに属するものではなく、知性が実体に付与する知性側の形式でしかないという意味での「主観主義的解釈」は、決定的に論駁されたと思われるからである。これについては Gueroult 1968, pp. 428-461 また桂 一九五六／一九九一、一一七―一三八頁、松田 二〇〇九、一五三―一八八頁参照。なお一口に「主観主義的解釈」といってもさまざまな解釈の幅があることにかんしては、Eisenberg 1990 が要を得たまとめを提供してくれている。

（40）*Historisches Wörterbuch der Philosophie*, Band 2, 'Entelechie' の項を参照。

（41）Cf. Libera 2004, p. 16.

（42）Rousset 1994, p. 11.

（43）あるいは別の表現では、「いかなるものも、また〈この〉ものの現実態の状態で実在するいかなる完全性も、「無」を、いうなら実在しないものを、自らの実在の原因として有することはできない」［「第二答弁　諸根拠」Ax3, ATVII165: 7-9］。

（44）引用はともに Matheron 2011-7, p. 626. ここでドゥルーズの次のことばを想い起こすべきだろう。「スピノザの哲学は、多義性、優勝性、アナロギア〈類比〉という三つの概念に対する不断の戦いをそこにみてとるのでなければ、部分的に理解不可能である」［Deleuze 1968, p. 40：強調はドゥルーズ］。

（45）Hübner 2015, p. 233.

（46）たとえば神の知性についてのトマスの次のような言明を参照。「各々の被造物において完全性であるものは、全体として神のうちに卓越的なありかたのもとで先在し、そして含まれている」［*Summa theologiae*, I, q. 14, a. 6, resp., Thomas 1952］。

（47）Lærke 2008, p. 785.

（48）引用はそれぞれ、デカルト「第六答弁」ATVII431: 27-432: 1,「第四省察」ATVII57: 21-23.

（49）定理一六の「無限知性のもとにとらえられうるすべてのもの」が帰結しなければならないということにかんして、この表現をゲルーは、「可能的なもの、すなわち無矛盾的なもののすべて」が実在しなければならないことと理解している［Geroult 1968, p. 262］。またマトゥロンは「事象のすべてにわたる全体的知解可能性」をスピノザ哲学における「原理」として見出し、ここから「知解可能なものすべての全面的な実現の必然性」を引き出している［Matheron 2011-4, p. 567：強調はマトゥロン］。さらに「属性は実現状態（actualité）であって潜在的状態（virtualité）ではない」というP・ラシエズ-レイのことばをも参照［Lachièze-Rey 1950, p. 72］。

（50）こうした理由により、本邦のスピノザ研究では‘potentia’に対して、このような意味での「能力」ではなく、はたらきの側面をつよくしめす「力能」という訳語が採用される。またのちに詳しくみるが、神の本質が力能と同一視され［E1P34］、神の本質が「活動的本質」［E2P3S］とも呼ばれることになるのは、この辺りの事情があってのことである。

（51）この点にかんする傍証として、たとえば思惟の様態である観念が「画板のうえの絵のように黙するもの」ではなく、「知解することそのこと（ipsum intelligere）」［E2P43S］といったように、動詞の不定形で示されるような活動性そのものとして提示されていることが挙げられよう。またそう思ってみれば、事象性と並べられていた「有（esse）」［E1P9D］もまた存在動詞‘est’の不定形である。なおスピノザはしばしば知性に「現実的」という形容を付しているが、それは彼が「可能態にある知性が存することを認めている」からではなく、活動性としての「知解作用そのものについてのみ語ろうと欲した」からである［E1P31S］。この点においても、実現されざる可能的なものを排し、あくまで活動の実現状態を肯定しようとするスピノザの一貫した態度をみてとることができる。

（52）引用はそれぞれ Michel Fichant, ‘De l'individuation à l'individualité universelle’, dans Fichant 1998, p. 148, Lærke 2008, p. 561.

（53） マトゥロンはまさに「力〔力能〕の存在論（une ontologie de la puissance）」という呼称を与えている［Matheron 2011-5, p. 582. 原文イタリック］。

（54） Cf. Matheron 2011-6, p. 611.

（55） Ramond 1995, p. 52.

（56） Macherey 1998, p. 94, n. 1.

（57）「各々の存在者は何らかの属性のもとで私たちから概念され」、「属性は実体に或る一定の本性を帰する知性に関係した呼称」であるという「書簡九」のことばをも参照［それぞれ Ep9, Geb., IV, 45: 19-20, 46: 22-23：強調引用者］。なお Gueroult 1968, pp. 51-52 また D'Anna 2012, pp. 148-149 をも参照。

（58）「神の思惟する力能は、神のはたらきをなす現実的力能に等しい。すなわち、神の無限の本性から形相的に帰結するものはすべて、神の観念から同一の順序と同一の連結をもって、神のうちに対象的に帰結する」［E2P7C］。また、「思惟の様態ではないものども」が「形相的有（esse formale）」を持ち、そしてこの形相的有を思惟属性からではなく、それ自身がその様態となっているところの属性から得る［E2P6C］のとまったく同様に、観念、すなわち思惟の様態もまた「形相的有」を持ち、これを思惟属性から得る［E2P5］。つまり、思惟属性のもとでの観念の産出も「神の無限の本性から形相的に帰結する」ことがらに含まれる。それゆえ、思惟力能が思惟属性に対応し、他方で、はたらきをなす力能が思惟以外の属性に対応する、というわけではなく、「神のはたらきをなす現実的力能」は、思惟属性をも含めた無限の属性のもとで行使されると考える必要がある。この点については、Deleuze 1968, pp. 103-107, Lærke 2008, p. 401 を参照。

（59） Matheron 2011-6, p. 612（強調引用者）.

第四章　Ratio seu Causa——原因あるいは理由

「神あるいは自然（Deus seu Natura）」というスピノザ哲学の代名詞ともいえる統語は、『エチカ』第四部序文にはじめてあらわれる。私たちの目はともすればこの統語だけに向けられてしまいがちだけれども、しかしながらまさにこの同じ個所にもうひとつの重要な統語、すなわち「理由あるいは原因（Ratio seu causa）」という統語がともにあらわれている点に注意しよう。実体である神の原因性そのものの内実を理解しようとする私たちの目が向けられねばならないのは、こちらの統語にほかならない。

私たちは第一部の付録において、自然は目的のためにはたらきをなすのではないことを示した。というのも、私たちが神あるいは自然と呼ぶ、この永遠で無限な存在者は、それが実在するのと同じ必然性ではたらきをなすからである。〔…〕したがって、神あるいは自然が、なぜはたらきをなすのかということと、それがなぜ実在するのかということの理由あるいは原因は、ひとつで同じである。［E4Praef］

「神あるいは自然」という統語の両項について、それらが端的に同一であるのか、あるいは差異があるのか、あるとすればどのような差異なのか、と問うことができるように、「理由あるいは原因」という統語にかんしても同じ問いを立てることができる。実際にスピノザ研究史上ではこの両項の異同が問われており、この点にかんして解釈者たちは様々な理解を提示している。そのなかでもH-C・ルーカスの解釈は、『エチカ』における原因と理由を考えるさいに、私たちがともすれば陥りやすいと思われる理解を典型的に示している。

ルーカスによれば、原因とは延長属性のもとで、或る物体が他の物体に作用を及ぼすという場面に適用されることばであり、いわゆる「並行論」（彼の理解では物体と観念が並行的に対応するという程度の意味）の理論によって、この原因に思惟属性の側で対応するものが理由となる。そしてこの理解の内実を展開してみるなら、物体間の作用-被作用という原因-結果の関係を精神が理解するとき、この精神による理解が（原因-結果に対応する）精神内の理由づけとなる、このように考えられていると思われる。原因と理由がかくて延長と思惟という二つの属性に応じるとなると、それらを含む無限な属性から成る実体としての神のうちでは、原因と理由の区別は結局のところ廃棄されるといわれることにもなる[1]。

この解釈に対してF・マンジーニは、物体が原因を持つのと同様に、観念もまた原因を持つことを説明できないとして、この点にかぎってみれば正当な批判を与えている[2]。彼自身の解釈は次のようにまとめられよう。まず観念には、(1)何かを理解しているという思惟のはたらきとしての側面と、(2)思惟の様態として実在するものという二側面があり、そのうえで、実在するものとしてみられた観念を含めた〈実在するもの〉一般に原因が応じ、こうした実在するものを精神が理解することに理由が応じるとされる。「したがって理由とは原因の観念である」と結論づけられる[3]。私たちとしては、観念が思惟の様態として実在するものとしてもとらえられるべきであり、それゆえ観念にかんしても原因が問われうるという点にかんしてはまったく同意するが、しかしマンジーニの解釈も結局のところ、原因と理由の理解に思惟と延長の二属性を導入し、それらの「並行論」（マンジーニのほうがより複雑な理解を示しているとしても）[4]にもとづいて議論を進めている点でルーカスの解釈と同根である。けれども、「理由あるいは原因」という統語があらわれるのは、右に挙げた第四部序文の一回のほかには、第一部定理一一証明二において（九回）のみである。つまり、この統語は思惟と延長が二つの属性として明確に確立され[5]、さらにいわゆる「並行論」定理が示される第二部以前に集中して語られている。この事実だけでも、「理由あるいは原因」の理解に、属性と「並行論」を持ち込むことがはたして正当なのかと疑う十分な理由がある。ではこの統語をどのように理解すればよいのか。かくて私たちははじめの問いに再び立ち戻ることになる。

理由あるいは原因

「理由あるいは原因」。以下ではまずこの統語の両項をなす「原因」と「理由」概念の異同を問うV・カローの重要な解釈を批判的に検討することで、この統語がまきこまれている問題性の領野を彫琢することから議論を展開していこう。

　カローは原因と理由の分節、異同を問うさいに、作用因と形相因の区別から論点を引き出している[6]。彼の解釈を簡単にまとめれば以下のようになろう。「理由あるいは原因」という統語は、神の実在が証明される第一部定理一一証明二に頻出する。他方で「作用因」という概念は、様態にかかわる議論が導入される定理一六系ではじめてあらわれる[7]。ということは、作用因という原因性が規定される以前に問題の統語が語られていることになり、この統語の内実は、作用因とは（さしあたり）別の原因性に求められそうである。カローによれば、この別の原因性とは、「自己原因」を範型とする「形相因」であり、その内実は、本質と実在の包含関係、さらにいえば、或るものの本質からその諸特質を導出可能にするような原因性である[8]。したがって、「『エチカ』における「原因」を根本的に思考可能にしているのは「理由」であって、いいかえると原因の第一の意味は形相因である」[9]。みられるとおり、カローは自己原因を重視し、また本質と実在の包含関係を示すとされる形相因を原因性の範型とみなし、さらにこの形相因を「理由」と等置する。こうなると「理由あるいは原因」という統語は、「優先的に神にかかわる[10]」とされることになる。

こうした解釈ははたして正当だろうか。(A)たしかに『エチカ』において、「神が自己原因であるといわれるその意味において、神はすべてのものの原因である」といわれ［E1P25S］、この点において自己原因が『エチカ』における原因性の範型とみなされているというのは正しいように思われる。けれども、この「意味」とはどのような意味だろうか（この点はのちに検討する）。(B)「形相因」という概念は『エチカ』においてわずかに二度あらわれるのみであり［E5P31／D］、「十全な原因」と等置されている［E5P31D］。さらにスピノザはこの「十全な原因」を定義して以下のようにいう。「十全な原因と私が呼ぶのは、その結果が当の原因によって明晰かつ判然と知得されることのできる原因である」［E3Def1］。スピノザ自身の語らない、本質と実在の包含関係を示すとされる形相因を解釈に導入する正当性は乏しい。さらにいえば、本質からの諸特質の導出を旨とする形相因が『エチカ』の原因性を支配しているとでもするなら、前章第二節でみた「もの」としての様態の産出の問題はこのような理解にとって解きがたいものとなってしまうだろう。それゆえこのような形相因概念の導入は、正当性が乏しいどころかむしろ問題をより大きくしてしまう点で徹底して廃されるべきである。(C)さらにカローは、「理由あるいは原因」という統語を神にひきつけすぎていないだろうか。こうした解釈の視座によって見失われてしまう論点はないのだろうか（この点ものちに検討する）。

ところで先に述べたように、「理由あるいは原因」という表現が頻出するのは第一部定理一一証明二においてであって、そこでは神が必然的に実在することが証明されている。この証明は次のようにはじまる。「すべてのものには、それがなぜ実在するのか、それがなぜ実在しないのかについての原因あるいは理由が定められなければならない」［E1P11D2］。原因あるいは理由。この両者の異同に探りを入れるためにも、またいま問題にした諸論点を検討するためにも、さらにこの統語がまきこまれている問題性全体を見とおすためにも、この統語の来歴をたずねてみる必要がある。そのさい決定的な参照点となるのは、『デカルトの哲学原理』で提示される次の公理である。

それがなぜ実在するのか、その原因（あるいは理由）が、いったいどのようなものかが問われえないいかなるものも実在しない。［PPC1Ax11］

続けてスピノザはいう。「デカルトの公理一をみよ」［ibid.］。

ここでスピノザが参照をうながしている「デカルトの公理一」とは、『省察』「第二答弁」末尾に付された「諸根拠（Rationes）」で提示されている「公理一」である。デカルトはそこで次のようにいう。

それがなぜ実在するのか、その原因が、いったいどのようなものであるかが問われえないいかなるものも実在しない。というのもこのことは神自身についても問われうるからだが、だからといってそれは、神が実在するために何らかの原因を要するということではなくて、その本性の広大無辺性そのものが、神が実在するためにいかなる原因をも要しないことの原因いうなら理由（causa sive ratio）だからなのである。［ATVII164: 28-165: 3］

要するに、「原因あるいは理由」という統語の由来はまさにここ、この統語を哲学史上はじめてもちいたとされるデカルト[11]による定式化のうちにある。私たちはさしあたりこの統語の来歴をたずねてデカルトに行き当たったが、このことはしかし、たんなることばの由来をたずねることだけにとどまらず、この統語が引き連れている問題性の所在、すなわち自己原因 - 本質 - 実在 - 作用因 - 形相因 - 原因 - 理由という概念連関をも示してくれるので、少し立ち入って考察してみよう。

第一節　デカルトにおける causa sive ratio

第一項　問題の所在——実在原因の探究と作用因

スピノザはいま挙げた公理を『デカルトの哲学原理』第一部の公理群の最後においているが、デカルトその人は『省察』「第二答弁」「諸根拠」の最初の公理として掲げている。この点にかんしてゲルーは、「スピノザはデカルトが開始したところで終える、すなわち、原因性の原理の普遍的定式化で終える」と記している[12]。つまりゲルーはデカルトとスピノザのそれぞれの公理にかんして、それが「原因性の原理の普遍的定式化」という点で一致していると考えている[13]。この点はそうかもしれない。けれども、両者それぞれの公理には重大な差異が示されていないだろうか。ラモンはこの二つのテクストの異同にかんして、「スピノザのほうは、軽く変えられており、とりわけ省略されている[14]」という程度でのみとらえている。しかし私たちの以下の議論は、こうした理解がまったくもって不十分であることを示していくだろう。

この差異の考察に進む前に私たちは、そもそもデカルトの公理一に含まれる「原因いうなら理由」という統語がはらむ問題性をおさえねばならない。まずさしあたりカローのいうとおり、原因と等置されうるのは理由一般ではなく、ただ神だけが例外として原因を要しない、という理由だけであることに注意する必要がある[15]。要するに、デカルトにおいてこの統語が成り立つのは神にかんしてのみである[16]。

神にかんしてのみ「原因いうなら理由」という統語が語られるのは、神の実在について、その原因を問うさいの問題性に起因していると考えられる。この問題性は、つきつめれば、すべてのものについてその実在の原因を問うことができ、そのさいに問われるべき原因は、第一義的には作用因であって［cf.「第一答弁」ATVII108: 18-22］、そのうえで神の実在についてもなお原因が問われ、神が「自己原因」［cf.「第一答弁」ATVII109: 6］とまでいわれること、この点に帰着すると思われる。

というのも、『省察』の「第一反論と答弁」ならびに「第四反論と答弁」での反論者たち（カテルス／アルノー）とデカルトの議論を追っていくと、作用因にかんして、⑴作用因は時間の観点からしてその結果に先立つこと、⑵作用因はその結果とことなり区別されること［以上二点 ATVII239: 26-240: 1 参照］、⑶現実的な実在と本質が区別されうるものだけが作用因を要すること［ATVII213: 14-16］、⑷作用因は実在にのみかかわり、本質にはかかわらないこと［cf. ATVII243: 8-9］、この四点の理解を抽出することができ、そうなるとそれぞれに、⑴’「自己原因」は時間的に自己自身に先立つことになる、⑵’「自己原因」は自己自身とことなり、区別されることになる、⑶’⑷’神においては本質と実在は区別されない［cf. ATVII243: 17-18］という問題が生じることになるからである。

こうした問題もあってか、デカルトは一方で神が自らの作用因であることを明白に否定するし［cf. ATVII235: 20-21 / 236: 4-5］、「自己原因」は作用因にかんしては理解されえないと明言してさえいる［ATVII236: 7-8］。けれども他方で、それでもなお神についても作用因を問うことができ［cf. ATVII243: 18-19］、「いわば作用因と呼ばれうる」［ATVII243: 26］とまで語られ、あくまでデカルトは神についての原因性をも作用因の名のもとで論じようとする。

彼があくまで作用因の名を保持しようとするのは、さしあたりデカルト哲学において原因性が基本的に、アリストテレス由来の四原因のうちで作用因のみに還元される[17]、あるいは少なくとも、作用因が原因性の中心的役割を担っていることによるものと思われる。くわえてデカルトはいう。作用因の考察は、「私たちが神の実在を証明するために有している、唯一のとはいわないまでも、第一かつ主要な手段である[18]」［ATVII238: 11-13］。デカルトがこのように作用因に固執する理由、さらにこの原因性の内実を、彼の議論をより詳細に追うことで明確化してみよう。

神の実在証明を注意深く遂行するには、「すべてのものども、神自身についてさえ、その作用因を問う」ことから出発する必要がある［ATVII238: 14-17］。そしてそのより具体的な問いかけは次のものである。「各々のものについて、それが自らに依って在るのか、それとも他のものに依って在るのか」［ATVII238: 18-19］。この問いかけが、神の実在を問い求める、そのただなかで問われている問いであることを忘れてはならない。つまり、各々のものについて問われているのは、その実在の原因にほかならない。そういうわけでまず、デカルトにとっても作用因とは或るものの実在の原因であることが明確になる。

ところで、「他のものに依って在る」ものの実在の原因、作用因は、当のものそのものとはことなるわけだから、右にみた作用因（自己原因）にかんする諸問題⑴と⑵の生じる余地はない。問題なのは「自らに依って」実在するものの実在の原因、その作用因（自己原因）なのである。実在の原因を担うのが作用因にほかならないからこそ、デカルトは「自らに依って」実在するところの神についてさえ、あくまで作用因という名のもとで考察を進めるわけだし、また「私は或るものが自己自身の作用因であることが不可能である、とはいわなかった」［ATVII108: 7-8］と、かなり微妙な表現をもちいてもなお、作用因という名をとどめようとしたのだと思われる。しかしながらやはり、作用因の本来的な意味に、それの生み出す結果とはことなり区別されることが含まれる以上［cf. ATVII243: 1-2］、右にみた諸問題⑴と⑵[19]を避けることはできないだろう。

そこでこうした諸問題を回避し、さらになおも実在の原因である作用因の探求を維持するために、デカルトは以下でみる「類比（アナロギア）」、「理由」、「形相因」等の概念を提示することになったのだと思われる。したがって神の実在には原因がなく、いうなら神は作用因を有せず、それゆえにこそそれを補うかたちで「理由」あるいは「形相因」が導入された[20]、とする理解は、それだけでは不十分であり、あくまで実在の原因である作用因は、神をも含めたおよそ実在するすべてのものに例外なく貫徹されているといわねばならない。もし例外ということばをあえてもちいるなら、それは神が自らの実在の原因であるそのありかただけである[21]。そこで次に、このありかたとはどのようなありかたなのか、この点を問う必要がある。

第二項　実在原因の多義性——作用因と形相因の類比

或るものの作用因はその実在にかんしてのみ問われるのであって、本質にかんしてはそうではない、というアルノーの主張に対して［ATVII243: 8-9］（先にみた諸問題⑶と⑷に対応）、デカルトはいう。「なぜ神が実在するのかを問う者に対し、たしかに本来的にいわれた作用因によって答えられるべきではなく、そうではなくてただものの本質そのもの、いうなら形相因によってのみ答えられるべきであり、〔この本質／形相因は〕神において実在が本質から区別されないというまさにこのことのために、作用因との大きな類比（アナロギア）を有しており、このため作用因のようなものと呼ばれうる」［ATVII243: 21-26］。

神も実在するものである。それゆえその実在の原因、作用因が問われうる。ところで神においては、実在はその本質から区別されない。また神の本質（「広大無辺な本質」［ATVII241: 2-4］、「力能の、いうなら本質の広大無辺性」［ATVII237: 1］）が形相因といわれるとき、この形相因は、「或る認識がそこから引き出されうるところの諸原因」［ATVII242: 22-23］にかかわる原因性であるといわれる。つまり、デカルトがあえて'αἴτιον（aition）'、'ἀρχὴν（archēn）'というギリシア語［ATVII237: 27］と並べて、'principium'というラテン語［ibid. et ATVII242: 8-9］を記している意図をもくみとって敷衍すれば、神が実在するという認識がそこから引き出されるところの、そのもとのもの、始源が、神の本質そのものにほかならないということを、彼はいおうとしていると考えられる[22]。かくて神にかぎっていえば、その実在にかんする原因性は、「神の本質に内在的な原因性[23]」になるということもできるだろう。

まとめよう。デカルトは実在するすべてのものについて、例外なしにその実在の原因、つまり作用因を探求する。けれども神にかぎっていえば、端的に作用因が語られるわけではなく、類比（アナロギア）を介して「原因」（作用因）と「理由」（形相因／本質）が結びつけられる[24]。神においてのみ、本質と実在は区別されないからである。デカルトが神にかんしてのみ「原因いうなら理由」と語ったのはまさにこうしたことがらのゆえであって、さらにその内実はといえば、被造物ないし有限存在の原因性（「それなしには有限なものが在りえないところの作用因」［ATVII236: 23-24］）と、神の原因性（作用因と形相因の類比（アナロギア）／本質に内在的な原因性）とのあいだに、ともに実在の原因が問われているとはいえ、同質性がない、ということを示すものとして理解できるだろう。[25] ひとことでいえば、実在の原因は多義的なのである。

ここまでみてきたように、「原因いうなら理由」という統語をめぐるデカルトの議論は非常に込み入ったものとなっている。そのわけは、右にみた諸問題が生じるもとになっている作用因という原因性の規定、さらにはこの作用因が或るものの実在の原因探求のモデルとなっていることに求められよう。

くわえて、自己原因へと終着することになる神の実在の原因探求が経ている問いの過程、すなわち、神の実在の原因（これは結局のところその本質に帰されることになるわけだが）をその作用因を問うことから出発して探求し、神が実在するという認識が得られる原因、すなわち形相因（いうなら理由［ATVII236: 21-23］）へと至るという、この問いのステップに起因する、神の実在の原因（作用因）とその本質（形相因いうなら理由）との微妙なズレを指摘することができよう。別様にいいなおせば、神の実在の原因探求が、神が実在するという認識の得られる原因＝理由＝始源としての神の本質へと至りつくということであり、すなわち結局のところ神の本質こそがその実在の究極的根拠になっているといえるだろう。

さらに、こうしたズレはまた、作用因が実在にかんしてのみ問われることができ、本質にかんしては問われえないとする理解［cf. ATVII243: 8-9］に起因しているとも考えられる。つまり、実在にかんする原因性（作用因）と本質にかんする原因性（形相因）のあいだにも同質性がなく、それでもなお両者を関係づけるために――神においては本質と実在が区別されないがゆえに――「類比（アナロギア）」が導入されたと理解できる。

そしてまた、作用因は「厳密には有限なものにおいてのみ行使される[26]」のだから、自己原因をめぐるこのデカルトの議論は、有限なものの原因性をモデルにして進められているといえる。くわえて、この議論は結果から出発してその原因を探求するア・ポステリオリな議論の延長線上にあることも想い起こされるべきである[27]。

さらにデカルトは或る箇所で、「なぜ神が在り続けてきたか、その原因」として、神の有する「広大無辺で包括的に理解することのできない力能」［ATVIII10: 26-27］に言及している。先に挙げておいた「力能の、いうなら本質の広大無辺性」［ATVII237: 1］という表現と合わせて理解すれば、神の実在の究極的根拠が、最終的には神の本質および力能の包括的理解の不可能性へと送り返されると解釈することも可能である。デカルトにあって自己原因は、「神の汲みつくしえない力能が、そのために〈神が〉原因を要しないことの原因いうなら理由である[28]」［ATVII236: 8-10］ことにもとづいて提示されるのだから。

のちにみることになるが、スピノザはこれらの論点のすべてに対立することになる。

第二節　スピノザにおける原因と理由

ここで先に挙げておいたデカルトとスピノザ両者の公理に立ち戻ってみよう。あらためて引用すれば、それぞれ次のようになっていた。

それがなぜ実在するのか、その原因が、いったいどのようなものであるかが問われえないいかなるものも実在しない。というのもこのことは神自身についても問われうるからだが、だからといってそれは、神が実在するために何らかの原因を要するということではなくて、その本性の広大無辺性そのものが、神が実在するためにいかなる原因をも要しないことの原因いうなら理由だからなのである。［ATVII164: 28-165: 3］

それがなぜ実在するのか、その原因（あるいは理由）が、いったいどのようなものかが問われえないいかなるものも実在しない。デカルトの公理一を見よ。[PPC1Ax11]

ここまでみてきたデカルトの議論との対照でまず注目されるのは、デカルトが意図的に神にかんしてのみ割り当てていた「原因いうなら理由」という統語が、スピノザの公理では、文面から明らかなように、実在するすべてのものに押しひろげられていることである。

デカルトにあって「原因いうなら理由」という統語にかかわる議論、神の実在の原因をその作用因を問うことから出発して自己原因概念に逢着することになる議論が、結果的に被造物ないし有限存在の原因性と神の原因性との異質性を示すものとして理解されたが、これに反してスピノザの公理は、同じ統語を、有限存在をも含めた実在するもの一般に押し及ぼすことで、実在にかんする原因が有限存在と神とで別物ではないということを示唆しているとみなせるのではないか。

のちに詳しくみるが、『エチカ』では「神が自己原因であるといわれるその意味において、神はすべてのものの原因である」といわれる[E1P25S]。つまり『エチカ』では自己原因から出発して、さらに自己原因という原因性を基軸として、有限存在をも含めたすべてのものの原因が理解される必要があるということであり[29]、こうなるとさらに、有限存在の原因性と神の原因性がまったく同質的なものとして理解できることになるのではないか。デカルトの「類比（アナロギア）」、原因の多義性に対して、スピノザにおける「原因の一義性[30]」を語りうるのは、さしあたりこうした論点にかんしてであろう。

さらにこの同じ論点から、『エチカ』におけるものの実在の原因探求が、デカルトのように作用因からではなく、むしろ自己原因から出発してなされていると考えられるのではないだろうか。『エチカ』がほかならぬ「自己原因」の定義から出発しているのは、まさにここまでみてきた問題背景があるからではないか。とはいえ、私たちはまず『エチカ』における自己原因という原因性の内実を明らかにしなければならない。

第一項　自己原因と実体

右の公理にスピノザが付した説明に重要な論点が見出される。引用しよう。

実在するということは積極的なことなのだから、私たちは、それが無を原因とするということはできない（公理七より）。したがって私たちは、なぜ〔或るものが〕実在するのかについて、或る積極的な原因あるいは理由を挙げなければならない。そしてこの原因あるいは理由は、外的、すなわちもの自身の外部にあるか、内的、すなわち実在しているもの自身の本性と定義のうちに含まれているか、そのいずれかである。[PPC1Ax11, Geb., I, p. 158: 5-9][31]

たしかに実在するすべてのものの実在の原因は、有限存在と神とで別物ではない、という見とおしを立てることができたけれど、しかしこの実在の原因の所在はここではっきりと区別されている。すなわち、実在しているものの本性あるいは定義に外的であるか内的であるか、そこに含まれているか否かである。問われているのが実在の原因あるいは理由であることをまずは確認しよう。そのうえでこの言明をどのように理解すればよいかが問題となる。スピノザにおいてもなお、内的な原因性と外的な原因性という二つの異質な原因性があるということだろうか。とはいえ、『デカルトの哲学原理』ではこの言明の内実は展開されていない。けれどこれとほぼ同様の文言が『エチカ』第一部定理八備考二に見出されるため、私たちは再び『エチカ』の議論に立ちもどって、スピノザの原因の理論を検討することにしよう。

そのために或るものが実在するところのこの原因は、実在するものの本性そのものと定義のうちに含まれていなければならないか（明らかにこれはその本性に実在することが属するということである）、その外になければならない。［E1P8S2］

この備考内の別のところでも語られているように、その本性に実在することが属するものは実体である。このことは前章第一節でみたように、定理七ですでに証明されていたが、しかしこの証明で自己原因の定義が引照されていることもあり、実在の原因が本性に内的であるといわれるのはどういった事態を指しているのかを検討するためにも、また自己原因という原因性の内実に探りを入れるためにも、この定理を再度吟味する必要がある。以下では原因性に焦点を当てることでこの定理を詳細にとりあげなおしてみよう。

定理七の証明においてはじめて、『エチカ』冒頭で別個に定義されていた自己原因［E1Def1］と実体［E1Def3］が結びつけられる。自己原因の定義（定義一）は、「自己原因ということによって私は、その本質が実在を含むもの（id cujus essentia involvit existentiam）、あるいはその本性が実在すると〔して概念する〕以外には概念されえないもの（id cujus natura non potest concipi, nisi existens）と知解する」［E1Def1］というものであり、この定義だけでは自己原因が原因としてどのようにはたらきをなすのか、いいかえれば自己原因という原因性の内実をみてとることはできない。さしあたりこの定義のみからわかるのは、本質が実在を含むという関係、さらにこの関係がどのように理解されるべきかということ、すなわちその本質ないし本性が実在すると以外には概念されえない、ということである。

ところでドゥルーズもいうように、「あらゆる本質は何らかのものの本質である[32]」。この定義ではもっぱら形式的に'id cujus~'（その本質・本性が〜であるもの）という表現で示されているものこそが、自己原因と解されるにふさわしいものとなるだろう。実体こそがこのものにほかならないことを証すこと、これが定理七の証明の中核になっている。

証明の手続きをみよう。「実体は他のものから産出されえない（前定理〔定理六〕の系より）、かくして〔実体は〕自己原因であることになろう（erit）」。他のものから産出されえないというのは、定理六証明のことばを借りれば、〈他のもの〉が実体の原因であることはできないということであり（したがって〈AがBから産出される〉という表現と、〈BはAの原因である〉という表現は等置される）、そうなると未来形の'erit'が示唆するように、論理的に考えれば実体は自らが自らの原因である、つまり自己原因とみなされざるをえないだろう、このように推論されていたのであった。そして自己原因は、「（定義一より）その本質が必然的に実在を含むものである」（強調引用者）といわれる。ここには右の定義一そのものにはみられなかった副詞、「必然的に」という語がごく当然のようにあらわれている。議論の鍵を握るのはまさにこの「必然」性である。

先にみたように、或るものの実在の原因は、実在するものの本性そのものと定義のうちに含まれていなければならないか、その外になければならない。実在の原因の所在はこのように二者択一である。そして定理一一備考によれば、実体はどんな外的原因からも産出されえない。したがって実体の実在の原因は実体の本性そのものと定義のうちに含まれていなければならず、それ以外ではありえない。これがさしあたりここでの「必然的に」という副詞の意味合いだと思われる。そう思ってみれば、定義一のなかの「その本性が実在すると以外には概念されえない（cujus natura *non potest* concipi, *nisi* existens）」（強調引用者）という表現がすでに、自己原因であるものを実在するものとして理解する以外の理解の仕方の不可能性を示す点で、この必然性を含意していたとみることもできよう。

けれどもなお、或るものの実在の原因が当のものの本性のうちに含まれているという事態をどのように理解すればよいのか。自らの本性が原因となって自らの実在を産出する、つまりその産出の以前には実在していなかった自己が、それにもかかわらず何らかの仕方で存在していて、その自己によって産出されることによって、或る時点で実在しはじめる、ということなのだろうか。しかしこのような理解をこそ、スピノザは定理八備考二において批判している。

> 諸々のものをその第一原因から認識することを習いとしてこなかった人々にとって、定理七の証明を理解することは困難であろう〔…〕彼らは諸々の自然的なものが有するとみてとる始源を諸実体にも適用してしまう。［E1P8S2］

たとえば落雷により一本の木が燃えはじめたとする。私たちは落雷の前にはみられなかった火が、落雷が原因となって、その結果として生じたことをみてとる。このように自然的なものにはその存在のはじまり、始源をみてとることができる。いいかえれば、或る事象が原因となって、別の事象が結果として生じることをみてとる。そしてこうした事態を実体自身の原因性に引き写すことで、「かつてなかった実体がいま在りはじめた」［NS］といわれるなら、あるいはそれ以前には実在しなかった実体が或る時点で生じるという程度の意味で、「実体は創造される」と主張されるなら、「偽の観念が真の観念になった」というに等しいとスピノザはいう。

つまり、ごく簡潔にいいかえれば、その本性に必然的に実在することが属する実体、それゆえに実在すると以外には概念されえない実体（実体についての真の観念）が、それにもかかわらず或る時点までは実在しないと概念されていた（実体についての偽の観念）ことになってしまい、「このことより背理であるものは何も概念されえない」、このようにスピノザは考えている。したがって実体には始源がない、いいかえれば、実体の実在は結果として生じたものではないと断定することができよう。だからこそ「実体の実在はその本質と同様に永遠の真理である、ということが必然的に承認されなければならない」と結論づけられたのであった［E1P8S2］。それゆえ、実体の本性がその実在の原因となって実体の実在を開始させた、とする理解は正当ではない。私たちは、自然的なものの実在のありようの考察から出発して実体の実在のありようへと議論を進めてはならない。先にみたデカルトの議論と突き合わせれば、有限な原因性から出発する実在の原因探求が真っ向から批判されているのである。前章で詳細に検討したように、スピノザは実体の実在と本質の同一性を肯定するまでに至っていた。この事態はまた、「或る本性の実在の絶対的肯定」［E1P8S1］ともいわれていた。まさにこのような事態こそが、或るものの実在の原因が当のものの本性のうちに含まれていることの内実である。

第二項　自己原因と神

神はその定義上実体にほかならない［E1Def6］。このことだけでも、ここまで実体についてみてきたことが神にも当てはまるはずである。

神、すなわち無限の属性から成る実体が必然的に実在することが証される定理一一とその第一証明を確認してみよう。以下での神の実在証明の分析は、前章第二節でみた属性の議論にくわえて、無限の属性から成る実体としての神がいかにして原因として結果を産出する実効力を備えていくのかという問いに応じる作業ともなる。

この証明は背理法をもちいることで、この定理の反対の不可能性を証明することを中核としている。その反対が不可能なのだから、神は必然的に実在し、それ以外ではありえない、という証明の手続きを踏む。つまり、神が実在しないと仮定するなら（背理法の仮定）、「実在しないと概念されうるすべてのものの本質は実在を含まない」という公理七より、実体である神の本質が実在を含まないことになる。「ところでこれは（定理七より）背理である」。みられるとおり、その本質が実在を含むもの、すなわち自己原因であるものが実体である、ということを証する定理七と、神が定義上実体であることがこの論証を支えている。それゆえここで、神は自己原因であるものとして肯定される。

ここまでの議論を踏まえれば、自らの実在の原因を自らの本性のうちに含んでいるもの、要するに自己原因であるもの（実体・神）の内実を以下のように整理できる。つまり、自己原因であるもの（実体・神）とは、その本性が必然的に実在するものであり、いいかえればその本性の実在が必然的であるもの、より正確にはその本性が実在すると以外には理解されえず、この本性の必然性とはすなわち当の本性の実在の必然性にほかならず、かくて本質と実在の必然的相即が実現されているもの、これである（「神の実在とその本質はひとつの同じものである」[33]［E1P20］）。

そして自己原因であるものの必然性は、たんなる論理的な必然性にとどまるものではない。そうではなくてさらに、ことがらそのものの必然性、「事象の必然性」[34]でもある。というのも、「或るもの（res）が必然的といわれるのは、その本質のありかたによってか、あるいは原因のありかたによって」［E1P33S1］であり、要するに必然的といわれるのは、まさにもの、ことがら、事象（すべて'res'の訳語として妥当する）にほかならないからである[35]。さらにまたここから、自己原因という原因性の内実にかんしても理解が得られる。つまり、(1)必然性の貫徹、(2)本質と実在の相即である。それぞれの論点を検討していくことで、ここまでの議論により詳細な内実を与えていこう。

第三項　必然性の貫徹・本質と実在の相即

(1)必然性の貫徹。その本性の必然性がその実在の必然性にほかならない、というのが自己原因であるもののありかたであった。ところで、公理三は「規定された原因が与えられれば、結果は必然的に帰結し、かつ反対に、もし規定された原因が与えられないとでもするなら、結果が帰結することは不可能である」（強調引用者）と、原因と結果の必然的連絡を定式化している。

「何ものも原因なしにはない」という伝統的な定式[36]のうちには、或る結果が現に与えられていることから出発して、その原因を遡及的に問う姿勢がみてとれる。自己原因へと逢着するデカルトの原因探求の議論も、まさにこうした結果から原因へという方向性のもとでなされていた。これと対蹠的に右のスピノザの公理は、あくまでも原因から結果へ、という連絡の方向性が明確に示されており[37]、しかもこの連絡のありかたは必然的である。したがって必然的に実在するもの、すなわち無限の実体である神が自己原因という名のもとで原因である以上、そこから何らかの結果が必然的に帰結する。結果の帰結も一義的に必然性に貫かれるのである。

さらにこの自己原因であるものが、何をどのような仕方で必然的に帰結するかという点について、様態の導出の開始点である定理一六がそれを明かしている。「神の本性の必然性から、無限のものが無限の仕方で（すなわち、無限知性のもとにとらえられうるすべてのものが）帰結しなければならない」。くわえてここから直接に導出される系として、「神は無限知性のもとにとらえられうるすべてのものの作用因である」［E1P16C1］と言明される。このようにして、『エチカ』においてはじめて作用因概念が登場する。

自己原因である神の本性の必然性から、無限知性のもとにとらえられうるすべてのものが帰結する。さしあたりこの帰結関係こそが、作用因と名指される原因性の内実として示されている。さらに、ここで導出される「様態」は、「他のもののうちに在りかつ他のものによって概念されるもの」という定義五の規定にくわえて、この「他のもの」（すなわち神＝実体）が「すべてのものの作用因である」と明確化されたのに応じて、まさにこの原因によって産出されるものとして、すなわち原因から生じる結果としての規定を与えられると考えるべきである[38]。

くわえてまた、こうした原因による産出の必然性は、「三角形の本性から、その三つの角が二直角に等しいということが、永遠から永遠にわたって帰結するのと同じ仕方で」［E1P17S：強調引用者］貫徹される。

私たちが三角形について考えるとき、その内角の和が二直角に等しくない図形であるとは考えない。そのような図形は端的に三角形ではない。このように三角形とその内角の和が二直角に等しいという特質は切り離すことができず、さらにこの特質を否定してしまうと三角形が三角形ではなくなるという点で、両者は必然的に結びついている。この結びつきは、その否定が矛盾を含むことになる必然真理といえる。そして、自己原因であるものの必然性はたんに論理的な必然性であるにとどまらず、ことがらそのものの必然性でもある。そうなると、いま問題としている神＝実体からの様態の帰結関係のほうもまた、たんに純論理的なものではなく、それにとどまらず結果としてのものを、「原因性によって産出される事象的な存在として」、あるいは「現実の構成要素」として産出する実効性をも備えたものであると考える必要がある。[39] この傍証としてスピノザ自身のテクストから一例を挙げれば、「与えられた最高に完全な本性から必然的に帰結した、というそのことのために、諸々のものは〔…〕神から産出されたのである」［E1P33S2：強調引用者］という表現がこれを裏づける。

したがって『エチカ』において、本質とその諸特質の必然的結びつきと、原理――そこから或るものが帰結するもとのものという意味での原理――とその諸帰結とのあいだの論理的帰結関係、さらに原因とその諸結果の産出関係が、ともに同じ必然性のもとでとらえられているとみなす必要がある。[40] 以上の論点をさらに（否定的な側面からではあるが）根拠づけるテクストが定理一七備考に見出される。

> 他の人々が考えるには、神が自由原因であるのは――彼らはそうみなしているのだが――、神が、神の本性から帰結すると私たちが語ったものども、すなわち神の権能のうちに在るものどもが生じないように、いうなら神自身によって産出されないよう実現すること（*efficere*）ができるからだという。しかしこのことは、神が、三角形の本性からその三つの角が二直角に等しいことが帰結しないように、また与えられた原因から結果が帰結しないように実現することができるというのと同じであって、背理である。［E1P17S：強調引用者］

神の本性あるいは本質から帰結するものは、本質とその諸特質の必然的結合、さらに論理的帰結関係と同一の必然性のもとで神によって産出されるよう実現される。三角形の本性からその特質が必然的に帰結するのと同じ仕方で、或る原因から必然的に結果が生じることも、「つねに同一の必然性でもって」［ibid.］実現されるのである。したがってカーリーのように、「スピノザは実体とその諸様態の原因的関係を、原理と帰結の論理的関係と或る意味類比的な仕方で考えている[41]」というだけでは十分ではない。厳密に同じ仕方で、一義的に、同一の必然性のもとで考えられているとみなさねばならない[42]。

さらにここまでの議論から作用因（causa efficiens）の内実を、或ることがらを必然的に実現する（*efficere*）実効力を有する原因として理解することができる[43]。このようにして『エチカ』における作用因概念の内実は、まさに自己原因の必然的原因性から出発して、そしてそこから出発することによってのみ理解されねばならない。

こうしてみると先にも指摘したように、『エチカ』における原因性理解に、本質と実在の包含関係や本質からの諸特質の帰結という内実を与えられる――スピノザ自身が決してこのように規定することのない――「形相因」という作業概念を外挿し、この意味での「形相因」を『エチカ』の原因性理解のモデルに据える必要などまったくないことが、あらためて確認されるだろう。たしかに原因性一般にかんする哲学史的記述を眼目とするのであれば話は違ってくるけれども、しかしそれでもなお『エチカ』における原因性解釈において、カローが「原因性の概念的母型は、形相因性の展開によって規制され」続けると結論づけるとき[44]、スピノザにおける原因概念の特異性が極端に薄められ、さらにその内実の把握にかんしても一面的な理解にとどまるといわざるをえない。あくまでこのような意味での「形相因」をスピノザ哲学に持ち込もうとするなら、この「形相因」は、ここまでみてきた自己原因から出発して考えられる、作用因の原因性のうちに統合されるという必要がある。

⑵本質と実在の相即。自己原因であるものの本質と実在の同一性が肯定された以上、デカルトの議論とは対比

的に、本質にかんする原因性と実在にかんする原因性はもはや別物ではないと考えられる。

スピノザはまさに、「神は自己原因であるといわれるその意味において、すべてのものの原因である」と語っていた［E1P25S］。私たちはいまやこの「意味」をより正確に汲みとることができる。

まず、本質と実在の必然的相即が実現されている自己原因であるものは、すべてのものの実在の作用因であるだけでなく、その本質の作用因でもある［E1P25］。したがって私たちの見とおしどおり、実在にかかわる原因性と本質にかかわる原因性は別物ではなく、この点にかんしても原因の一義性が確保される。かくてマンジーニもいうとおり、「スピノザにおける一義性は、存在の一義性というよりもむしろ原因の一義性」であり[45]、存在の一義性を語りうるのは、それが原因の一義性の帰結であることによってのみだと考える必要があろう。いずれにせよ、スコラでは（デカルトにおいてもなお）原因されるものの本質にかかわらないとされてきた作用因が[46]、本質にもかかわる原因性へと拡張されているのであり、こうした事態が可能となったのは、すべての原因性が自己原因から出発して考えられているからにほかならない。

さらにこの場面でもまた必然性が貫徹される。「神の本性が与えられれば、そこから諸々のものの本質ならびに実在が必然的に結論されなければならない」［E1P25S：強調引用者］。自己原因であるものとしての神、その本質の必然性がすなわち実在の必然性でもあるからこそ、そこから帰結するものについても、その本質と実在がともに必然的に結論されるのである[47]（この帰結するもの、すなわち様態の本質と実在についてはまた第五章で検討する）。

第四項　原因と力能

以上がここまでの議論からみえてきた自己原因の原因性の内実である。要点のみをくりかえせば、本質と実在の必然的相即が実現されている自己原因であるものは、すべてのものの実在の作用因であるのにくわえて、すべてのものの本質の作用因でもある。そして作用因はあることがらを必然的に実現する実効力を有する原因と理解されたので、自己原因である神は、すべてのものの本質と実在をともに必然的に産出する。そしてこの産出の必然性は、本質と特質の必然的結合および論理的帰結関係と同一の必然性である。

しかしながら、ここまでの議論だけでは、自己原因ならびに作用因という原因性の内実にかんする以上の帰結が、たんに推論上のもの、あるいは論理的な思考上のものにすぎず、問題となっている原因の実効性が、私たちが実在するこの現実にいわば食い込んでいないのではないか、いいかえれば、言表レヴェルの原因性理解と、もの・事象そのもののレヴェルでの原因の実効性が、いまだ乖離しているのではないか、このような疑念が依然として残るかもしれない。この疑念を払拭しうるものこそ、(3)原因性の議論と力能概念の統合という論点である。

「神の本質の必然性のみから、神が自己原因であり（定理一一より）、かつ（定理一六およびその系より）すべてのものの原因であることが帰結する。したがって、神自身とすべてのものがそれによって在り、かつはたらきをなす（agere）ところの神の力能は、神の本質そのものにほかならない」[E1P34D]。この定理三四の証明において、神が原因である（自己原因でありかつすべてのものの原因である）ことが力能概念の内実としてつかまれている。そしてここでスピノザは、こうした原因からの産出関係を、「はたらきをなす（agere）」という動詞で表現される事態としてとらえている。また別のところで彼は、「神の本性の必然性のみから、あるいは（同じことだが）神の本性の諸法則のみから、無限のものが絶対的に帰結することを〔…〕定理一六で示した」と語る[E1P17D]。さらに彼はこれに続けて、「このため神は自己の本性の諸法則のみから〔…〕はたらきをなす（agere）」と語り[ibid.]、神の本性の必然性からの帰結関係（同時に原因からの産出関係でもある）を「はたらきをなす」という表現にいいかえていることが確認される[48]。

神の本質の必然性がすなわち神の実在の必然性であることが、自己原因の内実のひとつとしてつかまれていた。それゆえ私たちが右に引用した定理三四証明において、神の必然的実在を証明する定理一一が神の自己原因性にかんして引照されている理由は明らかである。さらにこの定理一一の備考冒頭に示される第四の神の実在証明において、実在と力能の連関が明示されていることを見逃してはならない。

ここでは「実在しないことができるということは無力能（impotentia）であり、反対に実在することができるということは力能である（それ自身で知られるように）」[49]〔E1P11D3〕という公理とみなせる言明を論証の出発点として、[50]「ア・プリオリに」、つまり原因・原理そのもののありかたに立脚することで証明が進められる。

「実在することができるということは力能なので、或るものの本性により多くの事象性が適すれば、それだけ多くの〈自らに依って実在する力〉を有する、ということが帰結する。このため絶対的に無限な存在者、いうなら神は、自らに依って実在することの絶対的に無限な力能を有し、そういうわけで神が絶対的に実在することが帰結する」〔E1P11S〕。自己原因としての神の実在の必然性が、ここで「自らに依って実在することの絶対的に無限な力能」としてもとらえられていると理解すべきである。[51]

かくて力能はまず実在することの力能として措定される。さらにここで、第三章第二節でみた議論を想い起こそう。事象性ないし完全性は、或るものの本質の活動実現状態を標すものであった。したがってその各々が事象性・完全性の極大を表現する、無限の諸属性を有する実体である神の本質の活動実現状態は、無限の力を備える力動的なものとしてとらえられた。しかもこの力は、或るものが現実的に行使している力、つねに活動実現状態にある力にほかならなかった。この本質の豊かさ、力動的な活動性、この力の現実的な行使によって、そこから導出される特質が同時にまた事象的な結果としての様態であるという事態、すなわち神の本質の原因としての力能が実装されるのである。これにくわえて、神の実在の第三証明と第四証明〔E1P11D3 / S〕にかんするマトゥロンの解釈を援用することで、私たちの解釈をさらに補強しておこう。

彼によれば、この二つの証明は、右にみた公理とみなせる言明のほかに、「二つの隠然的な同定」に立脚している。第一に、「或るものの原因としての力能」と、そのものの「本質の事象性あるいは完全性の度合い」の同定である。「というのも、公理四によれば結果はすべてその原因から導出され、また或る原理から導出される諸帰結は、この原理がより多くの内容を有するほど、それだけより豊かになるので、他の条件がすべて等しければ、二つのものが〔それぞれ〕結果を産出する場合、より多くの結果を産出するのは、その本質がより豊かなもののほうであろうということは、きわめて確かだから」。そして第二に、「実在することの力能」と「原因としての力能一般」の同定、「それゆえ実在そのもの」と「結果の産出」の同定である。というのも、「他の条件がすべて等しければ、いかなる結果をも――自らを以前と同じ状態にあるように保存するという最小の結果でさえをも――産出しないようなものは、一瞬たりとも実在する手段を持たないだろう。そして逆に、もっとも多くの結果を産出するものは、自らの存在に固執するためのもっとも多くの手段を持つ」ことになると考えられるからである(52)。それゆえ実在するということは、すなわち結果を産出することにほかならない。

この点は個別的なもの、いうなら様態にかんしてもなお同様である（ただしのちにみるように、持続のもとでみられた場合には、ここに外的諸原因からの制限がくわわる）。「個別的なものどもは、神の諸属性を一定の規定された仕方で表現する様態である（第一部定理二五系より）、すなわち（第一部定理三四より）、神がそれによって在りかつはたらきをなすところの神の力能を、一定の規定された仕方で表現するものである」［E3P6D：強調引用者］。みられるとおり、属性と力能が「すなわち」という接続語によって等置されている。というのも、これもまた先にみたように、或る属性のもとでみられたものが結果を産出するはたらきの実現状態にあること、つまり力能の実現状態にあることこそが、当のものの本質、事象性、完全性にほかならないからである。個別的なものの本質については次章以降詳しくみていくことになるが、神の力能を一定の規定された仕方においてのみ表現する様態でさえ、いいかえれば、その力能が、「神、いうなら自然の無限な力能、すなわち（第一部定理三四より）本質の一部である」［E4P4D］個別的なものでさえもなお、結果を産出しつつ実在する。以上のことすべてを踏まえれば、「絶対的に無限な存在者、いうなら神は、自らに依って実在することの絶対的に無限な力能を有し、そういうわけで神が絶対的に実在することが帰結する」［E1P11S］という結論が、きわめて確かなものとなる。

先にみたように、自己原因としての神の本質の必然性、また実在の必然性にほかならないこの必然性から、必然的に結果が産出され、この産出も必然性に貫かれる。この点にいま示した議論を接続させれば、神の実在する力能はまた、同時に原因として必然的に結果を産出する力能、すなわちはたらきをなす力能（*potentia agendi*）でもあることになり、さらに自己原因としての神の本質と実在が同一である以上、神の力能は神の本質そのもの、「活動的本質（*essentia actuosa*）」［E2P3S：強調引用者］にほかならないことが帰結する。

かくて実体（神）ならびにその諸様態の本質・実在・力能は一体となる。すなわち、実在するすべてのものは、現実的に力を行使しつつ、結果を必然的に産出しつつ実在する。いいかえれば、その本質そのものが実在することの力能いうなら力であり、現に結果を産出しつつこの力を行使することで実在する、充溢した活動実現状態にある神、あるいは自然、つまり、その背後にいかなる基体も持たない純粋で無限な産出的活動性だけが実在するといわなければならない。この活動性には、その背後もないし彼方もない。それゆえまた、或る時点で実現されるまでは潜在的なままにとどまる、実現されざる可能的なものの存する余地はありえない。

「すべてのものは、神の本性が与えられれば、そこから必然的に帰結され（定理一六より）、かつ、神の本性の必然性から、一定の仕方で実在し作用することへと規定されている（定理一九より）」［E1P33D］。それゆえ、「ものどもは現に産出されてあるのとはことなる、いかなる他の仕方によっても、またいかなる他の順序によっても産出されることができなかった」［E1P33］。そして「存在するすべてのものは神のうちに在り」、かつ「神は、神自身のうちに在るものどもの原因」、すなわち「すべてのものの内在因である」［E1P18D］。つまり、無限な産出的活動性である神＝自然は、現に産出されて実在しているこの現実、決して別様ではありえないこの現実、可能性という余白のない峻厳な現実と別のものではない。力によってこそ、いわば論理（言表レヴェル）は現実（事象そのもの）へと潰れていく――このようにいうこともできよう。

さらに、このような原因性を介して産出される結果、つまり様態のほうもまた、それ自身が結果を産出する本質を持ち、それゆえ様態はたんなる「特質」という抽象的な身分をもつものではなく、それ自身が実効性を備えた事物、ものでなければならない。

このようにしてスピノザは、無限の属性から成る実体すなわち神が、原因として必然的に結果を産出する力を備え、また同時にそのことによって、この原因性を介して産出される結果、すなわち様態のほうもまた、それ自身が原因として結果を産出する力を有することを確立する。つまり、神＝実体が原因として必然的に結果を産出することを証明し、かくて必然的な産出そのもの、ことがらとしての必然性を論証することで、私たちを含めた自然世界そのものが現に産出されて実在し、かつ現に産出されてある仕方以外では実在しえないこと、そして私たち自身が結果を産出しつつ実在していること、要するに私たちが実在しているこの現実そのものの必然性と産出性を、スピノザは証明したのである。「すべてのものを必然的なものとして知解する」ことがすなわち、「すべてのものが必然的であることを知解する」ことにほかならない［E5P6 / D：強調引用者］。

以上が、前章の第二節第一項で提示したスピノザ研究史上の問題に対する私たちの最終的な解答となる。

第五項　本質・実在・力能の統合としての原因性

こうして、神の本質、実在、力能の三者が自己原因であるものの必然性のもとに統合される。したがって、神が自己原因であるといわれるその意味において、神はまたすべてのものの原因だとされるのだから、神は結局のところ、それらの本質と実在とはたらき（力能）三者の原因になると考えることができる[53]。かくてデカルトにおいては有限存在の原因性と神の原因性に同質性がなかったのに対して、スピノザにおいては両者が同じ必然性のもとで一義的なものとなるのである。

『エチカ』第一部の最後の定理は次のようにいう。「その本性から或る結果が帰結しないいかなるものも実在しない」［E1P36］。原因の必然性の貫徹という論点を踏まえたうえで、マシュレの簡潔で当を得た整理を借りれば、この定理で語られていることがらの核心は次のように整理される。「実在するものはすべて例外なく、その本性そのものが、すなわちその本質の必然性が理由となって産出すべく当の本性のうちに与えられたすべての結果を産出する、という仕方ではたらきをなす[54]」。この内実をさらに、実在するものはすべて必然的な原因である、といいかえることもできる。そしてこれこそが、『エチカ』第一部全体の帰結にほかならない。

レルケはスピノザの「唯一実体説そして必然主義」が、「存在の一義性の肯定へと帰着する」と主張するが[55]、この点にかぎってみればたしかに彼の主張は正当だといえよう。しかし彼がこの一義性の内実を、「存在の唯一の意味は必然的存在である」と定式化するとき[56]、この定式は不十分なものであるといわざるをえない。この定式のもとでは原因性の観点、そして力の観点が隠されてしまうからである。むしろ『エチカ』における存在の根本的な意味、つまり力能概念との統合を介した実在と本質の根本的な意味は、結果を必然的に産出する原因であるということなのであって、スピノザの力の存在論の根幹はまさにこの存在の力動性にこそ存するといわねばならない。

第六項　Ratio seu Causa

先にみたように、スピノザは或るものの実在の原因の所在を二つに分けていた。つまり、当のものの本性に内的であるか、外的であるか、ふたつにひとつである。この二者択一をどう考えればよいか。前者についてはここまでみてきたとおりであり、実在の原因がその本性に内的であるものは、自己原因であるもの（神＝実体）であった。次に問われるべきは、実在の原因がものの本性に外的であるとはいかなる事態を指しているのか、という点である。

この事態はまず、当のもの自身の力によって実在しはじめるのではないこと、いいかえればその実在の原因を当のもの自身のうちに探ってもそれを見出せないこと、したがってこの原因は他のものに求められねばならず、その実在が他の何ものかに依存していること、このような事態を指していると理解できよう。他方で、実在の原因がその本性に内的であるものは自己原因であり、その本質は実在を含んでいた。したがって、実在の原因が当の本性に外的であるものの本質は実在を含まないことになろう。「神から産出されたものどもの本質は実在を含まない」[E1P24] という定理は、[57] まさにこのような論理によって証明されている。

さて公理七によれば、本質が実在を含まないものは、実在しないものとしても考えられうる。ということは、神から産出されたものの実在は、たとえそれが現に実在しているとしても、実のところ実在しないこともありえたという意味で、偶然的なものだということだろうか。しかしスピノザはこれをはっきりと否定する。「或るものの実在は、その本性と定義からか、あるいは与えられた作用因から必然的に帰結する」[E1P33S1：強調引用者] のだし、「作用因の本性の必然性から帰結するものはすべて必然的に生じる」[E4Praef：強調引用者] のだから。

たしかに、神から産出されたものの本性を探ってみても、そこにはその実在の原因、なぜそのものが実在するのかを説明する（理由を与える）原因あるいは理由を見出すことはできない。けれどもその原因は当のものの外部に必然的に存する。というのも、自己原因の必然的原因性が一義的にすべてのものの産出の原因性、作用因にも適用されるために、神から産出されて現に実在しているものはすべて必然的に実在し、さらに「実在する各々のものには、そのために当のものが実在する或る特定の原因が必然的に存する」[E1P8S2：強調引用者] からである。

そしてスピノザの「原因あるいは理由」という統語は、或るものが実在しない場合、「それがなぜ実在しないのか」という点にまで及んでいた [E1P11D2]。いま現に実在していないものは、たんに実在する原因・理由がなかったがゆえに実在していないのだ、というだけでは何も言ったことにならない。これではたんなる説明の放棄である。スピノザによれば、なぜ或るものが実在しないのかにかんしても、その積極的な原因・理由が定められ

表 1

原因／理由	本性・定義のうち	本性・定義の外
なぜ実在するか（必然）	A：本性に実在が属する／本性が実在を含む［E1P11D2］	B1：作用因の本性の必然性から［E4Praef］ B2：物体的自然全体の順序から（e. g. 三角形・円）［E1P11D2］
なぜ実在しないか（不可能）	C：本性が矛盾を含む［E1P11D2］	D1：物体的自然全体の順序から［E1P11D2］ D2：当該のものを産出すべく規定された何の外的原因も存しない［E1P33S1］

ねばならない。この原因・理由は、より具体的には、或るものが「実在することをさまたげる、いうならその実在をとりさる」原因・理由である［ibid.］。そしてこの原因・理由も、ものの実在の原因がそうであったように、実在しないものの本性・定義のうちに含まれているか、その外になければならない［ibid.］。したがって可能な組み合わせには次の四つがあることになる。それぞれみてみよう（表1）。

A：その実在の原因が当のものの本性に内的というのは、ここまでみてきたように、自己原因であるもののありかたにほかならない。

B：その実在の原因が当のものに外的であるという事態は、まずその実在が作用因の本性の必然性から必然的に生じるということである（B1）。さらにこの作用因は「ものの実在を必然的に措定するが、それをとりさることはない」［E2Def5Exp］。したがって作用因が与えられれば、ものは必然的に実在する。

ではこの作用因とは何か。それは第一に神である。というのも、神はものの本質の作用因であるとともにその実在の作用因ともいわれていたのだから［E1P25］。くわえて「神は、諸々のものが実在しはじめる原因であるだけでなく、諸々のものが実在することに固執する原因でもある」［E1P24C］。さらに「外的諸原因から生じるものは、〔…〕その各々の完全性、いうなら事象性のすべてを外的原因の力に負っており、このためそれらの実在は外的原因の完全性のみにもとづいて生じ、それら自身の完全性にもとづいて生じるのではない」［E1P11S］とか、「或るものの本性には、作用因の本性の必然性から帰結するもの以外の何ものも属さない」［E4Praef］といわれるとき、当のものの本性あるいは定義にとって外的な原因、その本性そのもののうちには含まれていないという意味で外的な作用因は、さしあたり神であって、この場合神以外のすべてのものが全面的に神に依拠しているという点に焦点が当てられている。

さらに、B2によれば、なぜ円や三角形が実在するのかは「物体的自然全体の順序（ordo universae naturae corporeae）」から帰結する。たとえば「現に三角形が必然的に実在する」ことは、この順序から帰結しなければならない［E1P11D2：強調引用者］。さらに立ち入っていえば、この円や三角形を人間身体と同様の有限な延長の様態とみなすことができるなら、[58] ゲルーのいうように、この順序を「有限な原因の無限な連鎖[59]」と解釈できるだろうし、ことがらとしては佐藤一郎のいうように、「現象世界の決定根拠[60]」ということもできよう。この場合作用因は、同一属性の有限な様態、産出される様態に外的な別の様態であることになる（B1、B2の原因性、より一般的に有限様態の原因性にかんしては次章で詳しく検討する）。

けれども肝要なのは、B2においてもなお実在があくまで必然的といわれる点である。要するに、原因の必然性はあらゆる場面で一義的に貫徹されているのであって、内的な原因と外的な原因という二つの異質な原因性があるのではなく、あるいは神と有限存在とで異質な二つの原因性があるのでもなく、作用因は或ることがらを必然的に実現する実効力を有した原因という意味で、両者にとって一義的に貫徹されると考えなければならない。区別されるべきなのは、実在の原因がそれにとって内／外といわれる当のもののありかた、いうなら存在論的身分（実体／様態）なのである。ひとことでいえば、スピノザにおいて（デカルトとは対蹠的に）実在の原因は一義的である。

C：実在しないことの原因が当のものの本性に内的であるというのは、「たとえばなぜ四角い円が実在しないかの理由は、その本性がそれを示している。明らかにその本性が矛盾を含んでいるから」であり［E1P11D2］、つまりその実在は「不可能」である［EIP33S1］。というのも、「「四角い円」という概念のうちには、相互に「排除」しあう二つの相反する肯定が見出される」からである。[61] たとえば、私たちが或る対象について〈それは四角である〉と判断するとき、この判断は、その同じ対象が〈円い〉とする別の判断の同時的成立を「さまたげる」、あるいは、その判断が実在することを「とりさる」、といったようなことを考えればよいだろう。先にみたように、なぜ或るものが実在しないのか、その原因あるいは理由は、或るものが「実在することをさまたげる、いうならその実在をとりさる」ものだったのだから［EIP11D2］。

最後に、D1：実在しないことの原因が当のものの本性に外的である場合、たとえば「現に三角形が実在することが不可能」であるのは、これもまた「物体的自然全体の順序」から帰結する［EIP11D2］。この具体的な事例としては、たとえば荷車の車輪が三角形の形状ではありえないことの理由を考えてみればよい。D2：くわえてスピノザによれば、或るものを「産出するべく規定された何の外的原因も存しない」［EIP33S1］こともまた、実在しないことの原因が当のものの本性に外的である場合に属する。しかもスピノザはこの最後のケースを、ものの非在の「偶然」性（実在することもありえたのに、たまたま実在しないこと）ではなく、ものの実在の「不可能」性のうちに数え入れている［ibid.］。前章でみたように、いまだ実現されざる可能的なものという考えを、スピノザの力の存在論が排除するからである。

以上の帰結として、「それが実在することをさまたげるいかなる理由も原因もないものは必然的に実在する」［EIP11D2］。それゆえ、それが実在すること、あるいは実在しないことが未規定であるという意味でもまた、可能的なものの存在する余地はない。

第七項　絶対的合理主義

まとめよう。デカルトにおける「原因いうなら理由」という統語、そして自己原因をめぐる議論から引き出された原因性にかんする論点を箇条書きすれば以下のようになる。⑴有限存在の原因性と神の原因性はことなり、実在の原因は多義的である。⑵作用因（有限な原因性）が実在探求のモデルとなる。⑶結果から原因へという方向性のもとに議論が規制される。⑷実在にかんする原因性と本質にかんする原因性はことなる。⑸神の実在の根拠が、その本質の包括的理解不可能性（汲みつくしえない力能）へと帰される。

これに対して、スピノザにおける「理由あるいは原因」という統語、さらに自己原因をめぐる議論は以下のようになる。⑴'神と有限存在とで原因性は一義的であり、実在の原因も一義的である。⑵'有限な原因性を実在探求のモデルとすることが批判され、自己原因が実在探求の基軸となる。⑶'原因から結果へという方向性のもとに議論が統制される。⑷'実在にかんする原因性と本質にかんする原因性は同一である。

そして、⑸'本章の冒頭に引いた『エチカ』第四部序文には以下のように記されていた。「私たちが神あるいは自然と呼ぶ、この永遠で無限な存在者は、それが実在するのと同じ必然性ではたらきをなす〔…〕。というのも私たちは、神が実在するのと同じ本性の必然性によってはたらきをなすということを示したからである（第一部定理一六）。したがって、神あるいは自然が、なぜはたらきをなすのかということと、それがなぜ実在するのかということの理由あるいは原因は、ひとつで同じである」［E4Praef］。

神の実在の根拠、それがなぜ実在するのかということは、その力能とともに同じひとつの原因・理由を有している。すなわちその本性あるいは本質の必然性である。したがって『エチカ』において、原因と理由、この二つの概念の差異を問うという問いの立て方はあまり意味をなさない。さらにこの必然性の貫徹により、神にかんしても全面的に知解可能、説明可能であることが表明される。また私たちは「理由あるいは原因」という統語にかんするカローの解釈に対し、この統語を神にひきつけすぎなのではないか、それによって見失われる論点はないのかと疑念を呈していた。ここまでみてきたように、この統語は神に特権化されるわけではなく、すべてのものへと波及する。神とすべてのものにかんして、それがなぜ実在するのか、さらに実在しないものがあるとしたらそれが実在しないのはなぜなのか、その原因・理由さえをもスピノザは与える。実在の原因、その必然性の一義的徹底により、その実在が「不可能」なものにも理由を与え、説明を与えているのである。

したがって、偶然的なもの、なぜそれが実在しているのか、なぜ実在していないのかの原因・理由を特定できないものの存する余地はない。「絶対的合理主義[62]」という呼称は、まさにこのような体系にこそふさわしい。実在するすべてのものにかんして、その実在の原因・理由を見出すことができ、原理的にはすべてが説明可能、知解可能なのである。スピノザにおける必然性とは、すべてのものの説明原理であるとともに、すべてのものの唯一の様相、すべてのものがとりうる唯一の存在のありかたにほかならない。そして私たちは、『エチカ』が理解させようとした存在の内実を、結果を必然的に産出する原因であることに見定めた。この存在の力動性、その背後にいかなる基体をも持たない純粋な産出的活動性としての峻厳な現実――これはしかし生そのもの以外の何だというのか。とはいえ私たちは、ようやく生を理解しはじめたばかりである。

（1）　Lucas 1983, p. 180.

（2）　Manzini 2009, p. 227.

（3）　Ibid.

（4）　マンジーニはゲルー［Gueroult 1974］が提示した並行論解釈の一部を彼なりに整理したうえで採用している。つまり（マンジーニの説明によれば）、属性間の並行論（parallélisme extra-cogitatif）と、実在するものとそれについて私たちが有する認識のあいだの並行論（parallélisme intra-cogitatif）との二つである［Manzini 2009, p. 227］。

（5）　Cf. Gueroult 1974, p. 37 et n. 2.

（6）　ゲルーもこの二つの概念を原因と理由の理解にとりいれている。彼はとりわけ、第一部定理一六とその系一について、前者のうちにあらわれる「帰結する（sequor）」という語と、後者で語られる「作用因」という語に焦点を当て、'sequor' のほうが論理的な「帰結関係」を示し、「作用因」は「結果の産出」を示すとしたうえで、両者をそれぞれ「形相因（理由）」と「作用因（原因）」に置き換える［Gueroult 1968, p. 248, p. 250］。さらに「形相因」の規定としては、或るものの「概念の発生を可能にすることで、当のものが知解されることを可能にする」ものという理解を与えている［Gueroult 1968, p. 175：強調はゲルー］。

（7）Cf. Carraud 2002, pp. 305-306.

（8）Cf. Carraud 2002, p. 313, p. 320, p. 323, p. 326.

（9）Carraud 2002, p. 319.

（10）Carraud 2002, p. 340.

（11）Cf. Carraud 2002, p. 30.

（12）Gueroult 1970, pp. 72-73.

（13）マリオンはデカルトの公理と「理由あるいは原因」という『エチカ』第一部定理一一証明二に頻出する統語が、「同じ原理」を示していると解し、この原理の内実を次のように定式化する。実在は原因性を媒介してのみ、すなわち原因性が実在を説明する（rendre raison（理由を与える））という仕方でのみ確立され、この要求は神の実在を含め例外なしにすべての実在するものに適用される［Marion 1990, p. 229］。カローもこの「原理」にかんして同様の理解を示している［Carraud 2002, p. 304］。

（14）Ramond 1998, pp. 28-29, n. 4.

（15）Carraud 2002, pp. 261-262.

（16）Carraud 2002, p. 248, p. 262. また村上 二〇〇五、一九一頁。さらに ATVII108: 18-22, 236: 9-10, 236: 10-13 参照。

（17）Olivo 1997, p. 91. また Kambouchner et Buzon 2011, p. 13-14 さらに、Marion 1976, p. 454 参照。

（18）もちろん作用因の考察から自己原因へと逢着することになるこのデカルトの議論は、結果（神の観念を有する「私」の実在）から出発してその原因を探求する途、いわゆるア・ポステリオリな証明の文脈で語られている。この点にかんして、たとえば Rodis-Lewis 1971, pp. 291-302 参照。「「自己原因」の発見は「ア・ポステリオリ」な途を仕上げる」〔Rodis-Lewis 1971, p. 301〕。

(19) (1)'についてデカルトは、「本来的に〔作用因が〕原因というありかたを有するのは、ただそれが結果を産出しつつあるかぎりにおいてのみであり、したがって作用因は結果よりも先にあるものではない」〔ATVII108: 16-18〕、「作用因は結果を産出しつつあるかぎりでのみ原因の資格を有する」〔ATVII240: 7-8〕として、彼自身の作用因理解を置き換えようと試みもする。けれども、(2)'については、「〔作用因がその結果とは区別されるという〕他の条件もまたとりさられることができない、ということからは、〔神においては〕ただ本来的にいわれた作用因はない、とだけ推断されねばならない。この点について私は譲歩する」〔ATVII240: 9-11〕として、その困難を認めてもいる。

(20) こうした理解はたとえば以下のものにみられる。Marion 1994, p. 318, Marion 2004, pp. 115-116, Carraud 2002, p. 317.

(21) Cf. Gouhier 1962 / 1969, p. 221.

(22) 'Aition (aitia)' にかんしては、たとえば Frede 1980, とりわけ pp. 222-223 を参照。

(23) Gouhier 1962 / 1969, p. 217. また Lachièze-Rey 1950, p. 24 et n. 1 参照。なお「形相因」はスコラ的区分において「内的原因」とも呼ばれる。Cf. Suarez 1597 / 1965, Disp. 16, Sec. 1, 4. また Heereboord 1658, L. 1, Cap. 15 et 16 参照。デカルト自身も「形相因」にかんして、「アリストテレスを踏襲している」〔ATVII242: 16〕という。

(24) Cf. Carraud 2002, p. 324.

(25) Cf. Lachièze-Rey 1950, pp. 24-25.

(26) Marion 1996, p. 178.

(27) 本章注（18）参照。

(28) また引用箇所に続く、「この汲みつくしえない力能、いうなら本質の広大無辺性」〔ATVII236: 10-11〕という表現をも参照。

(29) Cf. Marion 1990, pp. 235-236, Lærke 2009, p. 184.

（30） Deleuze 1968, p. 58, p. 150. また鈴木 二〇〇五、一七一頁参照。

（31） この箇所は原典イタリック。

（32） Deleuze 1968, p. 175.

（33） 「神の実在はその本質と同様に、永遠の真理である」[E1P20C]、「神の実在は神の本質である」[Ep50, Geb., IV, p. 240: 1-2] といった表現を参照。なお Macherey 1998, p. 86 をも参照。

（34） 上野 二〇〇六、八一頁。メイソンも同様に、必然的といわれるのは、「文、言表あるいは命題」ではなく、まさにものであると主張している [Mason 2002, p. 76]。

（35） 「[…] この諸々のものの必然性は、神の永遠なる本性の必然性そのものである」という第二部定理四四系二証明をも参照。

（36） この定式の来歴については、Carraud 2002, pp. 35-41 を参照。

（37） あくまで原因から結果への方向性を貫徹することは、「目的因」にかんする理解への批判にもつながる。スピノザは次のようにいう。「この目的にかんする学説は、自然を真逆にしてしまう。というのも、実際には原因であるものを結果として考察し、また逆に〈結果であるものを原因と考えるのだから (NS)〉」[E1App]。目的因の理説では、たとえば「健康のために運動をする」というとき、健康が目的因として原因とみなされるわけだが、そのさい実際に生じている事態をみると、運動することによって結果として健康な状態になるという順序で実現されている。

（38） Cf. Gueroult 1968, p. 260.

（39） 引用はそれぞれ Gueroult 1968, p. 259, Macherey 1998, p. 146. さらに Deleuze 1968, pp. 88-90 をも参照。

（40） Cf. Macherey 1998, p. 141. マシュレはこれら三つの関係をそれぞれ「存在論的」、「論理的」、「物理的」関係と呼んでいる [cf. Macherey 1997-2, p. 8, n. 1]。また Gueroult 1968, pp. 66-67, p. 267, pp. 293-295 をも参照。

（41） Curley 1969, p. 49（強調引用者）。

（42） ゲルーも私たちと同じ理解を示している。定理一六で主眼となっているのは、神による諸様態の産出と、定義から出発して或る本質の諸特質が帰結することの関係が、「〔…〕類比ではなく、同一化」の関係であることを示すことである［Gueroult 1968, p. 294］。

（43） Cf. Macherey 1998, p. 146, n. 1.

（44） Carraud 2002, p. 341.

（45） Manzini 2011, p. 71, n. 13.

（46） たとえば、「外的原因とは、ものの本質にかかわらないものであり、作用因と目的因がある」［Burgersdijk 1626 / 1644, I, cap. 17, Theorema 1 (p. 65)］。またこの書に対するヘーレボールトの解説では、「諸原因は〔…〕内的なものと外的なものに分けられる。内的といわれるのは、原因されたものの本質に、構成諸要素としてかかわるものであり、質料と形相がそれである。外的といわれるのは、たしかに原因されたものを産出しはするのだが、けれども部分としてそれを構成しないものであり、作用因と目的因がある」といわれる［Heereboord 1658, I, cap. 15 et 16, Quaestio 3 (p. 34)］。しかしながらブルヘルスデイクが、「そこからものが無媒介に流出し、またどのような作用もなく生じるもの」［Theorema 4］を作用因の種類のひとつに数え入れ、これを「流出因」と名指し、「流出因は活動因〔作用を介して結果を原因するもの〕よりも本来的に作用因とはいわれないけれども、しかしながら他の原因の類に帰すよりも、作用因へと帰すほうがより適している」とし、さらにこの「流出因」に「実体形相が属している」というとき、作用因はすでに本質にかかわるものへとずらされているといえる［Burgersdijk 1626 /1644, p. 66］。もちろんヘーレボールトもこの理解を受け入れている［Heereboord 1658, pp. 36- 37］。こうしてみると、スピノザがもちいる「内的な」作用因［Ep60, Geb., IV, p. 271: 4］という表現は、伝統的な作用因理解からすればキマイラのような概念ではあるけれども、以上のようなオランダ近世スコラの議論の流れに照らしてみればそれほど奇異なものではないといえよう。

（47） 神が自己原因であるといわれるその意味において、神はまたすべてのものの原因であるという言明にかんして、ここまでの私たちの理解とは逆に、作用因の側から自己原因を理解する方向をとる解釈は、Lachièze-Rey 1950, pp. 33-34 また Joachim 1901, p. 53, n. 1 にみられる。前者に対するドゥルーズのよく知られた批判は、Deleuze 1968, p. 149,

n. 20 を参照。

（48）同様のパラフレーズとして、「〔…〕第一部定理一六において私たちは、神が自己自身を知解するのと同じ必然性によってはたらきをなす（agere）こと、すなわち、神の本性の必然性から（すべての人々が異口同音に認めるように）神が自らを知解すること、また同じ必然性でもって神が無限の仕方で無限のことをなす（agere）ことを示した」という第二部定理三備考をも参照。

（49）'posse non existere' を「実在しえない」［畠中尚志訳、スピノザ 一九五一（二〇〇〇）、四九頁。また Marion 1990, p. 231］と訳すのは誤りである。「実在しえない（ne pas pouvoir exister）」ではなく、「実在しないことができる（pouvoir ne pas exister）」とすべきである。

（50）この言明を公理とみなすのは、たとえば Gueroult 1968, p. 193, Matheron 2011-5, p. 585. なおこの備考の冒頭に近い箇所で語られる「同じ基礎（fundamentum）」という表現を、マシュレは「絶対的に無限な存在者としての神の定義」と理解しているが［Macherey 1998, p. 111］、これは誤りである。三つ目のア・ポステリオリな論証の出発点となっている、「実在しないことができるということは無力能であり、反対に実在することができるということは力能である（それ自身で知られるように）」という言明こそが、この「基礎」である。ゲルーはこの点を正しく理解している［Gueroult 1968, p. 199］。

（51）したがって私たちは、この「絶対に無限な実在する力能」が「自己原因の内実としてここで〔定理一一備考で〕摑まれて」いるという鈴木泉の解釈に与するが、『エチカ』において神が自己原因であることに「力能（potentia）」概念は用いられない」という大野岳史の解釈には賛同できない。それぞれ鈴木 二〇〇五、一七〇頁、大野 二〇一三、九一頁。なお「神の力能と本質の同一性は、自己原因によって証明される」とするレルケの解釈をも参照［Lærke 2009, p. 179, p. 181］。

（52）引用はすべて Matheron 2011-4, p. 574（強調はマトゥロン）。

（53）スピノザは「神自身とすべてのものがそれによって在り（esse）、かつはたらきをなす（agere）ところの神の力能」という表現をもちいていた［E1P34D］。神がすべてのものの本質と実在とはたらき三者の原因であることを踏まえれば、『エチカ』において「在る」ないし「有（esse）」という表現は、さしあたり基本的には、本質と実在双方を含意していると考えることができるだろう［cf. Macherey 1997-1, p. 350］。そして「有（esse）」は動詞の不定形として、活動性そのものを示していると考えられた（第三章注（51）参照）。それゆえ「有」はより正確には、本質・実在・はたらき三者を含んでいると理解できる。さらにここまでの私たちの議論から、『エチカ』第一部定理一六の「帰結する（sequor）」というのは、佐藤一郎もいうように、ものの実在、本質、はたらき三者の原因を指しているとみるべきである［佐藤 二〇〇四、一一頁］。なおマシュレが指摘しているように、スピノザは「はたらき」にかんして'agere'と'operari'を区別してもちいているように思われる［Macherey 1998, pp. 51-53］。第一部定義七では、「強制されたもの」が、「一定の規定されたありかたで実在することと作用すること（operandum）へと規定される」ものと定義され、「自らの本性の必然性のみから実在し、かつ自らのみによってはたらきをなす（agere）ことへと規定される」「自由なもの」と区別される。ただしもちろん、人間精神の自由と能動性が問題になるときには、強制・作用（operari）から、はたらき・能動（agere）への用語の移行がみられる［cf. E3Def2 / E4Def8］。

（54） Macherey 1998, p. 203（強調引用者）.

（55） Lærke 2008, p. 786.

（56） Ibid.

（57） ここでの「神から産出されるもの」というのは、したがってその本質が実在を含むもの（神＝実体）と対置させられるすべての様態、つまり無限様態と有限様態を含めたすべての様態と解されるべきだろう。これは定理二五における、神がその本質と実在双方の原因といわれる「もの」についても同様である［cf. Macherey 1998, p. 172, 佐藤 二〇〇四、七頁］。

（58） Cf. Carraud 2002, p. 333. またマシュレはこの円や三角形を、「いまここに実際に描かれた三角形の図形」と解しているが［Macherey 1998, p. 104］、私たちもこうした理解に同意する。

（59）　Gueroult 1968, p. 188. なお第五部定理六証明には「諸原因の無限な連関（nexus）」という表現がみられる。
（60）　佐藤　二〇〇四、六二頁、注（47）。
（61）　Lærke 2008, p. 787.
（62）　Cf. Gueroult 1968, p. 9, p. 12, Rousset 1968, p. 12.

第五章　個別的なものの実在と本質

私たちは第一章から第二章にかけて、スピノザ形而上学の生成を跡づける出発点となるテクストを『改善論』に定め、そのテクストの多層性を示し、この生成を見届ける地平を切り開いた。スピノザ形而上学の生成をうながした問題、それは個別的なものの本質と実在の連関の問題、さらに両者の原因性の問題である。第一章で検討した確実性の問題は、この本質と実在の問題の一分枝にすぎなかった。そして第二章でみたように、個別的なものの本質と実在をともに包括的に、しかも原因性の観点からとらえること、これが『改善論』の後半でスピノザがとりくもうとしていた課題であった。

この課題は『改善論』冒頭に記されていたスピノザの生をめぐる志向に対応している。つまり、「一般生活において通常みられる」ような「空虚で無価値な」もの、それを手に入れるという点では「確か」といわれえても、しかしその本性上「不確実」なものを求めるのではなく、むしろ「それを見出しまた獲得することによって、私が絶えざる最高のよろこびを永遠に享受することになろう或るもの」を探求するという志向である［TIE1］。そしてこうした文脈のもとで、「確固永遠なるもの」についてのスピノザの議論にみられたのは、可変的で滅びやすい私たち自身と私たちをとりまく自然のうちなる個別的なものどもが、それでもなお確固とした永遠不変なるものに根ざしていること、より正確にいえば、「変化する個別的なものども」が、その原因としての「確固永遠なるもの」に、その実在にかんしても本質にかんしても基礎づけられていること、これを示そうとする彼のねらいであった。定めがたいと思われる私たちの生のただなかに、そしてそこにこそ、恒久的で永遠なる生もまた実現されていることを示すこと。スピノザ形而上学の根本動機はまさにこの点に存する。

けれども『改善論』では、この「確固永遠なるもの」がいかなる仕方で個別的なものどもの本質と実在の原因となるのか、さらに個別的なものの可変的な実在がいかにして永遠不変な実在に結びついているのか、これらを総合的に説明する議論は不在であった。第三章から前章にかけて検討した『エチカ』冒頭の実体の議論、ならびに力能概念を導入する属性の議論と神の実在証明、そしてこれらに連動して展開される原因性の議論こそが、第六章で検討するように、まさに個別的なものそのものの永遠性にかかわっていくことで、こうした課題に応答を与えることになる。

第三章で詳細に検討したように、『エチカ』第一部定理八備考二までの諸論証を介して、実体の実在と本質の同一性が肯定されるに至る。さらに神は、その各々が一定の活動実現状態にある本質、すなわち一定の完全性、事象性を表現する無限の諸属性から成る実体である。そして、「完全性はものの実在をとりさることなく、むしろ反対にこれを措定」[E1P11S]し、さらに、「無限であるということは、或る本性の実在の絶対的肯定である」[E1P8S1]。このため「どのようなものの実在についても、絶対的に無限な、あるいは完全な存在者、すなわち神についてより確実ではありえない。というのも、その本質はあらゆる不完全性を排除し、かつ絶対的な完全性を含むので、まさにこのことにより、〔神の本質は〕神の実在について疑う理由の一切をとりのぞき、かつその実在について最高の確実性を与える」からである[E1P11S]。神＝実体の本質と実在が同一であること、これが『エチカ』の体系全体の真理の基盤、真理の領野そのものを措定するものであった。

いま引用した箇所に明確に示されているように、確実性は神＝実体の実在についても語られている。私たちが第一章でみてきたように、『改善論』での確実性は、何であれ対象そのものの本質を、別様ではありえない仕方で、つまり対象そのものの本質がそれ自身においてあるとおりに、認識する者がとらえる点に存しており、対象の実在は度外視されていた。ところが『エチカ』ではいま確認したように、確実性は認識されるもの（ここでは神＝実体）の実在にまで及んでいる。くわえて神の実在はその本質にほかならないのであった。したがって少なくとも神＝実体にあっては、確実性は本質と実在をともにその射程のうちに入れているということができる。

ここまではよい。けれども右に確認したように、『改善論』の後半でスピノザがとりくんでいたのは、個別的なものの本質と実在をともに包括的にとらえることであった。しかもそのさい、原因性に重要な役割が付されていたわけだが、しかし『改善論』では、変化する自然的なものどものあいだの原因性と、確固永遠なるものという原因の系列がいかなる関係にあるのか、この点が明確にされることはなかった。それゆえ、『エチカ』においてスピノザがこの問題についていかなる応答を与えているのかを論究しなければならない。そのさいまず議論のポイントとなるのは、無限な原因と有限なものの関係である。

スピノザは『エチカ』第一部冒頭において、実体、属性、様態等の定義を提出し、それらと公理をもちいた諸論証を介して、まず実体と属性の内実を詳細に定めていき、定理一一に至って無限の諸属性から成る実体としての神の実在を証明した。ここからさらに定理二〇までの諸論証を介して、神が自らの本性の必然性から、無限のものを無限の仕方で必然的に産出する力能を有するものであることが示され、原因性の原理的な側面が定められる。これ以降定理二一から二八にかけて、この原因性の結果の側がどのような仕方で産出されるか、いいかえれば様態にかかわる原因性が提示される。そして個別的なもの(1)にかんする決定的な規定が与えられるのは、まさにこの定理群のただなかにおいてである。ところがこの様態の産出ないし原因性を扱う定理群にもまた、スピノザ解釈史上のいくつかの争点が含まれている。本章ではまず、『エチカ』における個別的なものの身分を精確にとらえるために、こうした争点のなかでとりわけ有限性の問題に焦点を絞って考察していこう。

第一節　個別的なものの実在——有限性の問題

まずスピノザは定理二一から二三にかけて、テクスト上明白に「無限」といわれる様態（いわゆる「直接無限様態」［E1P21］と「間接無限様態(2)」［E1P22］）について語る。そののち定理二八においてこれまたテクスト上明白に「有限」といわれる様態に言及する。

定理二八証明の要点は以下である。まず「有限であり規定された実在を有するものは、神の或る属性の絶対的本性から産出されることができなかった。というのも、神の或る属性の絶対的本性から帰結するすべては、永遠かつ無限だからである（定理二一より）」。すなわち、有限様態は「神の或る属性の絶対的本性から」帰結しない、いいかえれば「神の或る属性の絶対的本性から」帰結する直接無限様態［E1P21］ではない。次に、およそ〈在るもの〉は実体と様態に尽くされ（公理一、定義三、定義五より）、また様態は（実体の）属性の変状にほかならないため、問題となっている（有限）様態は、別の様態に変状したかぎりでの属性から帰結しなければならない。しかし永遠かつ無限である様態に変状したかぎりでの属性からは帰結しない（定理二二より）。すなわち直接無限様態からは帰結しない。いいかえれば有限様態は、直接無限様態から帰結する間接無限様態［E1P22］でもない(3)。したがって、或る有限様態（m1）は、他の有限様態（m2）に変状したかぎりでの属性から帰結しなければならない。さらにまたm1の原因であるm2もまた同様に有限な別の様態（m3）から規定されねばならず、このようにして無限に進行する。

以上を要するに、有限性は無限なものから帰結せず、有限なものは同様に有限な他のものから規定されなければならない。さらに有限なもののあいだのこの原因性には、絶対的な開始点もなければ終着点もないこともみてとれる。くわえて『エチカ』では、「いかにしてただひとつの有限様態が、神、神の属性、神の無限様態から帰結しうるのか、この点についての説明は与えられない(4)」。

このような有限性について、ライプニッツがすでに簡潔にその問題点を指摘している。「〔…〕有限で時間的なものどもは、無限な原因から直接に産出されず〔すなわち直接無限様態ではない〕、〔定理二八〔にしたがえば〕〕他の個別的で有限な諸原因から産出されるのである。しかしそれらは結局いかにして神から生じるのだろうか。というのも、この場合神から媒介された仕方でも生じない〔すなわち間接無限様態でもない〕からである。なぜなら〔有限をめぐる原因性にあっては〕、有限による有限の産出にしか至りえないだろうから」(5)。

まとめよう。無限様態についての議論〔E1P21-23〕でスピノザが語っているのは、その要点のみをいえば、無限なものは無限なものからしか帰結しないし、産出されないということである(6)。他方有限なものもまた有限なものによってのみ原因される(7)〔E1P28〕。かくて無限なものの原因と有限なものの原因ははっきりと分断されてしまうようにみえる。このような事情もあり、E・ジャンコッティは、「スピノザ哲学におけるひとつの重大な問題は、無限からの有限の「導出」の欠如であると思われる」と語っている(8)。もしこのように有限なものの導出が欠けているとするなら、個別的なものであり、自然の一部であり、したがって有限であると考えられる人間が〔cf. E4P4 / D〕、それでもなお「永遠である」〔E5P23S〕ことを示し、こうした議論を介して人間を至福へと導くという『エチカ』の意義そのものが消失してしまうのではないか。「有限な現実（Wirklichkeit）には何ものもなく、これはいかなる真理性をも持たない」ことになり、「無世界論」が帰結してしまうのではないか(9)。

この問題への応答の鍵は、定理二五系の個別的なものの規定にある。以下ではこの系の解釈を中心に有限性の問題を検討していこう。

第一項　個別的なものと無限性

定理二五系は次のようにいう。「個別的なものどもは、神の属性の変状、いうなら様態にほかならず、それによって神の属性が一定の規定された仕方で（certo et determinato modo）表現される」。ここでの「一定の規定された仕方で」という表現は、たしかに一見するとこれだけで有限性を示唆するものとも思える。[10] そしてこの系は、先に触れたように明白に無限といわれる様態が語られる定理二一―二三と、明白に有限といわれる様態について語る定理二八のあいだにはさまれている。さらに、多くの解釈者たちは定理二四以降が有限様態についての議論であるとみなしてきた。[11] くわえて個別的なものは、定理二八で「有限であり規定された実在を有するもの」といいかえられ、また第二部定義七では個別的なものがこれとほとんど同じ表現によって定義されている。こうした複数の事情が絡んで、問題としている系の規定が即有限性に短絡されてきたのだと思われる。[12]

しかしながら、こうした解釈に真っ向から反対するかたちで、佐藤一郎は、「定理二十五の系は無限様態としての個物〔私たちの表現では個別的なもの〕の規定」である［九―一〇頁］[13] と述べ、さらに限定して「間接無限様態は個物でなければならない」［一二頁］というきわめて特異な解釈を提示している。[14] とはいえ「個別的なものは必然的に有限なものである」とはっきり主張する解釈も存し、[15] さらに『エチカ』のテクスト内で個別的なものが無限であると明示されている箇所を見出すこともできないため、以下では「間接無限様態と有限な個物が存在者としては同一物である」［一七頁］と主張し、個別的なものに無限性を付与しようとする佐藤の議論を検討していこう。[16] この作業は問題としている第一部定理二五系の規定、つまり個別的なものの身分の解明、さらには有限性の問題の解明にもつながるはずである。

まず佐藤は二つの原因性を峻別する。定理二一―二三が提示する「属性の絶対的本性から直接にあるいは間接に生起する」原因性（ci）と、定理二八が提示する「それぞれが同時に原因でも結果でもある個物の無際限に聯なる連環」（cii）である［三頁、なお「ci」、「cii」という表記は佐藤のもの］。ciのより詳しい内実は、「属性を原因とする一対一の因果関係」であり［六頁］、ここで様態一般は「属性の絶対的本性との関係で考えられる場合に限って無限性と永遠性をもつ」［ibid.］。つまりciは「様態の無限性と永遠性を可能にする制約」である［ibid.］。そのうえで佐藤は、定理二五系の個別的なものの規定を、こうした属性を原因とする「一対一の決定関係であり、個物の存在はここでは何からも限定を受けない」と解釈する［九頁：強調引用者］。他方で有限性は、「同じ類の（つまり同じ属性によって考えられる）他の個物によって限定されること」から生じるため［三五頁］、他の何ものからも限定を受けないと解釈された個別的なものは、（当該系においては）無限性の条件を満たす。すなわち個別的なものは「ciを構成する要素」であり［一〇頁］、問題の系は「無限様態としての個物の規定である」［九―一〇頁］。かくて個別的なものはciとcii双方に含まれることになり、無限をめぐる原因性と有限をめぐる原因性は、こうした個別的なものの位置づけによって「連続性をもつ」といわれ［一二頁］、両原因性の断絶が回避される。つまり個別的なものは「〔ciとciiという〕二つの因果性の両方から同時に決定されている」［四六頁］が、無限性の条件となる「ciの制約を取払ってみられる場合には」［一六頁］、「ciiで他の個物から限定を受けて有限になる」［一九頁］。佐藤はおよそこのようにして有限性の問題を解消しようとする。

さて以上のように整理してくると、佐藤の解釈のポイントは、ciにおける産出の単独性と、ciiにおけるその多数性によって個別的なものの無限性と有限性を区別する点にあると考えられる。私たちのこの理解は佐藤自身の以下のことばによっても確かめられる。ciではひとつひとつの個別的なものが、つまり「当の様態だけが〔…〕生起し、これを限定しうる他の様態の存在が同じciの裡には認められない」［六二頁、注（46）：強調引用者］。すなわちciでは、「物は多のなかで考えられ」ない［三五頁］。先に引用した「一対一の因果関係」［六頁］という表現はまさにこうした事態を示していると考えられる。他方でciiでは、同じ個別的なものは「多のなかでしか考えられ」ない［三五頁：強調は佐藤］。そのうえで佐藤は定理二五系をciとして読み、個別的なものに無限性を付与するのである。

さて、こうした佐藤解釈を批判的に検討するにあたって、まず私たちは個別的なものが単独で属性から帰結しうるかどうか、いいかえれば定理二五系がciを示すものでありうるかどうかを考察する。というのも、佐藤はまさにこの産出の単独性を根拠にして個別的なものに無限性を付与しようとするからである。さらに、佐藤が様態の無限性の条件とする「属性の絶対的本性」から帰結するという表現と［五頁］、この系における「神の属性が一定の規定された仕方で」表現されるという言明には、無視できない差異があるように思われるが、彼自身はこの差異に注意を向けていないからである。以下ではこれらの表現の差異を『エチカ』のテクストにそくして明確にしよう。

第二項　無限なものの単独性と個別的なものの多数性

(1)まず「絶対的」という表現を考えてみよう。「絶対的に（absolute）」という副詞は、スピノザによって多くの場合、ラテン語の原義に忠実に〈或るものそれ自身のみによって、他の何ものの助けも借りず〉という意味でもちいられる。[17] たとえば第二部定理四八では、「絶対的な」という形容詞が「自由な」といいかえられており、「自由」といわれるのは「それ自身のみによって」規定されるものにほかならない［E1Def7］。これを念頭において、直接無限様態が「属性の絶対的本性から」帰結することの内実を、思惟属性における直接無限様態として提示される「神の観念」［cf. E1P21D］の導出を扱う第二部定理三を中心に検討していこう。

その証明は、思惟が神の属性であるという第二部定理一に立脚しており、さらに同部定理五証明ではこの定理三が、「神が思惟するものであることのみから」、いいかえれば思惟が神の属性であることのみから証明された次第が語られている［E2P5D］。つまり、思惟の直接無限様態とされる「神の観念」は、たんに思惟属性のみから、その他の何ものをも必要とすることなく直接に、すなわち他の何ものにも俟たず導出されるということであり、「属性の絶対的本性から」帰結するというのはまさにこのことにほかならない。

これを踏まえて第一部定理二一の証明をみると、直接無限様態の無限性を証明する前半部では、属性の絶対的本性から帰結する当の無限様態のみが、それだけで単独で帰結し、かつそれ以外には決して何ものも帰結しえないことが示されている。[18] そして間接無限様態について語る定理二二の証明は、「前定理と同じ仕方で進められる」といわれるだけであるから、その無限性の証明は定理二一証明と同じく、直接無限様態に変状したかぎりでの神の或る属性から当の間接無限様態だけが単独で帰結し、かつそれ以外の何ものも帰結しえないという点に求められなければならない。そのうえで、間接無限様態が「属性の絶対的本性から」帰結するといわれないのは、属性のみではなく直接無限様態をも介さなければならないためだと考えられる。以上の議論から、無限様態の無限性は、その産出の単独性、すなわち当の様態を限定する同一次元の他のもの（「同じ本性の他のもの」[E1Def2]）がありえない点に求められる。

なお細かいけれども見過ごしてはならない重要な点にかんして付言しておけば、「属性の絶対的本性から帰結する」といわれるのは、『エチカ』のテクスト上直接無限様態にかぎられる。[19] たしかに定理二三証明では次のようにいわれる。「〔…〕必然的にかつ無限なものとして実在する様態は、神の或る属性の絶対的本性から帰結しなければならない。そしてこのことは、直接的にか（これについては定理二一）、あるいは属性の絶対的本性から帰結する或る様態、すなわち（前定理〔定理二二〕より）必然的にかつ無限なものとして実在する或る様態によって媒介されてなされる」[E1P23D]。この箇所だけをみると、直接無限様態も間接無限様態もともに属性の絶対的本性から帰結しうるように読めてしまうが、しかしジャンコッティが正当に指摘しているように、この記述は、それが含まれる証明全体がまさに証明しようとしている当の定理二三から「切り離されえない」[20]。この定理では「必然的にかつ無限なものとして実在するすべての様態は、神の或る属性の絶対的本性からか、あるいは必然的にかつ無限なものとして実在する様態的変状に様態化した或る属性から、必然的に帰結しなければならない」と語られており[E1P23：強調引用者]、属性の絶対的本性から帰結するのは明らかに直接無限様態のみである。またこの定理の証明が参照している定理二一と二二のテクストにおいても、属性の絶対的本性から帰結するのは直接無限様態だけである。佐藤も一方ではこの点を正確にみてとっているにもかかわらず［二七頁］、他方で「属性の絶対的本性から生起することが様態の無限の条件」［五頁］とも語っており（もしそうだとすると、間接無限様態は無限とはいえなくなってしまう)、一貫していないように思われる。

(2)次に「一定の規定された仕方で」という表現を検討しよう。第二部定理一証明では次のようにいわれる。「諸々の個別的な思惟、いうならこのあるいはあの思惟は、神の本性を一定の規定された仕方で表現する様態である(第一部定理二五系より)」[E2P1D:強調引用者]。ここまでの議論との関係で重要な点のみをいえば、強調部が示すように、神の属性を一定の規定された仕方で表現する個別的なものには、そもそも多数性が含意されていることに留意する必要がある(ここで参照されており、また私たちが検討している第一部定理二五系を注意してみれば、「個別的なもの」はすでに複数形で記されている('Res particulares ... sunt ...')ことに気付く)。さらに第一部定義七では、「他のものから一定の規定されたありかたで実在することと作用することへと規定されるものは、〈必然的〉、より正確には〈強制された〉といわれる」[E1Def7:強調引用者]とされる。

つまり、「個別的なものどもは、神の属性の変状、いうなら様態にほかならず、それによって神の属性が一定の規定された仕方で表現される」と言明する定理二五系は(強調引用者)、個別的なものが無限様態とはことなり、それだけで単独に帰結するのではなく、それ自身とはことなる他の多数の個別的なものもまた同時に帰結しうることを示していると考えるべきである。

このように或る個別的なものはつねに、当のものを限定する他のものを含む多数のものとともに産出される。そうなると、佐藤によればciではものは多のなかで考えられず、当の様態を限定しうる他の様態の存在が認められなかったのだから、個別的なものは無限性をもたらすこのciを構成する要素ではないことになる。そういうわけで、以上(1)と(2)の考察から、定理二五系で示される個別的なものは無限ではありえないことが帰結する。

(3)ところで佐藤は、個別的なものを間接無限様態と同定し[一二頁、二八頁]、「間接無限様態と有限な個物が存在者としては同一物である」[一七頁]と主張していた。この点にかんしてはしかし、佐藤がciとciiの峻別についての議論の出発点とする定理二八の証明が端的に反証を示しているように思われる。というのもそこでは、本節冒頭でみたように、有限なもの（個別的なもの）が間接無限様態ではないことが論証されているのだから。

ところで、個別的なものが間接無限様態ではありえない、つまり直接無限様態から帰結しえないことの具体的な内実を、J・ベネットはおよそ次のように例示している。直接無限様態は「つねにかつ無限なものとして実在する」［E1P21］と規定されるわけだが、もし個別的なもの（個々の雷鳴）がこの直接無限様態（自然の法則）から、当のものを限定する他の何ものもなしに単独で必然的に帰結するなら、「雷鳴はいたるところでつねにとどろくことになるだろう(21)」。これは明らかに不自然である。そしてこの不自然さは、個別的なものが無限という規定を受けるさいのそれでもある。

(4)次に個別的なものがそもそも無限という規定を受けうるのかどうかを、さらに別の観点からも検討してみよう。第四部定理四証明では、個別的なものである人間が、「必然的につねに実在し」、したがって「無限である」ことが、証明を介して否定されている［E4P4D］。また第二部定理一一証明では、「無限なものは（第一部定理二一と二二より）つねに必然的に実在しなければならない」が、「自然の順序によって、このあるいはあの人間が実在することも、実在しないことも、同様に生じうる」［E2Ax1］のだから、人間について無限を語ることは背理であることが論証される［E2P11D］。したがってこの観点からしても個別的なものは無限ではありえない(22)。

かくて個別的なものが無限ではありえず、佐藤のいう ci から排除されるなら、ci と cii、つまり無限なものをめぐる原因性と、有限なものをめぐる原因性は完全に分断されてしまうのではないだろうか。そもそも佐藤が個別的なものをあえて間接無限様態として読もうとした理由の一端は、この原因性の分断に対する危惧に応じようとしてのことであった［四頁、一二頁、五五頁、注（18）参照］。私たちは有限性の問題に舞い戻ってしまったのだろうか。

否である。ここまでの佐藤解釈の検討を介して、私たちはいまや『エチカ』における様態の有限性の理解にとって重要な諸論点を手にしている。以下ではこれまでの議論を踏まえて、定理二五系の個別的なものの規定の内実を再検討していく。

第三項　個別的なものの実在と有限性

定理二五系に先立つ定理二五備考は次のように語っていた。神の本性の必然性から、無限のものが無限の仕方で帰結しなければならないという定理一六から、「神の本性が与えられれば、ものの本質と実在が必然的に結論されなければならない。そして一言でいえば、神が自己原因であるといわれるその意味において、神はまたすべてのものの原因であるといわれなければならない。このことは次の系からいっそう明晰に確証されるだろう」[E1P25S]。

ここでまずおさえておくべきなのは、個別的なものが、神から必然的に帰結する「無限のもの」、「すべてのもの」のうちに含まれ、さらに、私たちが問題としている個別的なものの規定［E1P25C］が、神の必然的原因性、より正確には、神の本性からすべてのものの本質と実在が必然的に原因されることを確証するとされる点である。次におさえておくべきなのは、この一連の議論には有限性にかんする言及がまったくないという点である。したがって定理二五系は以上の点を踏まえて次のように理解される。属性の様態という存在論的身分を持つ個別的なものの本質と実在が、神の本性から必然的に産出されること、問題の系はまさにこの点のみを示しているのであって、有限性を規定しているのではないと考えねばならない。

定理一六から帰結するこの個別的なものの原因性は、次章でより詳しく論じていくように、『エチカ』ののちの行程においてきわめて重要な役割を果たすことになる。なぜなら、以上の原因性こそが個別的なものの――無限性ではなく――永遠性をもたらすからである。この点をあらかじめ手短に示しておこう。

スピノザはいう。この原因性によって必然的に帰結するとされる個別的なものの実在は、「神の本性の永遠なる必然性から、無限のものが無限の仕方で帰結する（第一部定理一六をみよ）がゆえに個別的なものどもに帰される実在の本性そのもの（ipsa natura existentiae）」［E2P45S］であり、これは個別的なものを、「神のうちに含まれ、かつ神の本性の必然性から帰結する」ものとして理解するということである［E5P29S］。そしてこのようにして理解することこそが、個別的なものを「永遠の相のもとで」理解することにほかならない(23)［ibid.］。

このように問題の系の規定は、第一に、先にみたように個別的なものが他の多数のものとともに神から産出されること、そして第二に、この原因性が個別的なものの永遠性をもたらすことを示しているのであって、「有限」様態の導出を画しているのではないと理解されるべきである。しかも以下で述べるように、『エチカ』ではそもそも「有限」様態の導出など語られていないと考えられる。だがそうなると、有限性はいったいどこから生じることになるのか。

第四項　個別的なものの相対的な存在性格としての有限性

神はすべてのものの原因として、結果であるものを産出する［cf. E1P16 / C1］。そして神が産出するすべてのものに含まれる個別的なものは多数性を有していた。ここまでの議論を踏まえて定理二八証明をみてみよう。「なんであれ個別的なもの、いうなら有限であり、かつ規定された実在を有するものは、これもまた有限であり、かつ規定された実在を有する他の原因から実在することと作用することへと規定されるのでなければ、実在することと作用することに規定されることができない。そしてまた今度はこの原因のほうも、これまた有限であり〔…〕。そして同様に無限に進む」。このように「これもまた」、「そしてまた」という表現の繰り返しによって、有限なもののあいだの必然的相互規定が表されている。

実在するすべてのものから或る結果が帰結する［E1P36D］。それゆえ他に作用を及ぼすことがなく、また他から作用を被ることのない不活性なものは存在しない。したがって同じ本性の他のものがつねに実在する多数性のもとでは、必然的に相互規定が生じることになる。こうした多数性と相互規定の絡み合いが意味するのは、或る有限なものが、それ自身結果を産出する原因であるとはいえ、単独では何らかのものの原因ではありえず、各々の有限なものすべては同時に原因でありかつ結果であるという因果関係に必然的に巻き込まれているということである。(24) さらに個別的なものは属性の様態であった。つまり思惟属性のもとでは思惟の様態として、延長属性のもとでは延長の様態として原因される［cf. E2P1D / E2P5D / E2P6］。

ここまで踏まえれば、まさに有限性を定義する第一部定義二の次の表現の含意がみえてくる。「同一本性の他のものから制限されうるものは、自己の類において有限であるといわれる（Ea res dicitur in suo genere finita, quae ...）」［E1Def2］。つまり、関係詞'quae'以下の条件（「同一本性の他のものから制限されうる」）を満たすものが、いいかえれば'quae'以下の観点からとらえられたものが、自己の類において有限であるといわれるのである。そして「同一本性」、「自己の類において」という表現は、同一属性のもとで、という意味にほかならない。(25)

以上を総括すれば、神から産出される個別的なものは、神からそれぞれが独立に、つまり個別的なもののひとつひとつが有限なものとして産出されるのではなく、それらの多数性と同一属性のもとでの相互規定によってはじめて有限であるといわれる、ということである。つまり有限性とは、多数性と相互規定の連関のなかでとらえられるかぎりでの個別的なものの存在性格にほかならないのであって、それ以上でもそれ以下でもない。いいかえれば、有限性は或る関係のもとでのものの相対的な把握にすぎず、ものの本性を積極的に規定するものではないし、また有限性そのものが神（無限なもの）から導出されるのでもない。したがって「いかにしてただひとつの有限様態が帰結するのか」という問いの立てかたはそもそも有効ではなく、それゆえまた「有限」様態の「導出」など『エチカ』には存在しないといわなければならない。要するに、様態の導出の問題と個別的なものの存在性格としての有限性の問題を区別して思考すべきだということである。

以上の理解は別のテクストの解釈からも補強できる。スピノザはいう。「有限であることは或る本性の実在の部分的否定であり、無限であることはその絶対的肯定である」［E1P8S1］。そして第一部定理八証明は、「同一属性を有する」ことと「同じ本性を有する」ことを等置しており、また属性は神の本質を構成すると「同時にその実在を構成する」ものでもある［E1P20D］。それゆえ同一属性のもとでの部分的否定が、有限性の内実になると理解できる。つまり、たとえば延長属性のもとで、或る物体Aは、他の物体Bではなくさらに別の物体Cでもない、という仕方で否定によって理解される（「〈規定されている（determinatum）〉ということは、何ら積極的なものではなく、規定されていると概念されるものの本性の実在のたんなる欠如である」[26]［Ep36, Geb., I, p. 184: 12-14］）。そして部分的否定とは、逆にまた部分的肯定でもあるわけだが[27]、これはつまり或る物体が、他の物体ではないという仕方で否定されるにせよ、それでも延長するものとして延長属性のもとで肯定されるということである[28]。かくてこの論点からしても、有限性は個別的なものの多数性と相互規定においてのみとらえられるのである。

さらに、有限性がこのように理解されるからこそ、有限といわれる個別的なものが無限の一部であることが（全体としての自然いうなら宇宙の本性は「絶対的に無限」であり［Ep32, Geb., IV, p. 173: 5-6］、私たち人間は「自然全体の一部である」［E4P4 / E4App32］）、有限の寄せ集めによって無限（無際限）を考えるという背理に陥ることなく理解される。というのも、無限な全体こそが積極的で純粋に肯定的なものなのであって、有限性はたんにその部分間の相互的な部分的否定にすぎないからである。そして有限性とその内実をなすこの部分的否定は、個別的なものの多数性と相互規定からの相対的な帰結以上のものではない。このようにみてくると、有限を「無限と無のあいだの中間物」として、ないし「無限の格下げ」としてとらえる立場とは違った位相にスピノザは立っているのである[29]。

とはいえここまでの議論が示すとおり、個別的なものは、その相対的な存在性格にかんしては、無限な全体の一部として必然的に有限であらざるをえない。くわえて、有限性を語ることを可能にするこの原因性の枠内では、個別的なものは、「或る時には実在しなかった、あるいは或る時には実在しなくなるであろう」といわれる実在［E1P21D］、つまり「規定された実在」を有する［E1P28］。第二部定義七で個別的なものが「有限でありかつ規定された実在を有するもの」とあらためて定義されるのは、『エチカ』の第二部以降では個別的なものが、右にみてきた多数性と相互規定の連関のただなかで考察されていくからにほかならない。

＊

ここまでみてきたように、有限性は個別的なものの他のものとの関係のもとでみられた相対的な存在性格にすぎず、他との関係を離れた個別的なものの、この意味での絶対的な性格を規定するものではない。では個別的なものの絶対的、積極的な規定とはどのようなものだろうか。私たちは有限性が実在の部分的否定であることを確認してきた。そうなるとこの絶対的、積極的な規定は、実在の肯定性のうちにこそ見出されるのではないか、このような見とおしが立てられる。そういうわけで次に問われるべきは、個別的なものの積極的な本性あるいは本質の身分とその内実、そして個別的なものの肯定性である。

第二節　個別的なものの本質

ヘーゲル以降しばしば、『エチカ』の体系では様態として規定される個別的なものが唯一実体のうちに回収され、それゆえ個別的なものの個別性もまた担保されることがなく、結局のところ無に帰すると考えられてきた。「スピノザの体系において、すべては無化（Vernichtung）の深淵のうちに投げ込まれる」というわけである。(30) くわえてヘーゲルは、スピノザの体系のうちに「すべての規定は否定である」という「偉大な命題」を見出しこれを評価する一方で、しかし「規定されたもの」である有限な個別的なものがたんに「否定にもとづく」ものにすぎず、否定の否定を介さないために肯定性へと転化しないと評する。(31) たしかに、前節でみてきた有限性の議論だけをみれば、このヘーゲルの評定もあながち的を外しているとはいえないかもしれない。しかしながら、『エチカ』における個別的なものに対するこうした哲学史上の評価に対して、以下で私たちは、スピノザがむしろ個別的なものの個別性を徹底的に思考し抜いたこと、しかもその個別性の内実が肯定性にほかならないこと、さらにこの個別性と肯定性を担保するのが、スピノザの特異な「本質」概念にほかならないことを示していく。

スピノザは『エチカ』第二部において「或るものの本質」にかんする次のような複雑な定義を提示する。

或るものの本質には、(a)それが与えられればものが必然的に措定され、それがとりさられればものも必然的にとりさられるもの、あるいは、(b1)それなしにはものが〔在ることも概念されることもできないもの〕、(b2)かつ逆に、ものなしにはそれが在ることも概念されることもできないものが属する、と私はいう。[32]［E2Def2：a、b1、b2は便宜上の挿入。以下「Def2」と略記］

スピノザはすでに第一部において「本質」概念を多用している。ではなぜ第二部にきてようやく「本質」の定義が与えられるのだろうか。この点については、ゲルーのいうように、第二部以降の議論の中心となる「個別的なもの、いうなら有限様態」の本質こそがここでねらわれているからだと理解できる。[33] つまりこの定義において言及されている「或るもの」とは、個別的なものにほかならないと考えられる。

しかしさらに踏み込んで、この定義が示す「本質」概念の内実に焦点を当ててみると、スピノザ研究史上次のような相反する解釈が提示されている。一方でH・クロップによれば、Def2は「個体的本質（individual essence）という決定的な概念」を示しており、「本質がひとつの同じ種に属するすべての個体に共通である」とする「伝統」的理解に反して、スピノザは「種からその存在論的本性を奪うことによって、個体的本質の概念を作り出した」。[34]こうした理解は、私たちが第二章でみてきた『改善論』での個別的本質の議論にもつながりうるものであろう。しかし他方でゲルーは、「『エチカ』は普遍的でない何ものも導出しない」という彼の理解にもとづいて、この同じ定義で語られている「本質」は「個別的本質」ではなく、むしろ「『エチカ』第二部が導出し定義しているのは種的本質」であって、「これこれの人間の個別性を基礎づけうる何ものも含まない」と語り、個別的なものの本質の一般性を強調する。[35]

かくて同じ Def2 に立脚して、個別的なものの本質がそれ自身個別的であるとみなす解釈と、そうではなくむしろ一般的なものであるとみなす解釈が対立しているのである。しかし、あらためて Def2 そのものに目を向けなおしてみると、この定義はきわめて抽象的、形式的に過ぎ、「本質」が個別的であるのか一般的であるのかをこの定義だけから読みとることは難しい。おそらくこれら二つの解釈は、解釈者自身の『エチカ』理解（あるいは『改善論』等を含んだスピノザ哲学の全体的傾向にかんする理解）をもとに、Def2 にのっけから自身の解釈にかなった意味を読み込んでいると考えられる。Def2 の内実、また個別的なものの本質の内実は、こうした解釈のバイアスなしに理解されねばならない。

くわえて、この定義はまさに個別的なものの本質として『エチカ』第三部で導入される、「各々のものが自らの有に固執しようと努めるコナトゥス」、すなわち「現実的本質」［E3P7］の解釈においてもしばしば援用される。[36]この場合、コナトゥスが一見して各々の個別的なもののみに固有で、他に還元不可能な本質の個別性を示しているようにみえるために、当該定義は個別的なものの本質の個別性を補強するために援用されていると考えることができよう。しかしスピノザ自身はコナトゥスの議論において一度も Def2 に言及しない。彼自身が当該定義を明示的に引照するのは、第二部の三カ所のみであるため、こうした解釈における当該定義の援用はたんに外挿的なものにとどまらざるをえない。

以上のような解釈状況を踏まえて、以下では Def2 の内実と機能を、論証におけるその実際の運用にそくして検討していくことによって個別的なものの本質理解をめざし、そしてこの議論をもとに、まさに個別的なものの本質として提示されるコナトゥスの内実を検討していく。そのさい、『エチカ』第二部と第三部の連関、ひいては第一部から『エチカ』全体をつらぬくスピノザの議論の理路を見据えながら分析を行っていく。具体的には、スピノザが当該定義を明示的に引照している第二部定理一〇（およびその系の備考）（第一項）、定理三七（第二項）、定理四九（第三項）の三つのテクストを中心に分析する。あらかじめ要点のみを述べておけば、これらのテクストはそれぞれ、個別的なものの本質の一般性の契機、個別性の契機、肯定性の契機に対応することになる。最後にこの議論からみえてくるコナトゥス＝現実的本質の内実を示す（第四項）。

第一項　本質の一般性の契機——第二部定理一〇

第二部定理一〇において、「人間の本質には実体の有は属さない」[37]［E2P10］ことを証明しようとするスピノザは、背理法によって次のように議論を展開する。実体であることは必然的実在を含む（第一部定理七より）。したがって人間の本質に実体の有が属しているとするなら（背理法の仮定）、その場合「実体が与えられれば、人間が必然的に与えられることになろう（この部の定義二より）」。その結果人間は実体と同様に必然的に実在することになろうが、このことは人間の本質が必然的実在を含まず、或る人間が実在することもしないことも生じうるという第二部公理一に反する。それゆえ人間の本質には実体の有は属さない。

文面から明らかなとおり、Def2のaのみがもちいられることで証明が行われている。しかしDef2全体の役割と、この定理の内実を精確にとらえるには、スピノザ自身がDef2のb1とb2にみられる複雑な表現を与えた理由を述べているこの定理の系に付された備考をもあわせて検討する必要がある。

この備考はいう。神（実体）はすべてのものの本質と実在の原因である［cf. E1P25］。それゆえ、神（実体）なしには何ものも在ることも概念されることもできないということを、すべての人々が認めるだろう。そこでもし、

〈或るものの本質には、それなしにはものが在ることも概念されることもできないものが属する〉[38]（Def2のb1のみ）という本質規定を採用すれば、「神の本性が被造物の本質に属する」ことになってしまう。他方でこの帰結を避け、神の本性が被造物の本質に属さないと考えるなら、同じくこの本質規定により、「被造物が神なしに在り、概念されることができる」ことが帰結してしまう。結局のところ、このように本質を規定する人々は「一貫していない」［E2P10CS］。

スピノザ自身はこれに対して、「個別的なものは神なしには在ることも概念されることもできないが、しかしそれでもなお、神はそれらの本質には属さない」ことをはっきりさせるために、Def2のような形の定義を与えたと語っている［E2P10CS］。つまり、スピノザの議論を敷衍すれば、たしかに個別的なもの（人間）は、神なしには在ることも概念されることもできない。しかしその逆、つまり個別的なものなしには神が在ることも概念されることもできない、ということは背理である。神は実体として「それ自身のうちに在り、かつそれ自身によって概念され」［E1Def3］、存在論的にも認識論的にも自己自身以外の何ものにも依存しないのだから[39]。それゆえ神（実体）の本性（有）は、Def2のb2の部分を充足せず、したがって個別的なものの本質に属するものではないことが確認される。

定理一〇系においてスピノザは、今度は積極的に人間の本質を規定していく。ここまでみたように、人間の本質には神（実体）の本性（有）は属さない。ところで「実体と様態以外には何ものも存しない」［E1P15D］。したがって「人間の本質は神の諸属性の変状から構成されている」［E2P10C］、すなわち「様態である」［E2P10CD］。

ここで、これまでの議論における表現上の形式に着目しよう。スピノザはDef2の「或るものの本質に属する」という文言を、先の備考では「或るものの本質を構成する」といいかえている。さらに定理一〇は、「人間の本質には〔…〕属さない、いうなら〔…〕人間の形相を構成しない」といいなおしている。それゆえ、〈本質に属する〉、〈本質を構成する〉、〈形相を構成する〉という表現は、少なくともいま私たちが検討しているこの箇所ではすべて同じ事態を示していると考えられる。[40] くわえて、人間の本質が〈変状いうなら様態から構成される〉ことと、それが〈様態である〉こともまた等価であると考えられる。

　したがってここまでの議論から次のようにいうことができる。Def2 は或る個別的なものの本質に属するものとして提示された候補を、当の定義をもちいた証明を介して選別し、その本質に属さないものを排除し、そのうえで当の本質に属するもの、そして結局のところその本質であるものを定めていくという機能を有している。ひとことでいえば Def2 は、個別的なものの本質を論証の流れのなかで確定していく条件をなしているのである。したがって個別的なもの、とりわけ人間の本質の具体的内実（たんなる様態という規定以上の内実）は、Def2 のみではなく、『エチカ』第二部以降の論証の流れを踏まえて考えていかなければならない。

　ところで人間の本質を様態と規定することは、第四章でみたように、人間の本質のうちにその実在の原因が含まれないという事態を示していた。そして、ものの本性いうなら本質と、その実在の原因の所在との関係を論じる第一部定理八備考二は、「本性を同じくする複数の個体が実在しうるものはすべて、実在するために必然的に外部の原因を持たなければならない」（強調引用者）と結論づけ、その例としてまさに「人間」を提示する [E1P8S2]。さらに、原因と結果の関係にかんして、「原因されたものは、まさにそれが原因に由来するという点においてその原因とことなる」と論じる第一部定理一七備考の終わりに近い箇所も、人間の本質と実在、ならびにそれらの原因についておよそ以下のように語っている。「或る結果の本質、ならびに実在の原因であるものは、この結果とは本質にかんしても実在にかんしてもことならなければならない」[E1P17S]。ところで、「人間は他の人間の実在の原因であるが、本質の原因ではない。というのも、これ〔人間の本質〕は永遠の真理[41]だからである」[ibid.]。そのため人間たちは「本質にかんしてはまったく一致しうる」[ibid.：強調引用者]。みられるように、複数の人間個体が本性を同じくしうるし、本質にかんして一致しうることが明示されている。[42] つまり、人間の本質を様態として規定することのうちには、本質の一般性の契機が示されているのである。以上の箇所は、個別的なものの本質を或る個別的なものに固有の、それ自身個別的な本質として——そして個別的な本質としてのみ——理解しようとする解釈(43)にとっては厄介なテクストであろう。私たちの以下での議論は、個別的なものの本質を一般的か個別的かという二者択一で排他的にとらえるべきではないことを示していく。

第二項　本質の個別性の契機——第二部定理三七

ここまでみてきたように、まずは様態という人間の本質の一般性の契機が定められた。くわえてこの規定は、個別的なものがおしなべて様態であるがゆえに［E1P25C］、すべての人間個体にも、さらにまた人間以外の他の個別的なものにも等しく妥当する点でもきわめて一般的な規定である。『エチカ』第二部の議論はこれ以降、この様態という規定に、より詳細な内実を与えていくことで一般性の度合いを徐々に落としていき、他の個別的なものから人間（身体・精神）を弁別していくことになる。まずはこの手続きを簡単にまとめ、私たちの議論の足掛かりとしよう。

まず人間の本質である様態は、より詳細に思惟属性の様態（観念）と、この観念の対象としての延長属性の様態（現実的に実在する個別的なもの、物体）として特定される［E2P11］。次いでこれらは、それぞれ人間精神を構成する観念と、その対象である身体として規定され［E2P12-13］、そのうえで「人間は精神と身体から成る」と言明される［E2P13C］。このように、たんなる様態としての規定よりも一般性の度合いが低まったとはいえ、ここまでの議論はなおも「人間におとらず他の個体にも」妥当するものにとどまる［E2P13S］。ここからさらに一般性の度合いを低め、人間を他の個別的なものから弁別するために、「物体の小論」［E2P13SAx1-L7S］を介して、人間身体の特性が示される(44)［E2P13SPost1-6］。この議論で主眼となっているのは、物体という存在領域のなかでとりわけて人間身体がきわめて複雑な構成を有していることを示すこと、いいかえれば、あくまで物体論の枠内で人間身体の特性を浮き彫りにすることである（ラテン語では物体も身体もともに'corpus'）。この人間身体の議論は個別的なものの本質の個別性の内実にもかかわるため、私たちの論述に必要なかぎり手短にまとめよう。

人間身体はたとえば骨（「硬いもの」）、脳（「やわらかいもの」）、血液（「流動的なもの」）から成り［「物体の小論」Post2：以下この段落はすべてこの小論に依る］、またこれら構成諸部分の各々がそれ自身複雑な構成を有する［Post1］。さらにこれら諸部分の各々は、それらのありかた（硬い等）に応じてことなる仕方で運動を受けとり、あるいは運動を行うことができる［cf. Ax3］。それゆえこれら諸部分から成る人間身体は、全体として「外的物体からきわめて多くの仕方で触発され」［Post3］、また逆に「外的物体をきわめて多くの仕方で運動させ、これに影響を及ぼすことができる」［Post6］。つまり、人間身体は身のまわりの環境に適応し、さらにそれを変化させることもできる。かくて人間身体は、その構成の複雑さや外的環境への適応力の高さによって、他の個体（たとえば石やナメクジ）と区別されることになる。[45]

とはいえここでもなお一定の一般性は残っている。以上の議論はすべての人間個体一般に語りうるのだから。けれども他方で、以上の議論は各々の人間身体の個別性をも教えてくれている。というのは、身体の構成（骨密度や血液成分等）は各人においてことなるし、いかに似通った双子であっても別々の身体を有するからである。実にスピノザはいう。「人間身体は多くの点において一致するが、しかしより多くの点においてことなる」［E1App］。

このようにスピノザは、身体（物体）にかんする理論を手短に示すことで、個別的なものの個別性へと、ことがらの一般性の度合いを徐々に落としつつ向かっていく。私たちが次に分析の対象としてとりあげる第二部定理三七は、Def2をもちいることで、個別的なものの本質の個別性へと私たちをさらに導いていくことになる。

定理三七は次のようにいう。「すべてに共通であり（これについては先の補助定理二をみよ）、部分のうちにも全体のうちにも等しく在るものは、いかなる個別的なものの本質をも構成しない」。参照されている補助定理二は

「物体の小論」のなかにあり、〈すべてに共通である〉ものの例は、さしあたり物体にかかわる。具体的には、第一に、「ひとつの同じ属性〔すなわち延長属性〕の概念を含む」こと、第二に、「或る時は運動し、或る時は静止しうる」こと、この二点はすべての物体に共通である。さらに、この二点は或るものが部分（たとえば人間身体の構成部分としての胃）として考えられようと、全体（たとえば胃粘液や漿膜を部分として構成される胃）として考えられようと等しく妥当する。このうち第一点目、つまり同じ属性の概念を含むことは、思惟の様態である観念についても語りうるし、さらにその他の属性の様態についても同様である。というのも、「個別的なものはそれ自身が様態となっている属性のもとで神が考察されるかぎりで神を原因」とし［E2P45D］、ゆえに「各々の属性の様態は当の属性の概念を含む」［E2P6D］からである。要するに、〈すべてに共通である〉ものは、延長属性にかぎらずすべての属性についてもいわれる。[46]

さて、この定理の証明は背理法でなされているが、スピノザの証明はあまりにも簡潔なので、必要な議論をおぎないつつみていこう。まず当該定理の否定を仮定してみると、すべてに共通であるものが或る特定の個別的なもののBの本質を構成することになる（背理法の仮定）。つまり、Bにも他の個別的なもの、たとえばC、D、E……すべてにも共通であるA（「共通特質」［cf. E5P7D / E5P12D］）が、Bの本質を構成すると仮定される。次いでDef2が、そしてこの定義のみが参照されるが、証明の鍵を握るのはとりわけb2の部分である。この部分を踏まえて、そのうえでこの背理法の仮定を受け入れるなら、すべてに共通であるはずのAが、或る特定の個別的なものBなしには、在ることも概念されることも不可能となる。いいかえれば、すべての個別的なもののうちでBのみが消え去ってしまうだけで、Aの存在も認識も不可能になってしまう。ところがこれは仮定に反する。Aはすべてのものに共通する特質と仮定されていたのだから。さらにいいかえれば、AをB、C、D……すべてについて同時に肯定すること（すべてに共通であること）と、AがBなしには在ることも概念されることもできないこと（AがBの本質を構成すること）は両立不可能である。[47] このようにして定理三七は証明される。

以上の議論から明らかなように、Def2 の b2 の部分こそがこの証明を支えている。[48] この点と、右の証明の筋道を踏まえれば、当該定義にかんする次の重要な論点をとりだせる。すなわち b2 の部分は、共通性に対立する本質の個別性のメルクマールとなる、ということである。いいかえれば、Def2 はこの点にもとづいて、個別的なものの本質の個別性を標定可能にする枠組みをなしている。

しかしここで次のような疑念が浮ぶかもしれない。前項でみたように、スピノザは人間の本質をまず様態として規定したわけだが、個別的なものはおしなべて神の属性の様態なのだから、この様態という規定もすべてに共通なものとして個別的なものである人間の本質を構成しないのではないか。

たしかに、様態という規定は人間のみならず他の個別的なものにも妥当するきわめて一般的な規定にほかならない。しかしここで、こうした規定が帰結した文脈を確認する必要がある。スピノザによれば、およそ在るものは実体とその様態に尽きる［E1P15D］。ところが Def2 をもちいた証明を介して、人間は実体ではありえないことが論証され［E2P10D］、その帰結として人間の本質が様態であることが示されたのであった［E2P10C］。つまり様態という規定は、人間の本質の存在論的身分、より詳しくいえば、人間の本質が神（実体）を原因とする結果としての様態という身分を持つ、ということを示しているのである。かくて人間を含めたあらゆる個別的なものは、様態という身分を有するからこそ、「すべてに共通であるもの」の一例である属性の概念［cf. E2P13L2D］を共通に持つことができる。要するにこの様態という規定は、それにもとづいてはじめて共通性を語ることのできるきわめて基礎的な規定にほかならない。それゆえ右の疑念は、個別的なものの存在論的身分規定の一般性と、このような存在論的身分を持つ個別的なものが共通に有するものの共通性を混同しているといわねばならない。

まとめよう。Def2 をもちいた論証によって、定理一〇（およびその系）は個別的なものの本質の一般性の契機を定めた。この分析において私たちは、Def2 が個別的なものの本質を確定するための条件をなすと解釈した。次いで同じ Def2 をもちいる定理三七証明の分析を介して、当該定義が個別的なものの本質の個別性を標定可能にする枠組みであることを示した。かくて個別性の枠組みが示されたとはいえ、しかし個別的なものの本質の個別性の具体的内実はいまだ明らかになってはいない。この定義をもちいる最後のものである定理四九こそが、この内実をとらえるための端緒となる。

第三項　本質の肯定性の契機――第二部定理四九

定理四九とその証明、またその備考の議論の主眼をなすのは、まさに一般性と個別性の対比である。この議論はそれゆえ、私たちがここまで検討してきた論点をさらに掘り下げるためにも多くの示唆を提供してくれる。

この定理はいう。「精神のうちには観念が観念であるかぎりにおいて含む意志作用、いうなら肯定と否定以外の意志作用はない」[E2P49]。証明はまず先行する定理四八を引き継いで、意志作用の個別性を確認する。つまり、精神のうちなる「意志したりしなかったりする絶対的能力（facultas）」が否定され、個別的な意志作用、「このあるいはあの肯定、ないしこのあるいはあの否定」のみが認められる[ibid.]。

この点について定理四八証明とその備考を整理することで簡単にみていこう。精神は「思惟の一定の規定された様態」であり（第二部定理一より）、同一属性の他の様態から「実在することと作用することへと規定」される（第一部定理二八より）[E2P48D]。つまり精神の意志作用の行使は、第一部定理二八で示され、私たちが前節で検討した、有限様態間の原因‐結果の無際限な相互規定の枠内においてのみ可能なのであり、したがってその行使においてそれだけが独立し、他から規定を受けることのない意志作用はないし、また「このあるいはあの」という特定の個別的な意志作用に中立無記の一般的な〈意志なるもの〉はたんなる抽象物にすぎない。意志の「絶対的能力」の否定はこのように理解される。

スピノザはここからさらに、この意志の絶対的能力、さらには「真であるものあるいは偽であるものを、肯定しあるいは否定する精神の能力」と規定される〈意志なるもの〉が、「私たちが個別的なものどもから形成するのをつねとする普遍的なもの」にすぎないことを引き出す［E2P48S］。

スピノザはいう。〈意志なるもの〉がこのあるいはあの個別的な意志作用に対して持つ関係は、「石性」がこのあるいはあの石に、「人間」がペテロやパウロに対して有する関係と同様である［E2P48S］。つまり、ペテロやパウロなどの個人の個別性を捨象し、また彼らに一般的に妥当する特徴を抽象することで、「人間」という普遍概念が形成されるのと同じ操作を介して、〈意志なるもの〉という普遍的なものが形成されるというわけである。かくて意志の絶対的能力は「普遍的概念」にほかならず、現実的に行使されているのは個々の個別的な意志作用――個々の肯定あるいは否定――以上でも以下でもない。それゆえにこそ個別的な意志作用のみが認められるのだし、また意志作用の個別性が存するのはまさにこの点においてなのである。

以上の議論を背景として、問題の定理四九の証明はひとつの具体的な個別的意志作用（三角形の三つの角が二直角に等しいことを肯定するはたらき）をとりあげ、そこにDef2を導入することで論証を行っていく。このように、この証明が意志作用の個別性を確認したうえでDef2を導入している点は決定的に重要である。以下ではここまでみてきた文脈を踏まえたうえで、当該定義の機能とこの証明そのものの内実を検討していこう。

証明はDef2後半のb1とb2の分節に合わせて進められる。

(b1)まず〈三角形の三つの角が二直角に等しい〉という精神の個別的な肯定は、「三角形の概念いうなら観念を含む」［E2P49D］。先の定理四八備考の最後でスピノザは、観念は「眼底に形成される表象像（imago）ないし絵」ではないと注記している。スピノザにとって観念は「画版のうえの絵のように黙するもの」ではなく、むしろ「知解することそのこと」である［E2P43S］。つまり、〈その三つの角が二直角に等しい〉という三角形の特質にかんする肯定は、「三角形」ということでいかなることが考えられているのか、その実際の理解内容とひとつになった理解作用、この意味での三角形の観念を含んでいる。いいかえれば、この三角形の観念なしにはその特質についても概念されえない。さらに「観念がそれに依存する他のすべての精神的形成物に対して優先する」[49]ことを示す第二部公理三によれば、すべての思惟様態にあって「観念は本性上、より先なるものであり、それが与えられれば他の諸様態が同じ個体のうちに存しなければならない」［E2P11D］。すなわち、三角形の特質にかんする理解ないし肯定は、三角形の観念自体が与えられなければ在ることもできない。よってこの肯定は「三角形の観念なしには在ることも概念されることもできない」［E2P49D］。

(b2) 次に、今度はこの三角形の観念のほうも、〈その三つの角が二直角に等しい〉という同じ肯定を含まなければならない。というのも、この特質を欠いた図形は端的に三角形ではなく、これがとりさられれば、ゲルーもいうように、「三角形の観念は消滅することになろう[50]」からである。「そういうわけで、逆に、この三角形の観念はこの肯定なしには在ることも概念されることもできない」［E2P49D］。

このようにDef2の分節の双方を満たすために、「この肯定は三角形の観念の本質に属し、またその本質にほかならない[51]」［E2P49D］と結論される。最後にスピノザはこの結論を一般化し、すべての意志作用、すなわち各々の肯定が「観念そのものにほかならない」［ibid.］としてこの証明を結んでいる。

先にみた一般性と、この証明において重視されてきた個別性とを区別する重要性について、続く備考は次のように語っている。たしかに、「意志なるものは、すべての観念について述定される普遍的な或るもの」、つまり、「すべての観念に共通であるもの、すなわち肯定のみを意味する普遍的な何かである」［E2P49S］。したがって「このように抽象的に概念されるかぎり」では、すなわち、個々の意志作用（個々の肯定）の個別的な内実を捨象し、すべての観念が意志作用（肯定）にほかならないという一般的規定のみをとりだすとき、そしてそのかぎりでのみ、「意志なるもの」は「すべての観念にあって同一でなければならない」［ibid.］。

しかしながら、意志作用が「観念の本質を構成すると考察されるかぎりにおいては」［E2P49S：強調引用者］、以上の抽象的で一般的なものの見かたでは事態をとらえそこなってしまう。というのも「そのかぎりにおいては、諸々の個別的な肯定は諸観念そのものと同様に互いにことなるからである。たとえば円の観念が含む肯定は、円の観念と三角形の観念がことなるのと同様に、三角形の観念が含む肯定とことなる」。つまり、〈内角の和が二直角に等しい〉という肯定は三角形についてのみいわれ、三角形の観念の本質そのものにほかならないし、またたとえば〈その一端が固定され、他端が運動する任意の線によって描かれる図形である〉という肯定は、円の観念の本質以外ではない。しかしたとえば〈内角の和が二直角に等しい〉というこの肯定は、二等辺三角形にも、正三角形にも、また黒板に書かれた三角形にも、ノートに書かれたものについても一般的に語りうることではないのか。たしかにそうである。「三角形」や「円」という幾何学的な例は、たしかにこうして一般性に通じやすい。とはいえスピノザが定理四九備考で示したのは、観念が「画版のうえの絵のように黙するもの」〔E2P43S〕ではなく、三角形についての理解がなされるたびごとに現実的に行使されている個々の個別的な意志作用（肯定）にほかならないという点であったことは、何度も強調されねばならない。しかも三角形についてしかじかのときに実際に行使されている理解作用と、円についてしかじかのときに実際に行使されている理解作用は、それら各々の理解内容とともにまったく別個の二つの個別的観念なのである（それゆえまた意志と知性は同一である〔E2P49C〕。すなわち両者とも精神の思惟し認識する力能の発現そのものである観念以外の何ものでもない）。つまり、意志作用（肯定）が観念の本質を構成するといわれる場合は、当の意志作用と、それが本質をなすところの観念（理解内容）の個別性を捨象することなく、むしろまさにこの個別性にこそ定位しなければならないのである。

私たちは先に、定理四九証明が意志作用の個別性を確認したうえでDef2を導入していることを、決定的に重要な点として強調しておいた。この点とここまでの議論を踏まえて、次の帰結を引き出すことができる。Def2は個別的なもののひとつひとつをとりあげて、当のもののみに属する本質を標定可能にしたうえで、さらに本質と、本質がそれの本質であるところの特定の個別的なものの切り離しがたさ、緊密さについて語ることを可能にしている。これにくわえ逆の方面からみれば、本質がそれの本質であるところのものが特定の個別的なものにほかならないのだから、当の本質のほうもまた当のものに固有の個別的本質でなければならないということも帰結する。この意味での本質はかくて、それが本質をなしている当のものの外では何ものでもなく、逆にまたものそのもののほうも、当の本質の外では何ものでもない。したがってDef2は最終的には、一般的に考察されたものの本質ではなく、或る特定の個別的なものの個別的本質をねらっていると考えなければならない。さらにこの定理四九は、こうした個別的本質の内実の理解にも光を当ててくれる。観念の本質が当の観念に固有の個別的肯定にほかならないことが示されたからである。

第四項　コナトゥス・個別的なものの本質

私たちはDef2の使用にそくして、本質の一般性、個別性、肯定性という三つの契機をとりだしてきた。この三契機は偶然とりだされたのではなく、むしろ『エチカ』第二部の議論の流れにそくしたものであるし、この部の大きな分節を反映したものでもある。個別的なものの本質にかんする議論は、このように第二部全体に貫かれている。以下ではここまでの議論を踏まえて、まさに個別的なものの本質として提示されるコナトゥスの内実を検討していこう。

本節冒頭に述べたように、コナトゥスの理論とDef2が密接な関係を有していることは、これまでの研究でもつとに指摘されてはきたが、当該定義の援用は外挿的なものにとどまっていた。たしかにコナトゥスの議論においてDef2が明示的にもちいられることはない。しかし、当該定義の運用を軸に私たちがここまでみてきた諸論点すべてを踏まえると、これまでの解釈において十分に考慮されてきたとはいいがたい『エチカ』第二部と第三部（とりわけコナトゥス論）の連関がみえやすくなる。というのも以下に示すように、コナトゥスの議論こそがまさに、右にみた三契機が合流する結節点となり、この点で個別的なものの本質の内実の中核を構成していくからである。そこで以下ではコナトゥスが主題となる第三部定理六と定理七の証明を中心に、コナトゥスの導出の理路を、ここまでの議論を踏まえて再構成しつつ検討していこう。

何よりもまず、定理六証明が示すとおり、コナトゥスの導出を可能にするのはまさに個別的なものの様態という存在論的身分規定にほかならない[53]。個別的なものは、神の諸属性を一定の規定された仕方で表現する様態である［E1P25C］。「すなわち（第一部定理三四より）、それによって神が在りかつはたらきをなすところの神の力能を、一定の規定された仕方で表現するものである」［E3P6D］。この存在論的身分規定から次の二点が引き出される。(1)様態が自己の有に固執する力、そして、(2)精神のコナトゥスと身体のコナトゥスの同等性である。それぞれみていこう。

自己の実在に固執する力としてのコナトゥス　(1)前章までにみたように、個別的なもの、したがってまた人間が様態として規定されることの意味は、原因としての神（実体）から産出される結果という身分を持つことであった。ところが個別的なものはまた本章第一節でみたように、「有限であり、規定された実在を有するもの」として［E2Def7］、その各々が相互外在的で有限な様態である「諸原因の無限な連関によって、実在と作用へと規定される（第一部定理二八より）」［E5P6D］。そしてこの原因性のもとでは、個別的なものは同一本性（同一属性）の他のものを含む多数性において産出され、必然的に相互規定のただなかにおかれる。さらにこの多数性と相互規定の絡み合いが意味していたのは、まず、たとえば延長属性のもとで、或る物体Aが他の物体BでもCでもないといった仕方で部分的否定としてとらえられること、そして次に、個別的なものがそれ自身単独で自らが産出する結果の原因ではないことであった。この二点目をいいかえれば、或る個別的なものは、自らの結果を産出するために他の個別的なものどもの協働を多かれ少なかれ必要とする、ということでもある［E2P13S］。この場合、或る結果の産出において、当の個別的なものはその「部分的原因」にすぎず、その結果は当の個別的なもの「のみによっては知解されえない」［E3Def1：強調引用者］。つまりこのとき個別的なものは、「他のものどもなしにそれ自身によってのみでは明晰かつ判然と知得されえない自然の一部として」考えられているわけだが、この事態をいいかえれば、当の個別的なものがこのようにとらえられているかぎりで、「否定を含む或るもの」を有するということである［E3P3S：強調引用者］。

これはしかし逆の方面からみれば、スピノザの体系にあって否定はつねに或るものの外部から到来する、ということにほかならない。マシュレは正当にも、「否定性をものどもの本性に根本的に外的な何ものかとして思考する必要性」を、『エチカ』全体にとって中心的な主題」とみなしている(54)。私たちが先に検討した個別的なものの有限性は、まさにこのような外部から到来する否定性によって説明されるものにほかならない。さらにこの事態をまた逆からみれば、或るものをその外部への参照なしにとらえる場合には否定は介入しえないということでもある。要するに、ものの本性そのもののうちに否定が含まれることは「不可能」である。第四章でみたように、或るものの実在が「不可能」とされるケースのひとつは、当のものの本性あるいは定義のうちに「矛盾」が含まれる場合であった［E1P11D2］。スピノザにとって或るものの本性そのもののうちに否定が含まれるのは、端的な矛盾にほかならない。そして私たちの理解では、コナトゥスの導出の端緒となる第三部定理四の証明の内実はまさにこの点に存する。

まずDef2のaの部分を想い起こそう。そこには次のように記されていた。「それが与えられればものが必然的に措定され、それがとりさられればものも必然的にとりさられるもの」が当のものの本質に属する［E2Def2］。それゆえ、或るものの本質に属するもの、いうなら或るものの本質に属するものを示す「定義(55)」は、「〔定義されるもの〕当のものの本質を肯定するが、それを否定しはしない、いうなら、ものの本質を措定するが、それをとりさることはない」［E3P4D］。これは、或るものの本質を否定するものが、当のもの自身の本性のうちに存しえないことの別の表現であると理解できる。「かくて、私たちがただものそのもののみを注視し、外的諸原因に注意を向けないあいだは、私たちは当のもののうちにそのものを滅ぼしうる何ものをも見出すことができないであろう」［ibid.］。

このようにして、「いかなるものも外的な原因によってでなくては滅ぼされえない」[E3P4] ことが証明される。そしてスピノザは別のところで、「滅ぼす」ということばを「その〔ものの〕実在をとりさる」といいかえ、さらにものの「実在を否定する」といいなおしてもいる [E3P10 / D]。そうなると、たしかに右にみた「矛盾」は一方で、「全体はその部分よりも大きい」ということの反対が矛盾を含むのと同様に論理的なものでもあるが [E4P18S]、しかし同時に他方で、ものの実在の存亡にかかわるものでもあることになる。つまり、ものの本性そのもののうちに否定が含まれるという矛盾は、そのまま当のものの実在の破壊に直結するのである。ここでもまた前章でみたのと同じく、論理が現実へと潰れている。

ところで、或る個別的なものを実在と作用へと規定する他の有限な諸様態は、これらもまた、「神の或る属性が一定の実在を有する有限な様態変状に様態化したかぎりでの神」にほかならず [E1P28D]、このかぎりでの神が、「ものが実在しはじめる原因」であった [E1P24C]。しかしそれと同時に、神はものが「実在に固執する」原因でもある [ibid.]。「というのも、各々〔の個別的なもの〕は他の個別的なものから一定の仕方で実在することに規定されているとはいえ、しかしながら各々〔の個別的なもの〕が実在することに固執する力は、神の本性の永遠なる必然性から帰結するからである」[E2P45S：強調引用者]。

重要なのはこの力いうなら力能である。スピノザはいう。「個別的なもの、したがってまた人間が自らの有を保存する力能は、神いうなら自然の力能そのものである」[E4P4D]。そして個別的なもののこの力能は、個別的なものが様態という身分を持つがゆえに、「神あるいは自然の無限な力能、すなわち（第一部定理三四より）本質の一部である」[ibid.]。たしかに「一部」である。つまり個別的なものは、無限のことを無限の仕方でなしうるわけではない。しかし個別的なものの力、力能は、「神、いうなら自然の力能そのもの」[ibid.：強調引用者] である。そしてこの神の力能は、神がそれによって在りかつはたらきをなす力能であった [E3P6D]。「はたらきをなす」とは、第四章でみたように、自らが原因となって多くの結果を産出することにほかならない。「実在するすべてのものは、あらゆるものの原因である神の力能を、一定の規定された仕方で表現する」からこそ、それら自身が原因として結果を産出する力を有するのである［E1P36D］。つまり個別的なものが「実在することに固執する力」を持つと同時に、「その与えられた本性から必然的に帰結することどもをなす力を持つ」［E4P26D］のは、個別的なものが様態という存在論的身分のもとで、神の力能を一定の規定された仕方で表現することに基礎づけられることによってこそ可能になる。とはいえ私たちはさらに、この実在に固執する力と原因としての力のかかわりを、より精確にとらえる必要がある。

力の自己肯定としてのコナトゥス　さしあたり、個別的なものが自らの実在に固執すること、いうなら「自己保存」［cf. E4P22 / D］を実現することは、個別的なもの自身が原因となって諸々の結果を産出する活動性のミニマムな実現に過ぎないというべきだろう[56]。この理由は、力の表現関係にもとづいてコナトゥスを導出する第三部定理六証明の前半部に続く、証明後半部のうちに求めることができる。

この証明の後半部でスピノザはいう。「いかなるものも、自らのうちに当のものがそれによって滅ぼされうるような或るもの、いうならその実在をとりさるような或るものを有していない（この部の定理四より）。むしろ反対に、そのものの実在をとりさりうるすべてのものに抵抗する（前定理（定理五）より）」［E3P6D：強調引用者］。

この証明の流れにかんして、D・ガーバーは次のようにスピノザの推論の難点を指摘している。「〔…〕ものが外的な何ものかによって滅ぼされうるというそのことからスピノザは、そのものが存続するように努めること、すなわちものが固執するコナトゥスが、つまりそのものを実在しないようにするものどもへの真正な抵抗を有することが帰結するとみなしている[57]」。そして彼によれば、スピノザがこのコナトゥスの導出［E3P4-E3P6］において行っているのは、「固執（ガーバーによれば慣性）の原理から真正な（抵抗の）力を推論すること」である[58]。そのうえで彼は、デカルト自然学における「慣性」に対する、ライプニッツによる次の論難を引き合いに出すことで、この論難の矛先をスピノザのほうに向けようとする。[59]「何かがそれを変化させるまで〔同一〕状態にとどまることと〔この場合には、同一状態にとどまることと、状態が変化することは、差別なしにいずれも等しく生じうる〕〔…〕、〔同一〕状態にとどまり、さらに変化に抵抗する力、いわば傾向性を持つことは、別のことがらである」[60]。そしてスピノザはこの二つのケースを区別せず、むしろ混同している。このようにしてガーバーはスピノザの推論を批判する。ところが、私たちがここまでみてきたように、スピノザはむしろ反対に、個別的なものが実体の力の一部であることのほうから、すなわち「真正な」力の側から当の個別的なものの実在の固執を導出しているのであり、さらに抵抗の力もまた証明前半部の力の表現関係を念頭において理解すべきである。以下で手短にこの点を検討しよう。

先にみたように、否定性はつねに或るものの本性の外部に存し、さらにこの否定はものの実在の存亡にかかわるものであった。それゆえものの本性そのもののうちに否定が含まれるという矛盾は、そのまま当のものの実在の破壊に直結していた。したがって、或るものの実在を滅ぼしうる（posse destruere）もの——この‘posse’は可能性ではなく、あくまで実効的な力として考える必要がある——、つまりその実在を滅ぼす力を持つものは、つねに当のものの本性の外部に存する。ところが、或る個別的なもの（Aとしよう）も、このAを滅ぼしうる別の個別的なもの（Bとしよう）も、ともに神あるいは自然の力能の一部であるわけだから、これら両者の関係はその逆も真となる。つまりAのほうもBを滅ぼしうる。或るものが他のものと「相反する本性を有する」［E3P5］とは、まさにこうした事態を表現する。

以上の帰結として、この本性上の対立関係は、両者それぞれの実在の存亡をめぐる力の対抗関係にほかならない。したがって、もし或る個別的なものが、当のものの実在を破壊しうる外的原因の諸力に抵抗する力を持たないのであれば、自己保存というミニマムな結果さえ実現しえず、それゆえ実在にもたらされるや否やすぐさま滅ぼされざるをえないだろう。けれども、「実在は絶えず、ものどもの宇宙の内部で、なしうるかぎり自らの位置を獲得し、それを守るために他のすべての力と闘う力の肯定である」[61]。つまりスピノザにおけるコナトゥスは、たんなる同一状態保存（いわゆる慣性）ではなく、まず何よりも個別的なものの内発的な力、そして外的諸原因の力への抵抗の力、さらにはこうしてつねに現実的に行使され、つねに実現状態にある力の自己肯定として理解されなければならないのである。否定性がつねに外部から到来することと、力そのものが純粋な肯定であることは表裏をなす。

たとえば生体のもつ免疫系を考えてみよう。この免疫系は、絶えざる外的諸力（ウイルス等）の脅威に抵抗し続けている。これら外的な諸力を抑え、あるいは排除することが、その免疫系を備える生体の維持そのものにほかならない。仮にこの免疫系統そのものに機能障害が生じるような場合には、当の生体はつねに外的諸力に脅かされ、生体の生命維持が困難となり、ついにはその生体の実在が滅ぼされることにもなろう。つまり、私たちが先に、自己保存が個別的なものの活動性のミニマムな実現に過ぎないと語ったのは、自己保存いうなら自己の実在の維持が、そこを超えれば当の個別的なものの実在そのものが滅びてしまう臨界にほかならないからである。しかし或る生体の活動性が免疫の力によって尽くされるわけではないこともまた明らかだろう。たんに自己の実在の維持というミニマムな結果にとどまらず、各々の個別的なものは、それ自身が原因となって他の諸々の結果を産出する活動性を有すると、そしてまた外的な原因がそれをさまたげないかぎり、個別的なものの活動性はつねに自らのなしうる最大限のところまで到達しようとするといわねばならない。各々の個別的なものの力能は、絶えず結果を産出し続ける純粋な産出的活動性としての神あるいは自然の力能そのものなのだから。

ここまでの議論をまとめよう。たしかに有限な様態の実在と作用は、同様に有限である外的な諸原因から規定される。しかし当の様態がひとたび実在しはじめるや否や、換言すればそれが与えられるや否や、当の様態はこの実在を継続しようとする力――神あるいは自然の力にほかならない力――によってほかならぬ自己自身の実在に固執しようと努め、さらに同時に、絶えずこの力の一部であり続けるがゆえに、今度は自らが原因という身分を持って、自らの本性いうなら本質から必然的に帰結することどもをなすことができる。ドゥルーズのいうように、様態という存在論的身分規定は、「諸々のものがいかにして〔…〕神の力能の諸部分であるのか〔…〕を示す唯一の手段」である。[62] 第三部定理七証明の語る「与えられた、いうなら現実的本質」（強調引用者）としてのコナトゥスの内実の一端は、まさにこのように理解される。

身体の現実的実在の肯定としての精神のコナトゥス　(2)様態という存在論的身分規定から引き出される第二の点は、人間身体（延長様態）とその観念である精神（思惟様態）が、延長と思惟ということなる属性のもとで概念される「ひとつの同じもの」にほかならず［E3P2S / E2P7S］、したがって「精神のコナトゥス、あるいは思惟することにおける力能は、身体のコナトゥス、あるいははたらきをなすことにおける力能と等しく、かつ本性上同時である」［E3P28D］という点である。さらにこの点と、第二項でみた身体の構成に立脚した個別性の議論が接続されることで、次のようなコナトゥスのまったき個別性が帰結する。

先にみたように、身体の構成は各人においてことなる。さらに各々の身体は、物質代謝や栄養摂取、あるいは排泄等を介して、その同一性を失うことなく自らの構成諸部分を絶えず置き換えてもいる［E2P13L4］。こうなると、身体のコナトゥス、したがってまた精神のコナトゥスも、個々の人間においてことなるのにくわえ、同一の人間においても変化しうることになる。コナトゥスは「同一の人間の構成の変化に応じて変化する」［E3AffDef1Exp］のである。この点はまさに、第二部定理三七の分析からとりだされた共通性と対置される個別的なものの本質の個別性の枠組みにぴったりとあてはまるといえよう。ここにさらに、第三項でみてきた本質の肯定性の契機が直結する。

人間精神はその身体を対象とする「観念」であると規定されていた［E2P11-13］。したがって、観念とその肯定性についての議論は、人間精神についても等しく妥当しなければならない。スピノザが第二部定理四九備考で示したのは、観念が、対象についての理解がなされるたびごとに現実的に行使されている個々の個別的な意志作用（肯定）にほかならないということであった。そのうえここでの観念の対象が、他にひとつとして同一のもののない身体であるために、先にみたように対象そのものの個別性もまた前面にせり出してくる。そして、精神は身体を対象とする観念であり、また第二部定理四九で証明されたように、観念は観念であるかぎりにおいて肯定を含み、さらにこの肯定は観念の本質そのものであった。したがってスピノザはいう。「精神の本質は、（第二部定理一一と一三より）自らの身体の現実的実在を肯定することに存する」［E3AffGenDefExp：強調引用者］。

　精神はそれ自身観念として、現実的に実在する対象を有し、この対象は当の精神が合一している自らの身体以外の何ものでもない。そして観念にかんしてもなお、それが実在するものであるかぎり、それらの実在の存亡をめぐる力の対抗関係が存し、また否定性はつねに外部から到来する。「私たちの精神の現在的実在（praesenta existentia）は、精神が身体の現在的実在を含むというこの点にのみ依」っているため、「精神の現在的実在〔…〕は、精神が身体の現在的実在を肯定することをやめるや否やとりさられる」のだが、しかし精神がこの肯定をやめる原因は、当の精神自身のうちには見出されず、また対象となる身体が実在することをやめることにも存しない（精神と身体は属性をことにするため、それら相互間の原因関係は存しえないからである）［E3P11S］。この原因は、「私たちの身体の、したがってまた私たちの精神の現在的実在を排除する別の観念」に存するのである[63]［ibid.］。

　そして精神の対象である身体の構成は各人においてことなり、また否定性はつねにものの外部に存するわけだから、私たちは次のように結論づけることができる。精神の本質を成す身体の実在の肯定は、ほかならぬ当の精神自身が自らに固有の対象としている、自己自身の個別的な身体、唯一無二のこの身体の現実的実在にかんして、刻々と現実的に行使されているこれまた唯一無二の個別的な肯定、否定性を一切含まない純粋な肯定である。「私たちの精神の第一で主要なものは、（この部の定理七より）私たちの身体の実在を肯定するコナトゥスである」という第三部定理一〇証明の言明の意味するところは、まさにこうしたことにほかならず、「与えられた、いうなら現実的本質」〔E3P7D：強調引用者〕としてのコナトゥスの内実は、この点をも含んで理解されなければならない。

かくて或る個別的なもののコナトゥスは、つねに刻々と自らを肯定し続けている。コナトゥスの導出の端緒となっていた否定性は〔E3P4 / E3P5〕、まさにこの肯定性の影にほかならない。あえてスピノザ自身のことばを借りるなら、「光が光自身と闇とを顕示するように」〔E2P43S〕、肯定は肯定自身と否定とを同時にあらわにする規範である。

＊

総括しよう。以上の議論から明らかなように、『エチカ』における個別的なものの本質を、一般的か個別的かという排他的な二者択一でとらえるべきではなく、むしろこれら両契機が合流する結節点として理解しなければならない。しかもこの点は、個別的なものの本質にかんする規定を与えている Def2 そのもののみからはただちに読みとることができず、その運用を追うことではじめて理解しうるものである。

個別的なものは「様態」という存在論的身分規定（一般性）にもとづいて、神＝実体の力によって産出され、それと同時にこの力の一部となる。そして個別的なものが産出されて実在するかぎり、その個別的なものの精神は、自らが対象とする個別的な身体の現実的実在を刻々と肯定し続けており、またこの身体自身もなお、その実在の存亡をめぐる他の諸物体との力の対抗関係のなかで、自己自身の力の自己肯定として生き抜いている。まさにこの個別的な肯定すなわちコナトゥスこそが、神＝実体の力の発現そのものにほかならない。くわえてこの肯定こそが Def2 の要求を十全に充たすものであり、したがって或る個別的なものの本質の他に還元不可能な個別性、当のものにのみ固有な唯一無二の個別性はまさにこの肯定にこそ存する。要するに、一般性あるいは力の側面と個別性（身体―精神）は、個別的なものの本質の肯定性へと潰れてひとつになる。

かくて、このようなスピノザの本質概念は、個別的なものを唯一実体のうちに埋没させることなく、むしろ個別的なものの個別性を、その肯定性とともに浮き彫りにするものであるとともに、前節でみた有限性という個別的なものの相対的な存在把握に対して、個別的なものの積極的で肯定的な把握を特徴づけるものにほかならない。

そして以上の議論から明らかなように、個別的なものの本質と実在に、いわば隈なくいきわたっているのは、いかなる否定をも含まない純粋な肯定としての力、力能である。実に「ものがそれによって実在するコナトゥス」［E3P8D］、個別的なものの現実的本質にほかならないコナトゥスは［E3P7］、「ものがそれによって実在する力能」［E3P8D：強調引用者］以外の何ものでもない。

私たちは第三章第二節において次の論点を提示した。つまり、スピノザにとって、或るものが現実的に行使している力能ないし力、また別の側面からいえば、或るものの力能ないし力が現に行使されている事態そのものこそが、当のものの完全性すなわち活動実現状態であり、また事象性でありかつ本質である、と。本節で検討してきたコナトゥスの議論は、私たちのこの論点を裏づけ、かつこの論点の内実を、つまりスピノザの力の存在論を個別的なものの場面に展開したものにほかならない。また私たちは第四章において、無限の属性から成る実体である神を、無限のものを無限の仕方で産出する純粋な産出的活動性、すなわち生そのものとして理解した。さらに本節でみてきたように、或る個別的なもののコナトゥスは、神＝実体の無限の力能の一部として、当の個別的なものの身体と精神が現にそれを生きている活動性である。したがってこのコナトゥスは、生そのものである無限の産出的活動性の個々の発現様式として理解されなければならない。かくて生そのものとその個々の発現様式は、無限の属性から成る実体と、その諸様態という存在論的身分に正確に対応することになる。

本書の冒頭に引いたことばを想い起こそう。「存在し、はたらきをなし〔…〕、現実的に実在すること」、これはすなわち、「生きること」にほかならないといわれていた［E4P21：強調引用者］。そしてスピノザは続ける。このことはまた、「人間の本質そのもの、すなわち（第三部定理七より）、各々の人間が自らの有を保存しようと努めるコナトゥス」以外の何ものでもない［E4P21D：強調引用者］。この一節の内実が、いまようやく明らかになった。しかし、スピノザの生についての思考はこれで終わりではない。私たちは次章で、『エチカ』全体の議論の収斂点となる個別的なものの永遠性について検討していく。真理としての生に到達すること――この永遠性の議論は、この地点にまで私たちを連れていくことになるはずである。

（1）スピノザは『エチカ』において、「個別的なもの」を'res particularis'［E1P25C］と'(res) singularis'［cf. E1P28 / E2Def7］というラテン語で表現する。たとえば第三部定理六証明をみてみよう。「res singulares は、それによって神の属性が一定の規定された仕方で表現される様態である（第一部定理二五系より）」。他方ここで引照されている第一部定理二五系は、「res particulares は、それによって神の属性が一定の規定された仕方で表現される、神の属性の変状、いうなら様態にほかならない」というもの。これをみるとスピノザは、'res particularis'と'res singularis'を区別していないように思われるため、私たちは本書でこの二つの表現を区別せずもちいる。なお私たちと同様の理解として Gueroult 1974, p. 25, n. 26 を参照。

（2）E・ジャンコッティが指摘するように、スピノザ自身は「直接無限様態」と「間接無限様態」という表現をもちいていないけれど、スピノザ研究史上通例となっている表現であり、便宜上本書でもこれに準ずる［Giancotti 1991, p. 98］。さらに、多くの解釈者たちがいうように、スピノザは無限様態について『エチカ』でも他のテクストでも多くを語っておらず、「解釈者たちの意見の一致が得られていない」［Nadler 2006, pp. 89-90］。

（3）同様の推論はたとえば Gueroult 1968, p. 339 にみえる。このように定理二八証明で有限様態が間接無限様態ではないことが論証されている点は、のちにみる佐藤一郎の解釈への疑念のひとつである。とはいえ佐藤自身がこの推論を認めているようにみえる箇所もある［佐藤 二〇〇四、五一頁、注（４）］。

（4） Huenemann 1999, p. 225（強調は引用者）.

（5） Leibniz 1854, p. 70 またライプニッツ 二〇一一、一八七頁。

（6） Cf. Macherey 1998, p. 165, p. 169.

（7） Cf. Macherey 1998, pp. 181-182, Macherey 1979, p. 187.

（8） Giancotti 1991, p. 97. なおルッセによれば、有限な個別的なものの導出が『エチカ』にみられないのではないかという疑念は、とりわけヘーゲル以降よく提起されてきたものである［Rousset 1986, p. 227］。また有限なものの導出を「失敗」とみなす諸解釈の整理として、佐藤 二〇〇四、一頁、四九―五一頁、注（3）参照。なおY・ヨベルによれば、「有限の無限への関係」は「スピノザの問題のなかでもっとも議論を呼ぶもののひとつ」である［Yovel 1991, p. 91］。

（9） Hegel 1971, S. 195.

（10） Macherey 1998, p. 35, pp. 176-177.

（11） たとえば Macherey 1998, p. 163, p. 167, p. 172, Gueroult 1968, p. 309, p. 327.

（12） Cf. Macherey 1998, p. 172.

（13） 以下ではしばらく本文中に佐藤 二〇〇四の引用・参照箇所の頁数のみを示す。

（14） 上野修はこの点を「スピノザ研究の常識を覆すような論点」と評している［上野 二〇〇五、二二九頁］。

（15） Macherey 1997-1, p. 21.

（16） 佐藤の解釈はたしかに、三種の認識や能動・受動の論点にも広がる視野の広い魅力的なものである。しかし個別的なものを間接無限様態と同定する彼の解釈の根幹をなしているのは、彼による ci の規定（以下で検討していく）と第一部定理二五系の読みにほかならないため、以下ではこの系にかんする彼の解釈に的を絞って検討していく。

（17） Cf. Gueroult 1974, pp. 473-474, n. 10.

（18） 佐藤も同様の理解を示している［佐藤 二〇〇四、五頁］。

（19）　カーリーもこの点を見逃している［Curley 1988, p. 151, n. 60］。

（20）　Giancotti 1991, p. 103.

（21）　Bennet 1984, p. 113. ベネットは無限様態の「無限かつ永遠」という規定の内実を、「概略的にいえば〈いたるところでつねに事例化される（instantiated）〉」ことであると述べるが［Bennet 1984, p.111］、これは正当な理解だと思われる。

（22）　「人間は無限であるか」という問いを表題に掲げる論文においてP・セヴェラックは、永遠性のもとでとらえられた人間、とりわけ神の無限知性の一部としての永遠なる精神である人間の知性が、有限であるとはいえないと主張する一方で、しかしそれでもなお、それが「無限である」と積極的に主張することを注意深く避けている。つまり彼は〈有限ではないこと（non-fini）〉と〈無限であること（in-fini）〉を区別する［Sévérac 2003, pp. 71-74］。

（23）　第一部定理二一証明は、直接無限様態の無限性を証明する前半と、その永遠性を証する後半に分けられる。まず前半でその無限性は、この証明で例示される神の観念、つまり思惟属性の直接無限様態に限定されず、他の属性すべてに——直接無限様態が当の属性の絶対的本性から帰結するかぎりで——一般化される。次に永遠性を証明する後半も同じ手続きをふむが、しかし最後に次の重要な注記が付され、無限性との一種の差別化が行われている。「この同じこと〔すなわち永遠性の証明〕が、神の或る属性において、神の絶対的本性から必然的に帰結するすべてのものについても肯定されなければならないことに注意」（強調引用者）（強調部が示すとおり、〈属性の絶対的本性から〉ではない点に留意されたい）。個別的なものは「神の属性のうちに包含されているかぎりで」も実在するといわれ［E2P8C］、「神の本性の必然性から帰結する」かぎりで個別的なものを概念することが「永遠の相のもと」での理解であった。つまりこの注記は、個別的なものが無限ではないにせよ、しかし永遠という規定を受けうるものであることを示していると理解できよう。

（24）　Cf. Macherey 1998, pp. 179-180.

（25）　この点についてはたとえば Bunge et al. 2011, p. 239 参照。

(26) また「書簡五〇」では次のようにいわれる。有限なものの「この規定は、ものにその有にそくして属するのではなく、反対にその〔ものの〕非有である」［Ep50, Geb., IV, p. 240: 11-13］。
(27) この点は Matheron 2011-4, p. 569 に学んだ。
(28) この点は Parkinson 1977, p. 457 の議論を参考にした。
(29) これらの表現は Balibar 1990, p. 66 から借りたものである。
(30) Hegel 1971, S. 166.
(31) 引用はすべて Hegel 1971, S. 164. この「命題」がスピノザ自身のものではなく、さらにこの命題についてのヘーゲルの理解がスピノザ自身の思想を裏切るものであることについては、Macherey 1979, chap. IV を参照。
(32) リヴォーはこの定義が、スコラの古典的な本質定義とことなるものではなく、予備的で表面的なものにすぎないと語るが［Rivaud 1906, p. 60, n. 11］、このような理解がまったく不当なものであることを、以下での私たちの議論は示していくだろう。
(33) Gueroult 1974, p. 27.
(34) Bunge et al. 2011, p. 210. なお以下では「個別的」と「個体的」、「個別的なもの」と「個体」を区別せずもちいる。
(35) それぞれ Gueroult 1974, p. 462, p. 460. けれどもゲルーは、『エチカ』において個別的なものの「個別的本質」がまったく語られないといっているわけではない。彼は第二部定理八の「形相的本質」を、「現実的実在から独立の」「個別的本質」と解釈するし、第五部定理二二で示される「このあるいはあの人間身体の本質」を「永遠なる個別的本質」と理解する［Gueroult 1974, p. 459］。しかし彼は「このあるいはあの人間身体の本質」にかかわる第三種認識、「神のいくつかの属性の形相的本質の十全な観念から」個別的なものの本質の認識に進むものとされる第三種認識を［cf. E2P40S2 / E5P24 / E5P25D］、「個別的本質の内部において」精神がその「種的本質」をとらえる認識と理解し［Gueroult 1974, p. 463：強調引用者］、あくまで『エチカ』では個別的本質は「導出」されないとしている［cf. Gueroult 1974, p. 462］。ゲルーのこうした解釈が整合的であるか、はなはだ疑問である。

（36）　たとえば D. Garrett 2002, pp. 141-142 また Lin 2004 とりわけ S. 27, S. 40 参照。

（37）　ここでの「実体の有」は、マシュレがいうように、「実体の本性」と同義であると考えられる［Macherey 1997-1, p. 102, n. 1］。

（38）　ラモンはこのかたちをとる本質定義を、「本質の伝統的な考え」と規定し［Ramond 2007, p. 59］、ゲルーはこれを「本質の伝統的、デカルト的定義」と呼んでいる［Gueroult 1974, p. 27］。たとえばデカルトはいう。「それらなしに或るものが在りうるところのものどもは、その〔ものの〕本質のうちには含まれない、と私には思われる」［『第四答弁』ATVII219: 25-26, cf. Gueroult 1974, p. 20, n. 2］。

（39）　とはいえ先に示したように、必然的な産出力を備える実体である神が無限の諸様態を産出しないことはありえない。神（実体）の実在する力能はまた、必然的に結果を産出する原因としての力能でもあるからである。

（40）　このようなスピノザのいいかえにかんしては様々な解釈が提示されている。たとえばA・シュアミーは、第二部定理一〇備考が「実に「本質に属すること」と「本質を構成すること」の等価を措定しているように思える」と述べる［Suhamy 2003, p. 87］。またラモンによれば、スピノザは第二部定理一〇、同定理三七、同定理四九において「本質である」と「本質に属する」を区別なくもちいているが、彼は同時にこれらの表現間の差異の可能性をも示唆しているという［Ramond 1995, p. 184, n. 2］（ただしラモンはこの可能性を示唆するだけにとどまっており、この差異の内実を示していない）。他方でドゥルーズは、スピノザとウィレム・ファン・ブレイエンベルフ（一六三二頃―九六年）との往復書簡［Ep18-24, 27. ドゥルーズはこれらをまとめて「悪についての書簡」と呼ぶ［Deleuze 1981, p. 44］］にかんする彼の解釈において、「本質に属する」ことと「本質を構成する」ことをはっきりと区別する［Deleuze 1968, p. 231, Deleuze 1981, pp. 61-62］。しかしJ・ビュッスによれば、このドゥルーズの区別はスピノザのテクストに反する。というのもビュッスによれば、スピノザは「属する」と「構成する」を「同義語として」もちいているからである（彼が例証として挙げているのはまさに私たちがとりあげている第二部定理一〇備考と、のちにとりあげることになる同部定理三七証明である）。それゆえビュッスは、『エチカ』のテクストにおいて「〈属する〉と〈構成する〉のあいだの意味論的差異の導入を正当化するもの」は何もないと結論づける〔Busse 2009, pp. 100-101, n. 26〕。

（41） 人間の本質が「永遠の真理」といわれるのは、少なくともこの文脈では、人間の本質の原因が神であることを示していると理解しておけばよいだろう。この点については、たとえば Gueroult 1968, p. 288 参照。

（42） ゲルーによれば、第二部定理一〇系が導出するのは「任意の人間の個別的本質ではなく、人間の普遍的あるいは種的本質である」し、「人間の本質を規定するのは、神の諸属性の一定の様態によって構成されているという、すべての人間に共通で〈人間に〉固有の本性である」〔Gueroult 1974, p. 460〕。

（43） たとえばビュッスは、以上の文脈にかぎらず『エチカ』全体にわたって、スピノザが「本質」という語を「或るものをその還元不可能な個別性においてとらえる」さいにもちいており、スピノザにとって「厳密な意味では個別的なものの本質しかない」と解釈する〔Busse 2009, p. 33〕。

（44） 「個体の形相」ないし「本性」、また人間「身体の本質」あるいは「形相」を構成するといわれる「運動と静止」の「関係（ratio）」〔cf. E2P13SDef〕の具体的内実にかんする考察については、秋保二〇一八を参照されたい。

（45） 以上の身体にかんする議論については、Matheron 1969 / 1988, pp. 37-61 から多くを学んだ。

（46） Cf. Macherey 1997-1, p. 279.

（47） Cf. Busse 2009, pp. 69-70.

（48） まさにこの部分を欠く本質の定義の使用から帰結する諸々の背理が、先にみたように第二部定理一〇備考で指摘されていた。それゆえこの部分こそがスピノザの Def2 の肝要な、あるいはラモンのことばを借りれば「オリジナルな」部分であるといえよう〔Ramond 2007, p. 59〕。こうした論点はすでに『短論文』でも示されていたが〔KV2Praef, p. 262: 10-29〕、私たちが第二章第四節の最後（第二章注（57））に言及したように、『短論文』の本質規定には Def2 の前半部 a が欠けている。

（49） Macherey 1997-1, p. 381.

（50） Gueroult 1974, p. 497.

（51）原文は‘... haec affirmatio ad essentiam ideae trianguli pertinet, nec aliud praeter *ipsam* est.’ここで強調した‘ipsam’は、文法的には‘idea’（観念）とも‘essentia’（本質）ともとれる。たとえば畠中尚志は「観念」と［スピノザ 一九五一（二〇〇〇）、一五五頁］、B・ポートラは「本質」ととっている［Spinoza 1988, p. 185. ポートラはこの翻訳の第四版では‘elle’という代名詞に変更しているが、その内実としては「三角形の観念の本質」としてとっているように思われる］。この箇所はのちに示すように、本質とそれが本質をなしている当のものの緊密性を示すものであり、どちらでとってもことがらとしては変わらない。

（52）Cf. TIE96.

（53）コナトゥスが導出される第三部定理六証明は、大別して二つの議論を提示している。神（実体）と様態のあいだの力の表現関係に立脚する前半部と、いわゆる「自己破壊不可能性」に立脚する後半部である。ベネットに代表される解釈ではとりわけ後半部に着目し、スピノザの証明の難点を指摘するが［Bennett 1984, pp. 231-246］、近年の研究では前半部を重視するものが多くみられ［たとえば D. Garrett 2002, Lin 2004, 河村 二〇〇四、木島 二〇一二］、私たちもこの方向性を共有している。ベネットに代表される解釈は、要点のみをいえば、証明前半部の力の議論を過小評価しすぎている。私たちはのちに本文で、ベネットと同様の論旨を持つD・ガーバーの解釈を批判的に検討する。

（54）Macherey 1995, p. 72.

（55）第三章注（5）参照。

（56）Cf. Matheron 2011-4, p. 574.

（57）Garber 1994, p. 61（強調はガーバー）.

（58）Ibid.

（59）第三部定理六は次のようにいう。「各々のものは、それ自身においてあるかぎり（quantum in se est）、自らの有に固執しようと努める」。この‘quantum in se est’という表現についてはしばしば、デカルト自然学における「個体的諸物体のふるまいを支配する三つの法則」の第一のものである状態保存ないし慣性の法則との連関が指摘される

[Garber 1994, p. 44ff.]。『哲学原理』第二部三七項でデカルトは次のようにいう。「各々のものは、それ自身においてあるかぎり（quantum in se est）、つねに同一状態に固執する〔…〕」[ATVIII62]。たしかにスピノザは「形而上学的思想」において、コナトゥスとこのいわゆる慣性の法則をかかわらせているが [CM1/6, Geb., I, p. 248: 9-27]、私たちがいま検討しているように、『エチカ』におけるコナトゥスの自己保存は、コナトゥスが行使する力能のミニマムな実現に過ぎないし、また'quantum in se est'という表現は、慣性への言及というよりもむしろ、他の外的な諸原因を考慮することなしに、当の個別的なものの本質のみに注視する点を示しているものと理解すべきだろう [cf. Macherey 1995, p. 83]。

（60） Leibniz 1875-1890, Bd. 2, S. 170（強調引用者）.

（61） Gueroult 1968, p. 391.

（62） Deleuze 1968, p. 207.

（63） スピノザは、個別的な意志作用を語るさいに、肯定とともに否定をも、つまり否定を行う観念についても語っていた。ひとことでいうなら、スピノザは否定を行う観念を、当の観念の対象の実在を否定する観念として規定する [cf. E2P49S]。そして先にみたように、或るものの実在を否定することは、たんに概念上の否定のみではなく、当のものの実在を滅ぼすことにもつながっていた。そして、精神は身体を対象とする観念である。それゆえ「私たちの身体の実在を否定する観念」、「私たちの身体の実在を滅ぼしうる」ものについての観念は、「私たちの精神のうちには存しえない」[E3P10D]。またこの点と区別して理解されるべき論点であるが、このような否定を行う意志作用（観念）もまた、意志作用として思惟の積極的な活動実現状態を示すものであることを忘れてはならない。つまり、そのような観念が何を否定しているのか、そしてその否定作用の内実とは何かという問いと、否定の意志作用の存在者としてのありかた（思惟の活動実現状態）についての問いは区別されなければならない。

第六章　本質・実在・力能——永遠性

人間精神はまず何よりも現実的に実在する個別的なもの、より正確には現実的に実在する人間身体を対象とする観念として規定される［E2P11 / E2P13］。そして、或る個別的なものは、他の個別的なものをも巻き込む多数性において産出され、さらに身体はその各々がまた複雑な構成を有する複数の個体によって構成されている。それゆえ、身体は必然的に自らをとりまく外的環境のうちにおかれ、また自らを構成する内部環境を有する。各々の個別的なものはかくて、様々なスケールのもとで入れ子構造をなしつつ、自然全体の部分を構成している。したがってこのような仕方で現実的に実在する個別的なものを対象とする観念としての精神もまた、前章第一節でみた、『エチカ』第一部定理二八が示す多数性と相互規定の連関のただなかでとらえられることになる［cf. E2P9］。

しかしこうした条件におかれていてもなお、各々の個別的なものはそれ自身の現実的本質であるコナトゥスにもとづいて、「外的原因によって滅ぼされないかぎり、〔そのものが〕現に実在しているのと同じ力能を持ってつねに実在し続けるであろう」［E3P8D / cf. E4Praef：強調引用者］。

しかしながら個別的なものは、現実的に実在するかぎり、つねに当のものを滅ぼしうる力を持つ多くの外的原因との力の対抗関係におかれている。「自然のうちには、それよりもより力能があり、またより強力な他のものが存しないようないかなる個別的なものも存しない。むしろいかなる〔個別的な〕ものが与えられても、この与えられたものがそれによって滅ぼされうる、他のより力能ある〈個別的な〉ものが与えられる」［E4Ax］。それゆえ「人間が実在することに固執する力は制限されており、かつ外的諸原因の力能によって無限に凌駕される」［E4P3］。そうなると、各々の個別的なものは、「或る時には実在しなかった、あるいは或る時には実在しないであろう」といわれる実在［E1P21D］、すなわちはじまりと終わりのある実在、いいかえれば「規定された実在」［ibid.］を持たざるをえないことになる。

私たちは一方で、このように有限であり、規定された実在を有する。しかし他方で、『エチカ』の終盤では私たち自身が、より正確には私たちの精神が、それでもなお「永遠である」とまで語られる［E5P23S］。「私たちは、精神がものどもを永遠の相のもとで概念するかぎり、精神が永遠であることについて確実である」［E5P31S］。『エチカ』の論証全体の収斂点は、まさにこうした精神の永遠性の開示にほかならない。

たしかに個別的なものは、外的原因によって滅ぼされないかぎり、コナトゥスという力にもとづいてつねに実在し続けることができるだろう。スピノザはこの「無際限の実在の継続」を「持続」として定義する［E2Def5］。この個別的なものの持続はしかし、それらの多数性と相互規定という条件を踏まえれば、外的諸原因の力によってはじまりと終わりを有し、それゆえ制限されたものであるだろう。しかも他方で永遠性は、「たとえ持続がはじまりも終わりも持たないと概念されようとも、持続や時間によっては説明されえない」［E1Def8Exp］とはっきり語られている。

はたして、個別的なものが一方ではじまりと終わりを有する規定された実在を持つことと、他方でそれでもなお永遠であることは両立可能なのだろうか。そして両立可能であるとしたら、それはいかにしてなのか。またそのさい、この永遠性の内実とはどのようなものなのだろうか。さらにこの永遠性の内実は、私たちが前章までみてきたスピノザの生についての思考といかにかかわりあうのか。以下で私たちはこの個別的なものの永遠性の検討へと移る。たしかに、『エチカ』における永遠性の解釈にかんしては多様な論点があるけれども(1)、のちに示すように私たちの精神の永遠性の論証を基礎づけるのは、『エチカ』第一部で提示される原因性の議論にほかならず、くわえてこの原因性から帰結する二種の実在の区別と連関こそが永遠性の内実理解のポイントとなるため、以下ではこの原因性と、二種の実在の連関と内実の検討に焦点を絞り、この点にかんする従来の支配的な解釈を批判的に吟味することを介して、個別的なものに永遠性を帰すことを可能にする議論構造、さらにここから帰結するスピノザの生にかんする思考を描き出していこう。

個別的なものの永遠性——本質と実在

前章第一節第三項でふれたように、スピノザは『エチカ』第二部定理四五備考において[2]、個別的なものについて語られる二種の実在を次のように区別していた。まず第一に、「他の個別的なものから規定される」持続と等置されうる実在、つまり規定された実在と、第二に、「実在の本性そのもの」、「神のうちに在るかぎりでの個別的なものの実在そのもの」という二とおりのものである。そして精神の永遠性についての議論が展開されていく『エチカ』第五部後半（とりわけ定理二一以降）において、この第二の側面からものをとらえること、すなわちものを「神のうちに含まれる」という側面からとらえることこそが、ものを「永遠の相のもとで[3]」とらえることにほかならない次第が示されていく［E5P29S］。したがって個別的なものである私たちの永遠性の内実を理解するには、これら二種の実在の区別と連関を、より内容に立ち入って検討していく必要がある。そのためにまず、この実在の区別が提起された文脈を押さえることから議論をはじめよう。

スピノザはこの備考を、「ここで私は〈実在〉ということで、持続を、すなわち抽象的に概念され、量の一種として概念されるかぎりでの実在を知解しているのではない。というのも、私は実在の本性〔…〕について語っているからである」［E2P45S：強調引用者、二とおりの実在を区別するため以下しばらく〈　〉を付す］という言明ではじめている。「ここで」というのは、佐藤一郎がいうとおり、この備考が付された定理四五の証明を参照していると考えられる。[4] つまり、「現実的に実在する個別的なものの観念は、当のものの本質と〈実在〉を必然的に含んでいる（この部の定理八系より）」［E2P45D］という一文の〈実在〉に焦点が当てられているのである。

現実的に実在する個別的なものは、多数性と相互規定による有限で規定された実在を有していた。それゆえ一見するとここでの〈実在〉も、この有限で規定された実在であるようにみえる。とはいえいずれにせよ、ここで参照されている第二部定理八系（またこの系が付されている定理八）は、『エチカ』における人間の永遠性の解釈をめぐって諸家により頻繁に参照される重要なものでもあるため、[5] この〈実在〉の内実に探りを入れるためにも、この系を注意深く検討していこう。

この系は次のようにいう。「(a)個別的なものが神の属性のうちに包含されているかぎりでのみ実在するあいだは、それらの対象的有、いうなら観念は、神の無限な観念が実在するかぎりでのみ実在する。そして(b)個別的なものがたんに神の属性のうちに包含されているのみではなく、さらに持続するといわれるかぎりでも実在するとき、それらの観念もまた、それによって持続するといわれる実在を含む」［E2P8C：(a)と(b)は便宜上の挿入］。

たとえばゲルーは、この系のaの部分で語られる「神の属性のうちに包含されているかぎりでのみ実在する個別的なもの」の観念を、個別的なものの「永遠な本質」の観念と解釈する。[6] しかも彼は、この意味での本質が、「実在に対立する」とまで語る。[7] つまりゲルーは、永遠である本質と、有限で規定された実在とを区別し、さらに両者を対立的なものとさえみなしている。柏葉武秀も指摘するとおり、このゲルーのようにaの部分を「本質」についての記述とみなす解釈はきわめて多い。[8] しかしながら、テクストそのものを尊重すれば、aで語られているのは「神の属性のうちに包含されているかぎりで」の個別的なものの実在と、それについての観念であって、要するに問題となっているのは本質ではなく実在である。

そして定理四五備考は、私たちが問題としている定理四五証明で語られる〈実在〉を、「神のうちに在るかぎりでの個別的なものの実在そのもの」とはっきりと限定している。さらに、定理八系のｂの部分で語られる「持続するといわれる実在」は、「現実的に実在する個別的なもの」の実在であり、多数性と相互規定のもとでとらえられるかぎりでの実在にほかならない［E2P9D］。それゆえ、定理四五証明（の〈実在〉）が参照しているのは、とりわけて定理八系のａの部分であることになる。

したがって、「神のうちに在るかぎりでの個別的なものの実在そのもの」、「実在の本性そのもの」とは、「神の属性のうちに包含されているかぎりでのみ」個別的なものが有する〈実在〉であると考えるべきであり、また現実的に実在する個別的なものの観念が必然的に含んでいるとされる［E2P45D］のは、この意味での〈実在〉にほかならない。それゆえこの〈実在〉概念の内実を理解することこそが、個別的なものの永遠性理解のひとつの焦点となる。こうなるとさらに問われるべきは、「神のうちに在る」という表現、より正確には「神の属性のうちに包含されている」という表現が、ことがらとしてはいかなる事態を示しているのか、という点である。

この点にかんして定理四五備考は次のようにいう。個別的なものの「〈実在〉の本性」は、「神の本性の永遠なる必然性から、無限のものが無限の仕方で帰結する（第一部定理一六をみよ）がゆえに、個別的なものに帰される」と［E2P45S］。つまり神の必然的原因性が重要になるのである。[9] これは定理四五証明をみても確認される。つまり「神の属性のうちに包含されている」とは、「個別的なもの〔が、〕それ自身が様態となっている属性のもとで神が考察されるかぎりで神を原因とする」［E2P45D：強調引用者］ことにほかならない。かくて『エチカ』第一部で展開される存在論、とりわけ力の存在論を構成する原因性の理論こそが、永遠性の理解に不可欠な論点であることが明らかとなる。

まさに原因性の観点から、個別的なものの永遠性と持続（有限）実在にかんする、一見したところ整合的な解釈を提示しているのはＪ・モローである。そして彼が提示する解釈は、スピノザ研究史上しばしばみられる典型的なものといってよい。

まず彼によれば、先にゲルーに代表させた解釈にみられるように、個別的なものにかんして永遠性を語りうるのは何よりも本質であって、実在はのっけから持続性を担わされている。そのうえで彼は、神の本性からの様態の必然的導出［E1P16］を「垂直の原因性」とみなし、永遠なる本質が（無限様態を介して）導出されると理解し、他方で有限なもののあいだの原因性［E1P28］を「水平の原因性」とみなし、こちらはもっぱら持続実在を生じさせるものとする。かくて神がすべてのものの本質と実在の作用因である、という定理［E1P25］が、こうした二種の原因性から解釈されることで、一方で本質は永遠であり、他方で実在は持続であることになる。[10] 本質と実在はこのようにはっきりと分断されてしまうのである。

しかしながらこうした解釈のもとでは、まずここまでみてきたように永遠性が実在にかんして語られているというテクスト上の事実が見逃されてしまう。さらにこの解釈は、『エチカ』における原因性の理解にかんしても不十分なものであるといわざるをえない。以下では第一に、永遠性がさしあたり本質よりもむしろ実在にかかわる点を永遠性の定義［E1Def8］を検討することで確認し、第二に原因性についての私たちの解釈を簡単に再提示したうえで、個別的なものの永遠性の内実の検討に進んでいく。

永遠性の定義

永遠性は次のように定義される。「永遠性ということによって私は、永遠なるものの定義のみから必然的に帰結すると概念されるかぎりでの実在そのものを知解する」［E1Def8］。みられるように、永遠性は明らかに実在にかんして語られていることが確認される。[11] とはいえ諸家の指摘するように、この定義には一見したところ循環が含まれているようにみえるため、[12] まずはこの点を検討することで解釈を進めていこう。

この定義にかんしてしばしば指摘される循環とは、永遠性が被定義項であるにもかかわらず、定義項のほうにも「永遠」ということばがあらわれていることである。この点にかんしてゲルーは、「根本的に、そして十分な仕方で」永遠性を規定するのが、「或るものがそれ自身によって必然的に実在するという特質」であるとし、その結果定義された永遠性は、本来的には無限な実体である神とその諸属性にのみ適するということになる。[13] いいかえれば、彼はそれ自身によって必然的に実在するもの（永遠なるもの）、すなわち神とその諸属性の実在のありかたに、永遠性という名が与えられていると考える。そのため彼はのちの行論で、「属性によって永遠」という規定を与えられる無限様態［E1P21］にかんして、いまみた彼の永遠性理解によれば、「無限」と形容されるとはいえ、他のもののうちに在りかつ他のものによって概念される様態には厳密にいえば永遠性を語りえないことになるため、無限様態の永遠性が「厳密には永続性ないし恒常性でしかない」と語ることになる。[14]

けれどもこの定義そのものにかんして、ゲルーとは違う読みかたが可能であり、しかもこちらのほうが正当な理解だと考えられるため、以下にこの読みを提示しよう。

永遠性が「実在そのもの」と定義されており、いいかえれば実在のありかたであるという点がのちの議論において何よりも重要な論点となるが、[15] まずは或るものの実在が永遠であるといわれる条件として、そのものの実在が「永遠なるものの定義のみから必然的に帰結する」と語られている点をおさえておこう。マトゥロンのいうようにこの「永遠なるものの定義のみから」という表現は、(A)〈その実在が永遠といわれる当のものの定義のみから〉、あるいは(B)〈その実在が永遠といわれる当のものとはことなる、Aによって永遠といわれるものの定義のみから〉、という二とおりに読むことができる。[16] つまりBの場合では、その定義から永遠性が帰結するとされるもの（つまりこうした帰結の出発点となるもの）と、この帰結を介することによってはじめてその実在が永遠であるといわれるものは、さしあたり区別される。したがってこうなると、それ自身のみによって必然的に実在する神、実体、属性はAによって無条件に永遠であり、「属性によって永遠」という規定を与えられる無限様態は、Bによってそれ以外の付加的な条件なしに永遠である。[17] けれども個別的なものは、先にみたように、その多数性と相互規定により規定された実在をも有する。したがって、このような個別的なものについていかにして永遠性が可能になるのかを理解するには、いかにしてBの条件が個別的なものに妥当するのかを明らかにする必要がある。そのさいとりわけ、実在が「永遠なるものの定義のみから必然的に帰結する」（強調引用者）という点が肝要となるはずである。つまり、無条件に永遠である神＝実体のみから、いかにして個別的なものが産出されるのか、この原因性をおさえる必要がある。実のところ私たちは、すでに第四章においてこの原因性を検討している。そこで以下では原因性にかんする私たちの解釈を簡潔に再提示することで、個別的なものの永遠性の把握に近づいていこう。

個別的なものにかんする二種の原因性と二種の実在

「神は自己原因であるといわれるその意味において、すべてのものの原因である」と語られていた［E1P25S］。この言明の内実は、まず本質と実在の必然的相即が実現され、両者がともに永遠真理として同一化される自己原因である神＝実体が、すべてのものの実在の作用因であるだけでなく、その本質の作用因でもあることであった［E1P25］。つまり、実在にかかわる原因性と本質にかかわる原因性は別物ではない。

さらにここに産出の必然性がくわわる。「神の本性が与えられれば、そこから諸々のものの本質ならびに実在が必然的に結論されなければならない」［E1P25S：強調引用者］。自己原因であるものとしての神、その本質と実在が必然的に相即しているからこそ、そこから帰結するものについても、その本質と実在がともに必然的に結論されるのである。

そしてさらに、ここに力能の議論が接続される。「神の本質の必然性のみから、神が自己原因であり（〈第一部〉定理一一より）、かつ（定理一六とその系より）すべてのものの原因であることが帰結する。したがって、神自身とすべてのものがそれによって在りかつはたらきをなすところの神の力能は、神の本質そのものにほかならない」［E1P34D］。神が原因である（自己原因でありかつすべてのものの原因である）ことが、ここで力能概念の内実としてつかまれていた。したがって自己原因としての神の本質と実在は同一である以上、神の力能は神の本質そのもの、「活動的本質」［E2P3S］にほかならないことになったのである。

かくて、神の本質、実在、力能の三者が自己原因であるものの必然性のもとに統合される。したがって、神が自己原因であるといわれるその意味において、神はまたすべてのものの原因であるのだから、神がすべてのものの原因であるとは、より正確にはそれらの本質と実在と力能三者の原因であると考えることができる（こちらを「必然的原因性」と呼ぼう）。この原因性において個別的なものの本質と実在は、力能とともに一体をなす。まさにこの必然的原因性こそが、個別的なものの永遠性理解のかなめとなる。

しかし他方で、個別的なものは同時に多数性と相互規定に巻き込まれる［E1P28］。そしてこうした多数性と相互規定の絡み合いが意味するのは、或る有限なものが単独では何らかのものの原因ではありえず、各々の有限なもののすべては同時に原因でありかつ結果であるという因果関係に巻き込まれていることであった（こちらを「強制的原因性」と呼ぼう）。この強制的原因性によって個別的なものに付される有限で規定された実在の内実としては、具体的には、一定の場所と時間のもとで、一定の環境のもとに在る、或る人間の身体の現実的実在を考えればよい。スピノザは、「人間は他の人間の実在の原因であるが、しかし本質の原因ではない」［E1P17S］と語るが、これは他でもなく或る人間（両親・母）が別の人間（子）の身体を生み出すことをいっていると考えられる。つまりこの規定された有限な実在は、誕生と死の日付を持ちえ、つまりはじまりと終わりを持ちうるものであり、また持続の概念でとらえられうるものである。

以上の二種の原因性こそが、まさに先にみた個別的なものの二種の実在に正確に対応する。そして右にみた永遠性の定義におけるBの条件をみたすのは、神（実体）の本性のみから帰結し、他の個別的なものからの規定がくわわらない、個別的なものの本質、実在、力能三者が必然的に帰結する必然的原因性にほかならない。

この必然的原因性に着目することで、さらに先に引用した第二部定理四五証明でなぜ個別的なものの〈実在〉

だけでなく、本質もがともに語られていたのかという点をも理解できる（「現実的に実在する個別的なものの観念は、当のものの本質と〈実在〉を必然的に含んでいる」［E2P45D：強調引用者］）。というのもこの原因性にあっては、すべてのものの〈実在〉と本質がともに必然的に帰結するからである。

したがってここまでの議論から、定理四五備考で語られた〈実在〉、実在の本性とは、その本質と実在の同一性がともに永遠真理として肯定された無限の活動実現状態にある神＝実体、いいかえればすべてのものの存在論的基盤である神＝実体の本性の必然性から、必然的に産出されるかぎりでの個別的なものの実在であって、本質のほうもまた同様に必然的に産出されるかぎりでの個別的なものの本質である、ということが明確になる。したがって個別的なものの本質のみを永遠とし、実在をもっぱら持続するものとして、永遠性にあずかることのないものとして隔絶させてしまう解釈は退けられねばならない。鈴木泉もいうように、スピノザ哲学にはこのような意味で「本質と実在の分断[18]」を禁じる思考が存するのである。

しかもこのような本質と実在を分断する解釈を採用してしまうと、ゲルーのように「本質の世界」（永遠）と「実在の世界」（持続）を区別することによって、叡智界と現象界の区別に酷似した二世界論に容易につながってしまう。こうなるとライプニッツによる批判を整理しつつ柏葉が正当に述べているように、叡智界ないし永遠なる本質の世界は、「現世の時間など超越しているのだから、私の生前に〔も〕死後〔に〕も不変のまま依然として存在しており、われわれの生とは無関係[19]」になってしまう。さらにこのような理解のうえに立ってしまうと、有限な実在を有する身体が、私たちを現世に縛りつける桎梏のようなものとみなされ、死後における精神の解放こそが望まれるべきものとなり、したがって身体の破壊が、そしてこの意味での死がすすんで肯定されることにもなろう。しかし「誰も自己の本性の必然性によって食事を拒否したり自殺したりすることは」なく、また「人間が自己の本性の必然性にもとづいて実在しないように努めることは〔…〕無から或るものが生じるというのと同様に不可能である」［E4P20S］と断言するスピノザは、このような立場を拒絶する。生は耐え忍ばれるべきものではない。むしろのちにみるように、個別的なものの身体の現実的実在の肯定こそが、スピノザ倫理学の唯一の基礎なのである。以下では上記二種の原因性と実在がどのように連関しているのかを、より内容に立ち入って検討していこう。この議論によって私たちの精神の永遠性の内実が明らかとなってくるはずである。

生の肯定

ここまでみてきた二種の原因性と実在の連関を検討するために、「各々〔の個別的なもの〕は他の個別的なものから一定の仕方で実在するように規定されているとはいえ、しかしながら各々が実在することに固執する力は、神の本性の永遠なる必然性から帰結する」［E2P45S］という一文の解釈からはじめていこう。

文面から容易にみてとれるように、この文の前半は強制的原因性を示している。他方で後半は必然的原因性を示していると推察される。そしてこの必然的原因性によって個別的なものに与えられるのは、「実在することに固執する力」であるといわれている。この議論の内実を理解するには、必然的原因性から帰結するのが個別的なものの本質・実在・力能の三者であったことを想い起こす必要がある。かくて前章第二節で検討したコナトゥスの議論がすでに、この二種の実在の連関を理解するための端緒を開いていたのである。

個別的なものは、強制的原因性のもとで、多数性と相互規定による有限な実在を有する。そしてこの事態が示していたのは、或る有限なものが、それ単独では何らかのことがらの原因ではありえず、むしろ各々の有限なもののすべてが、同時に原因でありかつ結果でもある因果関係に巻き込まれていることであった。そして或る個別的なものを実在と作用へと規定する他の有限な諸様態は、「神の或る属性が、一定の実在を有する有限な諸様態に様態化したかぎりでの神」にほかならず［E1P28D］、このかぎりでの神が、「ものが実在しはじめる原因」なのであった［E1P24C］。けれどもそれと同時に、神はものが「実在することに固執する」原因でもある［ibid.］。ものが「実在することに固執する」原因である神、これを個別的なものの側からとらえなおした表現こそが、「実在することに固執する力」であって、この力はつまり、必然的原因性のもとで神の無限なる力能の一部を構成する、個別的なものの力能の発現にほかならない。

実在するすべての個別的なものは例外なく、自らの実在を維持するというミニマムな結果を含め、多くの結果を産出するが、この事態をより正確に表現するなら、個別的なものに変状したかぎりでの神、いいかえればその無限な力能の一部が結果を産出するということであり、つまり個別的なものというありかたのもとで、神＝自然の力能が実現されているということである。まさにそれゆえ、個別的なものは有限な他の諸原因によって規定された実在へともたらされるや否や、有限な実在を有する自らの身体を保存することに努める。「私たちの精神の第一で主要なものは、（この部〔第三部〕の定理七より）私たちの身体の実在を肯定するコナトゥスである」［E3P10D］という言明は、このように理解された。そしてこのコナトゥスは、個別的なものの現実的本質にほかならなかった。以上の議論から明らかなように、必然的原因性にもとづくコナトゥスはそれゆえ、個別的なものの本質・実在・力能三者が統合された活動実現状態として理解されねばならない。

さらに、以上の二種の実在の連関にかんする理解を、より深めることを可能にするテクストがある。

> ものは二とおりの仕方で私たちに現実的（actuale）と概念される、つまり、当のものを一定の時間と場所において実在すると概念するかぎりにおいてか、または当のものが神のうちに含まれ、神の本性の必然性から帰結すると概念するかぎりにおいてである。［E5P29S］

つまり、有限であるといわれ、規定された実在を有するこの身体の実在にかんしても、またこの身体を有する個別的なものが神の必然的原因性によって産出されるために、それに帰される実在の本性、すなわち実在することに固執する力にかんしても、両者がともに「現実的」といわれる。この点はきわめて重要である。つまり、この身体の有限な実在がたんなる仮象にすぎないのでもないし、また永遠性の語られる必然的原因性にもとづく実在が、私たちが現実的に達することのできない理念的な何かであるのでもない。むしろ両者はともにひとつの活動実現状態（*actus*）として、唯一の現実性の二つの側面をなす。[20] この点を見逃してはならない。「個別的なものがたんに神の属性のうちに包含されているのみではなく、さらに持続するといわれるかぎりでも実在するとき、それらの観念もまた、それによって持続するといわれる実在を含む」［E2P8C：強調引用者］という先の第二部定理八系のｂの部分は、まさにこのような事態を示しているのである。

「精神の本質を構成する第一のものは（第二部定理一一と一三より）、現実的に実在する身体の観念であるのだから、私たちの精神の第一で主要なものは、（この部の定理七より）私たちの身体の実在を肯定するコナトゥスである」［E3P10D］と語られていた。そして「私たちの精神の現在的実在は、精神が身体の現実的実在を含むという この点にのみ依っている」［E3P11S］。すなわち、自らの身体の現実的実在を肯定する精神のコナトゥスは、つねに〈いま・ここ〉、つまり自らの身体の在るところ、この現在、この現実において発現している。しかもこの〈いま・ここ〉は、どこであってもいつであってもよいような、いわば一般的な〈いま・ここ〉、あるいは他の時間や場所との関係のなかで、あれでもなくそれでもなく、これ、といったように、指示を介した部分的否定と相対性のもとでようやく定まる〈いま・ここ〉ではない。むしろ、そのような比類を絶し、あらゆる指示に先立って現に自らを闘き示している〈いま・ここ〉、個別的に現に生きられている、当の身体以外の何ものによっても占められえない〈いま・ここ〉でなければならない。このような絶対的な〈いま・ここ〉を個別的に現に生きているのは、あくまで私たちひとりひとりに固有の唯一無二の身体以外の何ものでもなく、また精神のコナトゥスは、自己自身の個別的な身体の現実的実在にかんして、刻々と現実的に行使され続けている、これまた唯一無二の個別的な肯定以外の何ものでもないからである。この事態を別様にいいなおせば、この個別的な身体の有限な現実的実在がなければ、実在に固執する力はたんに一般的で抽象的なものにすぎなくなる、ということである。

要するに、この身体の現実的実在こそが、強制的原因性と必然的原因性の結節点となっているのである。

したがって「実在に固執する力」とは、ここまで述べてきたことを踏まえて端的にいえば、個別的なものが自らの生を維持しようとするコナトゥスであって、さらにこの力、コナトゥスの内実とは、この身体とともに現実的に在る、この個別的な生そのものであるところの肯定である。「現実的に実在する」とは、「存在し、はたらきをなし、そして生きること（esse, agere, & vivere, hoc est, actu existere）」にほかならなかった［E4P21］。『エチカ』の倫理学は、まさにこの個別的な身体とともにある、個別的な生の自己肯定からこそ出発しなければならない。この肯定のうえに立ってはじめて、「至福であり、善くはたらきをなし、そして善く生きることを欲望すること（cupere beatum esse, bene agere, & bene vivere）」ができる［ibid.］。まさにそれゆえ、「自らを保存するコナトゥス」は、『エチカ』の倫理学の「第一かつ唯一の基礎である」［E4P22C］。

*

ここまでみてきたように、一方で個別的なものは多数性と相互規定による強制的原因性によって、いいかえれば「自然の共通の順序」［E2P30D］、「諸原因の無限な連関」［E5P6D］に絡めとられることで、はじまりと終わりをもつ有限で規定された実在を有する。しかし同時に他方で、個別的なものは神の必然的原因性により、その本質・実在・力能三者が必然的に帰結し、この原因性にこそ永遠性が見定められる。先に私たちは、個別的なものの永遠性の理解にとって、「永遠なるものの定義のみから」［E1Def8：強調引用者］という点が肝要となるはずだと見とおしをつけていた。神からの必然的原因性をとらえることがまさに、個別的なものの永遠性を認識することにほかならない。それゆえ私たちはマトゥロンとともに、実在することに固執する力、コナトゥスが、「私たちの本質と同一視される、実在することの永遠なる力能である」と結論づけることができる。[21] そしてこの必然的原因性のもとで個別的なものは、スピノザがくわえていうには、「真あるいは事象的な」ものとして理解される［E5P29S］。これはいいかえれば、「ものどもを、それらが神の本質を介して実在を含むかぎりで」理解することである（ens reale）として概念されるかぎりで、いうなら、それらが神の本質を介して実在を含むかぎりで」理解することである［E5P30D］。つまり、個別的なものの実在を、純粋な産出的活動性としての神の本質、すなわち力能の一部として、つまり結果を必然的に産出する力として理解することである。このように理解される個別的なものの実在こそが、私たちが検討してきた〈実在〉、つまり「神の諸属性のうちに含まれるかぎりでの」［E2P8C］、あるいは「神のうちに在るかぎりでの」個別的なものの「実在の本性そのもの」［E2P45S］にほかならない。

かくて永遠性は彼岸に在るものではない。またそれは身体の死後にやってくるものでもない。永遠性はむしろ「持続における実在と厳密に同時であり、共存している」[22]。私たちが現に生きているこの現実の必然性、純粋な産出的活動性としての生の必然性こそが、永遠性そのものなのである。私たち自身の身体と精神は、つねに永遠を生きている――私たちがこの点にかんする理解から締め出されているときでさえ。

私たちの本質そのものである実在することの永遠なる力能は、私たちひとりひとりの身体とともに現実的に在る個別的な生の肯定であった。しかしこの生の肯定は、生そのものであるところの肯定なのであって、さしあたりそれ以上でもそれ以下でもない。ごく簡潔にいっておけば、「精神自身の本質そのものである」「精神のコナトゥスいうなら力能」［E3P54D］は、当の精神が対象とする身体の実在を肯定することに見出されたけれども、これは私たち自身がそれであるところの精神にかかわることがら、極端にいえば、私たち自身のあずかり知らぬところで生きられてはいるが、けれどもなお私たち自身にほかならない生にかかわることがらなのである。

さらに、ここまでみてきた神からの必然的産出は、すべての個別的なものにかんして全般的に語りうることがらである。

私は第一部において、すべてが（したがって人間精神もまた）本質にかんしても実在にかんしても神に依っていることを一般的に示したけれども、この証明は、正当でありまた疑念の余地がないとはいえ、しかしながらこの同じことが、私たちが神に依っていると語った各々の個別的なものの本質そのものから結論されるほどには、私たちの精神を触発しないのである。［E5P36S：強調引用者］

問題となっているのはつまり、「いかにして、またいかなるありかたのもとで、私たちの精神が、本質にかんしても実在にかんしても神の本性から帰結し、また絶えず神に依っているか」［ibid.］、この点を各々の個別的なものの本質そのものから結論することである。ここにかけられているのは、個別的なものである私たち自身の本質から出発して、私たち自身にほかならない生の肯定に到達すること、またそれによって、思考されることなく生きられている生を思考することにほかならない。しかしこの出発点となる個別的なものの本質そのものこそが生ではなかったか。そうなるとこのスピノザのテクストでは、奇妙にも出発点と到達点が同一であることになる。問題はそれゆえ、生のひとつの発現様式である思考から出発して、いかにして生そのものについての理解に到達するのか――生についての思考をめぐるこの奇妙なねじれ、私たちが本書の冒頭でみた奇妙なねじれにある。

最後にこのテクストを手がかりにして、生の肯定、ならびに精神の永遠性の内実理解をさらに突き詰めていこう。

（1）永遠性は「恒常性（sempiternité）」、「全時間性（omnitemporality）」、「無時間性（intemporalité）」、「永続性（perpétuité）」のいずれかで置き換えられるのか否か［鈴木 二〇〇六、一九四頁、注（10）に簡潔な整理がある］、精神の永遠性といわゆる「魂の不死」との異同［たとえば Deleuze 1968, pp. 292-298, P. -F. Moreau 1994, pp. 534-536, 柏

葉 二〇〇八、六―九頁を参照]、「第二種認識」と「第三種認識」の連関、また後者の内実[たとえば Matheron 2011-2, Matheron 2011-9]、さらに個別的本質の理解[たとえば Gueroult 1974, pp. 459-463 を参照]、「神の知的愛」の解釈[たとえば Matheron 2011-10 を参照]等多岐にわたる。

(2) この備考が付された第二部定理四五は、諸家によって個別的なものの本質の認識である第三種認識の導入の定理と考えられており[cf. Macherey 1997-1, p. 347, Gueroult 1974, pp. 416ff.]、個別的なものの本質を考えるうえでも重要な場面である。

(3) 「永遠の相のもとで(sub specie aeternitatis)」の'species'をどう訳すかにかんして様々な意見があるが、私たちは'species'が「精神によってみられた存在の可知的な表現(expression intelligible de l'être, vue par l'esprit)」を示すギリシア語の「エイドス」に対応するというG・ロディス-レヴィスの指摘を念頭において「相」と訳す(彼女自身は'forme'という訳語を提案している)[Rodis-Lewis 1986, p. 212, n. 16]。さらに解釈史上しばしば論究される、「永遠の相のもとで」という表現と「或る(quadam)永遠の相のもとで」[cf. E2P44C2]という表現の異同にかんしては、たとえば Gueroult 1974, pp. 408-409, pp. 609-615, Jaquet 1997, pp. 109-124, Macherey 1997-1, pp. 346-347, Rousset 1968, p. 35, p. 55 を参照。

(4) 佐藤 二〇〇四、一一二頁。

(5) たとえば Yakira 1993, p. 159, Gueroult 1974, p. 95 参照。なお柏葉 二〇〇九/二〇一〇は、第二部定理八、その系ならびに備考に依拠する永遠性解釈を「標準的解釈」[三五頁]と呼んで整理している。

(6) Gueroult 1974, p. 93, p. 95.

(7) Gueroult 1974, p. 548. なお第二部定理八自身は、「実在しない個別的なもの、いうなら様態の観念は、個別的なもの、いうなら様態の形相的本質が神の属性のうちに含まれているのと同じく、神の無限な観念のうちに含まれていなければならない」というもの。ゲルーはこの「実在しない個別的なもの、いうなら様態の観念」を「ものの永遠本質の観念」と、また「形相的本質」を「ものの永遠本質」と解釈する[Gueroult 1974, p. 93]。このゲルーの本質と実在にかんする理解はとりわけ彼の無限様態論で典型的にあらわれる。つまり彼によれば、直接無限様態［E1P21］は「諸本質の世界」であり、そこから帰結するとされる間接無限様態［E1P22］は「諸実在の世界」であり、それぞれが永遠性と持続性を担う［Gueroult 1968, p. 325］。間接無限様態にもなお永遠性が語られるのではないかという当然の疑問に対して彼は、間接無限様態が個別的な実在物の「全体」として、その構成物は変化するがそれ自体は全体として不変であるという点で永遠性（この場合明らかに「不変性」になるわけだが）を確保しようとする［cf. Gueroult 1968, p. 318］。また直接無限様態についてテクスト上明らかに「実在」が語られている点について彼は、この「実在」が「本質の事象性の永遠なる現実性である、あらゆる持続の外なる永遠の現実性を享受すること」を示すという解釈を提示している［Gueroult 1968, pp. 326-327：強調引用者］。要するにゲルーは、この「実在」をも永遠本質に読み替えて理解しようとする。しかしこのような読みでは、（形相的）本質が永遠として、実在は持続として理解され、本質と実在がはっきりと分断されてしまう。こうしたゲルーの本質と実在の分断が、彼の永遠性の解釈にも波及しているのである［cf. Gueroult 1974, p. 611, n. 4］（なお以下の議論において私たちが多くを負っているMatheron 2011-8も、このゲルーの無限様態論を踏襲しており、この点には賛同できない）。私たちとしては、定理八にあらわれる「実在しない」という表現を、多数性と相互規定の枠組みのもとで——そしてこの枠組みのもとでのみ——現実的に実在しないという意味に理解する。

（8）柏葉 二〇〇九／二〇一〇、三七—三八頁。なおMacherey 1997-1, pp. 90-92, pp. 91-92, n. 2, Matheron 2011-8, p. 682もこうした解釈に含まれる。

（9）個別的なものについての観念のほうは、「神の無限な観念が実在するかぎりで」実在するといわれるが、「神の観念」は、そこから無限のものが無限の仕方で必然的に帰結する観念であるといわれるため［E2P3 / E2P4］、観念にかんしてもなお原因性が強調されていると読むことができる。なお永遠性にかんする原因性の観点の重要性については、Gueroult 1974, pp. 419-421, p. 439をも参照。

（10）J. Moreau 1983, pp. 27-28. なおスピノザ研究史上、いわゆる「たて」と「よこ」の二種の原因性がしばしば語られるが、この語の使用者によってその内実はまちまちであり、注意を要する。たとえばヨベルは「水平」の原因性を有限物の外的原因性、機械論的原因性と読み［E1P28］、「垂直」の原因性を内在因としての神からの個別化する論理法則という原因性［E1P16 / E1P25］と解釈している［Yovel 1990, p. 160］。

（11） この点については、Jaquet 1997, p. 90, P.-F. Moreau 1994, p. 506, 鈴木 二〇〇六、一九三頁、Gueroult 1968, pp. 78-80 参照。

（12） この点については、P.-F. Moreau 1994, p. 503, 鈴木 二〇〇六、一九三頁、Gueroult 1968, p. 78 参照。

（13） Gueroult 1968, pp. 78-79. また Gueroult 1974, p. 610 をも参照。

（14） Gueroult 1968, p. 309.

（15） スピノザは他の著作においても、永遠性を実在について語っている。たとえば「形而上学的思想」における次のような言明を参照。「〔…〕神には、現実的に無限な知性が適するのと同様に、現実的に無限な実在が適する。そしてこの無限の実在を私は「永遠性」と呼ぶ」［CM2/1, Geb., I, p. 252: 15-18］。

（16） Matheron 2011-8, pp. 681-682. このマトゥロンの解釈に同調するものとして、Jaquet 1997, p. 91 を参照。

（17） Matheron 2011-8, pp. 681-682. Cf. P.-F. Moreau 1994, p. 510.

（18） 鈴木 二〇〇六、一九八頁、注（15）。

（19） 柏葉 二〇〇八、八頁。

（20） よって個別的なものが永遠でありかつ有限であるといわれるのは何ら「奇妙」［佐藤 二〇〇四、五〇頁、注（3）］なことではない。

（21） Matheron 2011-8, p. 683（強調引用者）.

（22） Deleuze 1981, p. 58.

結論　力の存在論と生の哲学

「私たちは絶えざる変化のうちに生きている」［E5P39S］。第一章でみたように、私たちが現に手にしている一定の富や名誉も、その本性上確実といえるものではない。とかく定めがたい人の世において、しかしそれでもなお本性上確実な何かを見出すこと、「それを見出しまた獲得することによって、永続する最高のよろこびを私が永遠に享受することになろう或るもの」を探求すること［TIE1］。ここに『改善論』から一貫したスピノザの善き生への志向が存する。求められるべきは、揺るぎない確実な生の様式、永遠なる生の様式にほかならない。

私たちは第二章の最後で、スピノザのこうしたねらいを実現すべく『エチカ』が引き受けることになる課題を、個別的なものの本質と実在をともに包括し、さらに個別的なものの本質と実在の個別性をとらえることを可能にする体系的な理論を、原因性の観点から与えていくことに見出した。そして第三章以降の議論から明らかなように、力、あるいは力能概念、そしてこの概念にもとづく力の存在論こそが、このような理論を可能にするのである。

『エチカ』の第一部では、定義を出発点とする諸論証を介することで、その本質と実在が永遠真理として同一である神＝実体が、認識論的かつ存在論的な基盤として、『エチカ』の議論全体の真理性の基礎、すなわち真理の領野そのものになるとともに、『エチカ』の議論がそこに根ざし、かつそれを説明しようとしている「自然」

そのものの基礎となること、より正確にいえば、神＝実体が自然そのもの、現実そのものであることを確立する。第一部はこの認識論的かつ存在論的基礎、原理的なものから、さらに力ないし力能概念が枢要な役を果たす原因性を介して、ものの本質と実在を包括的かつ体系的に説明していく。こうした方向性は、全体的な構成から出発してその諸部分へと展開していくという意味で、「トップダウン」の形而上学ということもできよう[1]。

かくて人間を含むすべての個別的なものの本質、実在ならびに力能が神から必然的に帰結する。この必然的産出の観点からものをとらえることこそが、個別的なものを永遠の相のもとでとらえることであった。したがってトップダウンの形而上学の方向性にそくするかぎり、こうした永遠性の認識は「すべてのものに共通」な認識［cf. E2P46D］、すべてのものが共通に持ちうる認識である。『エチカ』の第一部でスピノザは、先にみたようにこのことを「一般的に」示したのである［E5P36S］。

しかしながら、この同じ永遠性の認識が「各々の個別的なものの本質そのものから結論される」場合には、当の個別的なものの精神をより触発するとされていた［E5P36S］。はたしてこれは何をいわんとしているのか。

現実的に実在するとは、生きていることにほかならなかった。そして生きること、現実的に実在することは、自らのこの身体のもとで、この現実に定位していることである。スピノザが『エチカ』第一部において高度に思弁的な存在論、認識論的構造を論じたのちの、第二部のはじまりの定義に、身体・物体の定義をおいたことは、いかに思弁的なことがらを思考していようとも、私たちが現にこの身体を持って、この身体と合一してこの現実のただなかに生きている事実への思考の向けかえを示すものと考えることはできないだろうか。「人間精神とその最高の至福の認識」［E2I］に至るには、私たちが、自らをこの現実に結び合わせているこの身体として生きているという事実に、あくまでこの現実に定位することが求められているのだと考えられないだろうか。

先に示したとおり、身体の現実的実在こそが、強制的原因性と必然的原因性の結節点になっていることを忘れるべきではない。さらに、現実的に実在するとは、〈いま・ここ〉に生きていることにほかならなかった。つまり生きること、現実的に実在することは、自らのこの個別的な身体のもとで〈いま・ここ〉という絶対的な現実に定位しているということである。そして力の存在論の観点からしても、個別的なものが実在しはじめるようになるいわば事実的な起源とかかわりなしに、力の発現はつねに〈いま・ここ〉において実現している。[2] くりかえせば、『エチカ』の倫理学の唯一の基礎は、この力の発現にほかならない生の肯定にこそ存する。

だがもちろんこうした身体への思考の向けかえのみからすぐさま永遠性の認識が得られるわけではない。しかもこの生の肯定は、私たち自身のあずかり知らぬところで現に生きられている活動性であって、それゆえこの生の肯定に私たち自身が到達すること、これが問題となっていたのである。くわえてたしかにスピノザは、精神の永遠性が論じられるにさいして、「身体との関係なしに精神の持続に属することども」の考察に移ると語っている[3]［E5P20S 末尾］。しかしながらこの表現は、精神の永遠性が身体にまったくかかわらないということを意味しているのではない[4]。精神の永遠性の論証の核となるのは、まさに個別的な「身体の本質」に対する注視だからである［E5P22 / E5P29］。そしてルッセもいうように、この「身体の本質」は、「決して現実的に実在するものに固有の本性として規定される本質とことなるものとして措定されるのではない[5]」。さらに以下にみるように、この個別的な身体への思考の向けかえは、『エチカ』の体系の構造上不可欠な要請でもある。

所与の条件のもとでの身体と精神

或る個別的なものの精神は、当のものの身体を対象とする観念である［E2P13］。つまり精神自身が観念そのものなのである。ライプニッツは早くからスピノザのこの考えに反発を示していた。「精神は身体の観念なのだろうか。そんなことはありえない[6]〔…〕」。ライプニッツにとって、精神はむしろ「諸々の思惟の原理」、つまり「あらたな諸観念の産出」を担うひとつの自立した主体である[7]。つまりライプニッツは、精神という主体があって、それが様々な思考を生み出すと考えている。けれどもスピノザではそうなっていない。精神は身体を対象とする観念である。つまりスピノザでは、〈精神である観念〉と〈精神が有する観念〉を、いいかえれば、〈私たちであるところの観念〉と〈私たちが有する観念〉を区別しなければならない(8)。私たちがいま検討したいのは、さしあたり前者である。

精神である観念は、精神が有する観念ではない。身体を対象とする観念である「人間精神は人間身体を認識しない」[E2P19D] とスピノザがいうのは、この意味においてである。またかくて精神が身体を認識しないとは、精神そのものである観念(身体を対象とする観念)を、精神自身が持たない、ということでもある。そうなると、精神はまた「自己(つまり精神)自身を認識しない」ことになる [E2P23D]。そして、精神としての観念が対象とする「身体の現実的実在を肯定すること」、これこそが「精神の本質」にほかならなかった [E3AffGenDefExp]。すなわち、この肯定は精神(としての観念)そのもの、私たちそのものである。以上を踏まえれば、精神自身、私たち自身であるこの肯定は、原理上私たちの精神による認識の圏外、その外にあることになる。

くりかえせば、精神の本質を構成する第一のものは、現実的に実在する身体の観念にほかならない。それゆえ精神のありかた、また精神が何をなしうるのかを理解するためには、それ自身観念である精神が対象とするもの、すなわち身体のありかたを、また身体が何をなしうるのかを、まずは理解する必要がある [cf. E2P13CS / E3P2S]。この意味で身体は、C・ジャケのいうように、「人間精神とその力能についての認識の可能性の条件(9)」をなす。

身体はその各々がそれぞれのスケールで複雑な組成を持つ多くの個体から合成されていた。さらにいわゆる並行論により、これら多くの個体それぞれにかんしても観念が存する [cf. E2P19D]。つまり、精神の本質を構成する第一のものである身体の観念は、身体自身が複雑に組織されているのと同様に、多くの諸観念によって組織されている [cf. E2P15]。そして身体の栄養摂取を考えれば明らかなとおり、「私たちは、私たちの有を保存するために私たちの外部の何ものをも必要としない、ということを決して実現しえないため」[E4P18S]、或る個別的なものは自らの結果を産出するにあたり、他の個別的なものの協働を多かれ少なかれ必要とする。それゆえ当のものの本性に内的な必然性、いいかえればそれ固有の法則性のみにしたがって結果を産出するわけにはいかず、当のものを含んだ「自然の共通の順序」［cf. E4P4C］にしたがわざるをえない。

つまり、身体と同様に精神もまたこの自然において単独では与えられず、その身体がそれらによって絶えず触発される（変状される：affici）、当の身体に外的なものどもについての観念との関係において与えられるのである。このような精神が自己自身について持つ認識、いうなら意識はそれゆえ、まず何よりも身体の変状の観念を介さねばならず［E2P19 / E2P23］、また外的物体との遭遇が当の身体の本質の必然性に由来するものではなく、むしろ自然の共通の順序に応じて実現されるために、外的物体についても、また身体自身についても、さらに精神自身についてもなお、必然的に部分的な認識しか持ちえないことになる［cf. E2P29S］。

けれどもたしかに、或る個別的なものがたとえ外的なものによって何らかの結果を産出するよう規定されても、当の結果の産出を――部分的にではあれ――その根底において実現しているのは当の個別的なもののコナトゥス以外の何ものでもない。しかしそのコナトゥスにもとづいて産出される諸結果（身体の変状、あるいはそれについての観念）にその場その場で反応する意識は、当の個別的なものの行う活動の実際の原因であるコナトゥスそのものについて無知であり、さらに原因についての考察に向かうよりも、むしろ結果のほうに注意を向けてしまう。これは、現実の産出プロセスを意識はとり逃してしまう、ということである。[10]

原因から結果へと向かうことが、そのまま原理から帰結へと向かうことでもあるような体系において、こうした性格をもつ意識は、まさに「前提を欠いた結論」そのものであろう［E2P28D］。このような条件のもとで意識はかくて、精神自身ならびに身体自身についての、さらにそれらを規定する外的なものについての認識をつねに欠損したかたちでのみ手に入れ、しかも自らの活動そのものの原因であるコナトゥスに対してつねに事後的にのみ注意を向ける。そのうえ意識は、コナトゥスそれ自体の原因についても無知なままにとどまるのである。

このような、いわば私たちを後方から規定している原因についての無知は、私たちの視線を前方へと釘づけにしてしまう（この後方・前方という表現は、説明の便宜上のものでしかない）。それによって、これから実現されるべき目的、またその目的の実現をめぐって張り巡らされる諸々の意図や手段、あるいは選択肢の案出といった思考の枠組みが構築される。かくて「人間はすべてを目的のために、すなわち彼らの欲求する利益のためにすべてをなす」［E1App］。そしてここから、『エチカ』で論証されるような仕方でもののありかたを理解することをさまたげる、根本的で根深い「ひとつの先入観」が生じる。すなわち「通常人間は、自然的なもののすべてが、彼ら自身と同様に目的のためにはたらいていると想定する」［ibid.］。「くわえて彼らは、自らのうちと外に、自分たちの利益を得るにあたって少なからず役立つ相当数の手段を、たとえば見るための目、咀嚼するための歯、栄養のための植物や動物、照らすための太陽、魚を生育するための海等々を見出すので、ここから彼らは、自然的なものすべてを自分たちの利益のための手段とみなすようになった」［ibid.：強調引用者］。ここからさらに、自らの利益にかなうものを「善」とみなし、そうでないものを「悪」とみなすなどして、人間に固有の価値概念が形成されることになる［ibid.］。

こうして人間的な生のありかたが、すなわち、目的、選択肢の案出、実現のための手段といった枠組みを備えると同時に、善悪といった価値概念によって色づけされた人間的な生の様式が立ち上げられ、また人間はこのような生の様式を、さらに人間以外の自然的事物の生の様式理解へと押し及ぼすことになる。けれどもこのような理解は、私たち自身の本質であるコナトゥスそれ自体、ならびにコナトゥスそのものの原因についての無知にもとづく理解、私たちが私たち自身の外で思考せざるをえないかぎりで遂行される思考以外の何ものでもない。

生の思考

しかしながら、このような枠組みを超え出て、その外に到達することができる。私たちが、以上のような「私たちの認識の所与の諸条件を超え出て、身体の力能をとらえるに至ることと、私たちの意識の諸条件を超え出て、精神の力能をとらえるに至ることは、ひとつの同じ運動によってである」[11]。このひとつの同じ運動こそが、身体の本質への注視にほかならない［E5P22 / E5P29］。それゆえ肝要なのは、この「身体の本質」の内実をさらに突き詰めることである。

私たちが第五章第二節でみた身体の本質とは、私たちひとりひとりに固有である自らの身体の実在を保持し、さらにその環境への適応力を高めようとねらい続ける活動力能、すなわちこの身体とともに現実的にあるこの生を刻々と肯定し続けているコナトゥス、「与えられた、いうなら現実的本質」［E3P7D］としてのコナトゥスであった。けれどもこの本質、コナトゥスは、その各々がそれぞれのスケールで複雑な組成を持つ多くの個体から合成された身体、また他の諸物体にとりまかれた身体について語られるものである。つまりこのかぎりでの身体の本質は、「外的諸原因の協働とともに持続において諸帰結を産出する身体の本質」[12]であり、「外的諸原因の圧力に抵抗しつつ自らを肯定」し、「その本質の内的必然性」のみによってではなく、「それに協働する他のものどもの必然性との関係」を含むかぎりでの身体の本質である[13]。

けれどもスピノザはいう。「精神が永遠の相のもとで知解するすべてのものを、精神は、身体の現在的な現実的実在を概念することにもとづいてではなく、むしろ身体の本質を永遠の相のもとで概念することにもとづいて知解する」［E5P29］。そしてこの永遠の相のもとでの身体の本質への注視は、神による必然的原因性へと帰されていた［E5P22D］。それゆえ永遠の相のもとで身体の本質を注視すること、あるいは永遠の相のもとで身体の力能を理解することは、個別的なものとしての自己自身を、所与の条件としての多数性と相互規定の枠内でとらえるのではなくて、むしろこの多数性と相互規定、ならびにこの関係のもとでの身体の実在固執あるいは保存をそもそも可能にしている、根本的な力の場面へと思考を到達させることである。そしてこの力の場面に思考を到達させることとはつまり、自らの力能、力の原因である神＝実体からの必然的産出をとらえること、より正確には、当の身体自身が、それが様態となっている延長属性のもとでみられた神＝実体を原因として必然的に産出されていること、そしてこの必然的産出によって当の身体自身の力能の実現が可能になっていること、すなわち自己の身体の力能が、神＝実体＝自然の純粋な産出的活動性の一部であることを認識することにほかならない。

自己自身であるところの生の肯定に到達するとは、それゆえ相互規定による有限実在の関係性の〈外〉――空間的ないし物理的な外部ではなく、この関係性の枠組みのもとではそれとして思考されえないものという意味での〈外〉を思考することである。この〈外〉は、この関係性の彼岸のようなものではない。個別的なものが一定の時間と場所において実在するものとしてとらえられようと、神の本性の必然性から帰結するものとしてとらえられようと、力はつねに現実的に発現している。力は離在するものではない。一定の時間と場所における実在と、実在することの永遠なる力能は厳密に同一平面上にある。後者は前者を同一平面上で裏打ちしている――このようにいいかえることもできよう。

そして根本的な力の場面に思考を到達させることによって、身体の本質を永遠の相のもとで理解することに至った精神によるこの認識、すなわち観念は、「精神の本質に属し、必然的に永遠である一定の思惟様態」である[E5P23S]。くわえて思惟様態としての観念とは、「知解することそのこと」であった[E2P43S]。つまり永遠であるのは、不活性な理解内容ではなく、理解作用そのもの、理解する力能の現実的行使、すなわち認識の産出的活動性そのものである[14]。したがって、以上のように神＝実体から自らの身体自身の本質と実在が力能とともに必然的に原因されること、そしてこの帰結の必然的導出関係を理解することそのことが、思惟すること、いうなら認識することをその本質とする精神の力能の行使そのものにほかならないことが帰結する(「精神の本質、すなわち(第三部定理七より)力能は、思惟にのみ存する」[E5P9D / cf. E5P38D])。さらにこのように理解している精神の思惟力能そのものが、認識の無限な産出的活動性の一部として[15]、思惟属性のもとでみられた神＝実体を原因としていることを理解する精神は、精神自身がその本質・実在・力能にかんして神＝自然に依っていることを、自己自身の本質にほかならない思惟力能そのものから結論していることになる。

以上の事態はまさに、「神のいくつかの属性の形相的本質についての十全な観念から」個別的なものの本質の十全な認識へと進む「第三種認識」、すなわち「直観知」［cf. E2P40S2 / E5P24 / E5P25D］が実現されていること以外の何ものでもない。というのも、この認識の実現において精神は、自らの本質・実在・力能そのものである理解作用によって、この理解作用自身がそれなしには在ることも概念されることもできない原因としての思惟属性を介して［cf. E1P31D］、原因である属性から直接に結果としての自己自身の本質へと向かう真正な導出を遂行しているからである。そしてこの導出の認識は十全な認識である。つまり以上の事態をスピノザ哲学の文法にそくしていいかえれば、私たち自身以外の個別的なものの協働を要することなしに、神がただ私たち自身の本質を構成するかぎりで、その神のうちにこの導出についての真の認識が実現していることにほかならない［cf. E2P11C / E2P34D / E2P40D］。そして純粋な産出的活動性である神＝自然は、私たちが第三章第一節でみたように、真理領野そのものを構成する。それゆえ以上の事態は、神（自然）という真理領野の只中で、真の観念が産出される原因‐結果の必然的産出関係に、私たち自身について私たち自身が遂行する理解が組み込まれること、すなわち私たち自身が必然的な永遠真理そのものになっていることを示すのである。

かくて「各々の個別的なものの本質そのものから」、すなわち認識の産出的活動性そのものから、私たち個別的なものが「本質にかんしても実在にかんしても神に依っている」こと、その必然的産出により永遠であることが結論される［E5P36S］。さらにスピノザは神の必然的原因性の観点からとらえられたものこそが、「真、あるいは事象的」なものとして概念されると語っていた［E5P29S］。これはすなわち、個別的なものがまさに「神の本性を介して永遠真理として」［E5P37D：強調引用者］理解されることにほかならない[16]。

私たちひとりひとりは現にいまここに実在している。そしてこのことは、必然的な真理、すなわち、その反対（いまここに実在しないこと）が不可能な真理であり、またこの真理は実在の全領野を尽くす真理領野そのものとしての神＝実体＝自然に基礎づけられているのである。

この方向性での認識は、個別的なものである私たちそれぞれの本質である生の肯定から、この肯定性そのものの原因である神すなわち自然の認識を経由し、さらに翻ってこの原因の力によってほかならぬ自己自身の本質が実現していることを認識することである。

くわえて観念の本質は、当の観念にのみ固有の認識作用と認識内容をなす個別的な肯定であったのだから［cf. E2P49D］、精神による自己自身の永遠性の認識とは、私たちのあずかり知らぬところで、私たちの精神による認識の圏外で、つまり私たちの身体の在るところでつねに刻々と自らを肯定し続けているこの生を、ほかならぬ自己自身のものとして肯定し、それによって生そのものである肯定性に到達すること、さらに、認識している者の認識作用と、その認識が対象とする身体の生きている生が、ひとつの同じ生、純粋な自己肯定的生であることを理解することだと結論づけることができる。生を肯定の対象とすることではじめて、生そのものである産出的活動性の理解に到達することが可能となるのである。

かくて、私たちひとりひとりが現に生きていることそれ自体に厳密に定位しつつ、私たちが刻々と結果を産出し続ける永遠なる産出的活動性、つまり生そのものに貫かれ、かつ、現にいま生きているこの現実を超越した参照点や死後の保証、この現実の彼岸を要求することなしに、自らが永遠の真理として、その反対がありえない必然性のもとで現に生きていることを肯定すること。すなわち、真理としての生に到達すること。個別的なものの永遠性の開示にかけられており、この永遠性の説の根幹をなしているのはまさにこの点にほかならない。

『エチカ』の諸論証を追っていき、それらを理解していく者が体現していくのは、したがって自らのこの身体とともに在るこの生の絶対的肯定である。私たち自身が論証された必然的な真理であること、私たち自身がこのように証明された真理そのものであることを、私たち自身が証明することによって確証する（experior）。こうして私たちは、自らが「永遠であることを感得しかつ経験する（experior）」［E5P23S］（「経験する（experior）」ということばには、与えられたことが真であることを計算や論証によって「確証する」という用法がある(17)。

まさにここにこそ、スピノザが、そして私たち自身が求めていた揺るぎない確実な永遠なる生の様式が存する。本質と実在を力能によって統合し、存在するものをその活動実現性においてとらえようとするスピノザの力の存在論はかくて、そのまま生の肯定の倫理学、生そのものを思考する生の哲学にほかならない。

先にみたように、個別的なものの実在を一定の場所と時間においてのみとらえるかぎり、つまり私たちの認識の所与の条件の〈外〉を思考しないかぎり、私たちは目的性や価値概念を介した人間的な生の枠組みのうちにとどまる。逆にいえばこの〈外〉は、こうした枠組みのもとでは思考することのできないものである。生のひとつの発現様式にすぎない人間的な生の理解をモデルにして生そのものを理解しようとするのは、倒錯以外の何ものでもない。しかし一定の時間と場所における実在と厳密に同一平面上にあり、いわばこの実在を貫き、あるいはこの実在を裏打ちしている永遠なる純粋な産出的活動性、生そのものにほかならないこの〈外〉は、それでもなお——人間的な生の理解様式とは別の仕方で、すなわち、定義から出発した諸論証の連鎖、ならびに力の存在論を介して——思考することしかできないものである。「不可視のもの、ただ精神〔思考〕だけの対象であるものは、諸々の証明による以外のいかなる眼によってもみることができない。かくて証明を有していない人々は、これらのものについて何もみていない」[18]。私たちはこの〈外〉を思考することによってはじめて、私たちがそこから締め出されていた自己自身の生に到達することになる。

永遠なる純粋な産出的活動性という生そのものを、この活動性の一部である思考を介して理解すること。ここに到達するために私たちは、なんと峻嶮でなんと迂遠な途をとおらねばならなかったことか。

『エチカ』は次のことばで閉じられる。

かくもまれにしか見出されないものは、実に至り難いものであるにちがいない。もし救いが手のとどくところにあり、かつ大した労苦もなく見出されうるものであるとしたら、それがほとんどすべての人から閑却されていることなど、ありえようもないだろうから。すべて崇高なものはしかし、まれであるとともに困難である。〔E5P42S〕*FINIS*〔了〕

（1） A. Garret 2003, p. 126 また p. 13 をも参照。

（2） Cf. Macherey 1995, p. 85, n. 1.

（3） 精神の永遠性が語られているこの場面で、一見すると時間性を含意するかにみえる「持続」という概念が持ち出されるのは奇妙にも思える。しかしスピノザは持続と時間を明確に区別している。まず「時間」についていえば、時間は「表象することの様式」〔Ep12, Geb., IV, p. 57: 7-8, cf. CM1/5, Geb., I, p. 234〕であり、「表象（imaginatio）」は「感覚器官を介して、毀損し、錯雑とし、知性にとっての順序にそくすことなく私たちに表象された（repraesentatis）個別的なものどもから」形成される、一般的、普遍的、抽象的なものにかかわる〔E2P40S2 / cf. E2P31 / D / E2P44C1S / E4P62S〕。他方で「持続」はといえば、根本的には「実在することの無際限な継起」〔E2Def5〕であり〔cf. CM1/4, Geb., I, p. 244: 18-23〕、その原因は神である〔E1P24C〕。そしてこの点にのみ着目し、諸原因の無限な連関を考慮の外におけば、神からの産出の必然性により、現在、過去、未来という時間規定にかかわりなくそれは「真」で「確実」である〔E4P62D〕。ところが、私たちは持続を「恣意的に規定する」習慣を有しており、持続が「永遠なるものどもから出てくる様式から切り離す」ことで「時間」について語るようになる〔Ep12, Geb., IV, p. 56: 16-p. 57: 1〕（私たちが第六章で引用した『エチカ』第二部定理四五備考において、「持続、すなわち抽象的に概念され、量の一種として概念されるかぎりでの実在」といわれているのは、私たちのこうした習慣を念頭においたものであると理解できる）。したがって持続は本性上時間の規定を有するものではない。むしろ持続は永遠性と両立しうるものである〔cf. Deleuze 1981, p. 87, Bartuschat 1994, pp. 207-208〕。さらにゲルーは、永遠性は持続によって説明されえないが〔cf.

E5P29D / E1Def8Exp / E5P23S〕、しかし反対に持続は永遠性によって説明されうるという〔Gueroult 1974, p. 439, n. 13〕。

（4）同様の解釈として、Jaquet 2005, p. 45 また Rodis-Lewis 1986, p. 212.

（5）Rousset 1968, p. 30.

（6）“De origine rerum ex formis”（一六七六年春頃のものと推定されるテクスト）, A, VI-iv, p. 518.

（7）引用はそれぞれ Leibniz 1854, p. 34, p. 44.

（8）この区別については、たとえば Gueroult 1974, p. 133, p. 191, p. 239, Deleuze 1981, p. 105, 上野 二〇一一、一二五頁、Matheron 2011-19, p. 700, 朝倉 二〇一二、八九―九〇頁を参照。

（9）Jaquet 2004 / 2015, pp. 146-147.

（10）以上の議論は Macherey 1995, pp. 98-112 を参考にした。

（11）Deleuze 1981, p. 29.

（12）Matheron 2011-9, p. 700.

（13）引用はすべて Jaquet 2004 / 2015, pp. 159-160.

（14）Cf. Rousset 1968, pp. 34-35.

（15）「自然のうちには思惟する無限の力能」が存し、「人間精神はこの同じ力能」の一部にほかならない〔Ep32, Geb., IV, p. 173: 18-19-p. 174: 1-3〕。

（16）「諸々のものとそれらの諸変状もまた永遠の真理であるかどうか」とたずねられたさい、「私〔スピノザ〕はまったくそのとおりであると言う」とする「書簡一〇」をも参照〔Ep10, Geb., IV, p. 47: 18-19〕。

（17）デカルト『精神指導の規則』、「規則四」ATX375: 4-5 参照。

（18）『神学政治論』第一三章〔Spinoza 1999 / 2005, p. 456: 3-6〕。

引用文献表

略号で示したもの（通常の「著者 刊行年」表記外のもの）

A：Leibniz, Gottfried Wilhelm 1923-, *Sämtliche Schriften und Briefe*, herausgegeben von der Deutschen Akademie der Wissenschaften zu Berlin, Akademie-Verlag.

AT：Descartes, René 1964-1974, *L'Œuvres de Descartes*, 11 vols., publiées par Charles Adam & Paul Tannery, Nouvelle présentation par B. Rochot et P. Costabel, Vrin.

CWI：Spinoza, Baruch de 1985, *The Collected Works of Spinoza*, vol. I, edited and translated by Edwin Curley, Princeton University Press.

CWII：Spinoza, Baruch de 2016, *The Collected Works of Spinoza*, vol. II, edited and translated by Edwin Curley, Princeton University Press.

Geb.／ゲプハルト版：Spinoza, Baruch de 1925, *Opera*, im Auftrag der Heidelberger Akademie der Wissenschaften, herausgegeben von Carl Gebhardt, Carl Winter.

Gebhardt 1922 / 1965：Spinoza, Baruch de 1922 / 1965, *Kurze Abhandlung von Gott, dem Menschen und dessen Glück*, herausgegeben von Carl Gebhardt, Felix Meiner.

Mignini 1986：Spinoza, Baruch de 1986, *Korte Verhandeling van God, de Mensch en deszelvs Welstand*, Introduzione, edizione, traduzione e commento di Filippo Mignini, L. U. Japadre.

NS：*De Nagelate Schriften van B. d. S. Als Zedekunst, Staatkunde, Verbetering van't Verstant, Brieven en Antwoorden*, uit verscheide

Talen in de Nederlandsche gebragt, s. l., 1677.
OP：*B. d. S. Opera Posthuma*, Quorum series post Praefationem exhibetur, s. l., 1677.
Rousset 1992：Spinoza, Baruch de 1992, *Traité de la réforme de l'entendement*, introduction, texte, traduction et commentaire par Bernard Rousset, Vrin.
Vatican 2011：Spinoza, Baruch de 2011, Leen Spruit and Pina Totaro, *The Vatican Manuscript of Spinoza's* Ethica, Brill.
ブルーダー版：Spinoza, Baruch de 1843-1846, *Opera quae supersunt omnia*, 3 vols., ex editionibus principibus denuo edidit et praefatus est Carolus Hermannus Bruder, Editio Stereotypa, ex officina Bernhardi Tauchnitz.

一次文献

Burgersdijk, Franco 1626 / 1644, *Institutionum Logicarum libri duo*, Lugduni Batavorum, A. Commelin.
Descartes, René 1964-1974, *L'Œuvres de Descartes*, 11 vols., publiées par Charles Adam & Paul Tannery, Nouvelle présentation par B. Rochot et P. Costabel, Vrin.［AT］
Eustachius, A. Sancto Paulo, 1609, *Summa philosophiae quadripartita, de rebus dialecticis, moralibus, physicis, et metaphysicis*, C. Chastellain.
Gebhardt 1922 / 1965 →本表冒頭の「略号で示したもの」あるいは Spinoza 1922 / 1965 をみよ。
Goclenius, Rudolph 1613 / 1980, *Lexicon Philosophicum: quo tanquam clave philosophiae fores aperiuntur*, Georg Olms.
Heereboord, Adriaan 1658, *Hermeneia Logica, seu synopseos logicae Burgersdicanae explicatio*.
Leibniz, Gottfried Wilhelm 1854, *Réfutation inédite de Spinoza*, précédée d'un mémoire par A. Foucher de Careil, E. Brière（邦訳はライプニッツ二〇一一）.
——1875-1890, *Die philosophischen Schriften von Gottfried Wilhelm Leibniz,* 7 vols., herausgegeben von Carl Immanuel Gerhardt, Weidmann.

——1923-, *Sämtliche Schriften und Briefe*, herausgegeben von der Deutschen Akademie der Wissenschaften zu Berlin, Akademie-Verlag. ［A］

Mignini 1986 →本表冒頭の「略号で示したもの」あるいは Spinoza 1986 をみよ。

Rousset 1992 →本表冒頭の「略号で示したもの」あるいは Spinoza, 1992 をみよ。

Spinoza, Baruch de 1843-1846, *Opera quae supersunt omnia*, 3 vols., ex editionibus principibus denuo edidit et praefatus est Carolus Hermannus Bruder, Editio Stereotypa, ex officina Bernhardi Tauchnitz. ［ブルーダー版］

——1922 / 1965, *Kurze Abhandlung von Gott, dem Menschen und dessen Glück*, herausgegeben von Carl Gebhardt, Felix Meiner. ［Gebhardt 1922 / 1965］

——1925, *Opera*, im Auftrag der Heidelberger Akademie der Wissenschaften, herausgegeben von Carl Gebhardt, Carl Winter. ［Geb.］／［ゲプハルト版］

——1964, *Œuvres*, t. I, traduction et notes par Charles Appuhn, Garnier-Flammarion.

——1966, *Œuvres*, t. IV, traduction et notes par Charles Appuhn, Garnier-Flammarion.

——1985, *The Collected Works of Spinoza*, vol. I, edited and translated by Edwin Curley, Princeton University Press. ［*CWI*］

——1986, *Korte Verhandeling van God, de Mensch en deszelvs Welstand*, Introduzione, edizione, traduzione e commento di Filippo Mignini, L. U. Japadre. ［Mignini 1986］

——1988, *Éthique*, présenté, traduit et commenté par Bernard Pautrat, Édition du Seuil (Quatrième édition, 2010).

——1991, *Kurze Abhandlung von Gott, dem Menschen und dessen Glück*, Auf der Grundlage der Übersetzung von Carl Gebhardt, neu bearbeitet, eingleitet und herausgegeben von Wolfgang Bartuschat, Felix Meiner.

——1992, *Traité de la réforme de l'entendement*, introduction, texte, traduction et commentaire par Bernard Rousset, Vrin. ［Rousset 1992］

——1994, *Traité de la réforme de l'entendement: et de la meilleure voie a suivre pour parvenir a la vraie connaissance des choses*, texte,

traduction et notes par Alexandre Koyré, Vrin, 5e éd.
——1999 / 2005, *Œuvres*, t. III: *Traité théologico-politique*, édition publiée sous la direction de Pierre-François Moreau, PUF.
——2002, *Traité de la réforme de l'entendement*, établissement du texte, traduction et introduction par Bernard Rousset, Vrin.
——2003, *Traité de la réforme de l'entendement*, introduction, traduction et commentaires par André Lécrivain, GF, Flammarion.
——2007, *Opere*, a cura e con un saggio introduttivo di Filippo Mignini / traduzioni e note di Filippo Mignini e Omero Proietti, Arnold Mondadori.
——2009, *Œuvres*, t. I: *Premiers écrits*, édition publiée sous la direction de Pierre-François Moreau, PUF.
——2010, *Correspondance*, Présentation et traduction par Maxime Rovere, GF, Flammarion.
——2011, Leen Spruit and Pina Totaro, *The Vatican Manuscript of Spinoza's* Ethica, Brill. ［Vatican 2011］
——2016, *Traité de l'amendement de l'intellect*, traduit du latin par Bernard Pautrat, Allia.
——2016, *The Collected Works of Spinoza*, vol. II, edited and translated by Edwin Curley, Princeton University Press. ［*CWII*］
Suarez, Francisco 1597 / 1965, *Disputationes metaphysicae*, 2 vols., reprint Olms.
Thomas Aquinas 1952, *Summa theologiae*, cura et studio per Petri Caramello, cum textu ex recensione Leonina, Prima Pars, Marietti.
Vatican 2011 →本表冒頭の「略号で示したもの」あるいは Spinoza 2011 をみよ。

スピノザ、バルーフ・デ、一九三一（二〇〇五）『知性改善論』畠中尚志訳、岩波書店（岩波文庫）。

——一九四〇（二〇〇四）『国家論』畠中尚志訳、岩波書店（岩波文庫）。

——一九四四（二〇〇七）『神学・政治論——聖書の批判と言論の自由』全二巻、畠中尚志訳、岩波書店（岩波文庫）。

——一九五一（二〇〇〇）『エチカ——倫理学』上巻、畠中尚志訳、岩波書店（岩波文庫）。

——一九五一（二〇〇六）『エチカ——倫理学』下巻、畠中尚志訳、岩波書店（岩波文庫）。

——一九五五（二〇〇五）『神・人間及び人間の幸福に関する短論文』畠中尚志訳、岩波書店（岩波文庫）。

——一九五八（二〇〇五）『スピノザ往復書簡集』畠中尚志訳、岩波書店（岩波文庫）。

——一九五九（二〇〇四）『デカルトの哲学原理　附形而上学的思想』畠中尚志訳、岩波書店（岩波文庫）。

——二〇一八『知性改善論　神、人間とそのさいわいについての短論文』佐藤一郎訳、みすず書房。

ライプニッツ、ゴットフリート・ヴィルヘルム二〇一一、「フシェ・ド・カレイユ編『ライプニッツによるスピノザ反駁』」桜井直文訳、『いすみあ』第三巻、一〇五—一三一頁（Leibniz 1854 の邦訳）。

事典・辞典類

Dictionary of Seventeenth and Eighteenth-Century Dutch Philosophers, vol. 1, Thoemmes Press, 2003.
Historisches Wörterbuch der Philosophie, unter Mitwirkung von mehr als 700 Fachgelehrten in Verbindung mit Günther Bien ... [et al.] ; herausgegeben von Joachim Ritter, Schwabe, 1971-2007.
Oxford Latin Dictionary, edited by P. G. W. Glare, Second Edition, 2 vols., Oxford University Press, 2012.

研究文献

Ariew, Roger and Marjorie Grene 1995, « Ideas, in and before Descartes », *The Journal of the History of Ideas*, vol. 56, pp. 87-106.
Auffret-Ferzli, Séverine 1992, « L'hypothèse d'une rédaction echelonnée du Tractatus De Intellectus Emendatione de Spinoza », *Studia Spinozana*, vol. 8, pp. 281-294.
Balibar, Étienne 1990, « Individualité, causalité, substance: réflexions sur l'ontologie de Spinoza », Edwin Curley and Pierre-François Moreau (ed.), *Spinoza, Issues and Directions*, E. J. Brill, pp. 58-76.
Bartuschat, Wolfgang 1994, « The Infinite Intellect and Human Knowledge », Yirmiyahu Yovel (ed.), *Spinoza on Knowledge and the Human Mind*, Brill, pp. 187-208.
Bennett, Jonathan 1984, *A Study of Spinoza's Ethics*, Hackett.

Bergson, Henri 1938 / 2013, *La pensée et le mouvant: essais et conférences*, PUF.

Brunschvicg, Léon 1893, « La logique de Spinoza », *Revue de Métaphysique et de Morale*, t. 1, pp. 453-467.

Bunge, Wiep van et al. (ed.) 2011, *The continuum companion to Spinoza*, Continuum.

Busse, Julien 2009, *Le problème de l'essence de l'homme chez Spinoza*, Publications de la Sorbonne.

Carraud, Vincent 2002, *Causa sive ratio: la raison de la cause, de Suarez à Leibniz*, PUF.

Curley, Edwin M. 1969, *Spinoza's Metaphysics: An Essay in Interpretation*, Harvard University Press.

——1986, « Spinoza's Geometric Method », *Studia Spinozana*, vol. 2, pp. 151-169.

——1988, *Behind the Geometrical Method: A Reading of Spinoza's Ethics*, Princeton University Press.

D'Anna, Giuseppe 2012, « La transcendance à l'intérieur de la substance, Apories de l'immanence dans la pensée de Spinoza », Chantal Jacquet et Pierre-François Moreau (dir.), *Spinoza transalpin, Les interprétations actuelles en Italie*, Publication Sorbonne, pp. 139-159.

De Dijn, Herman 1986, « Conceptions of Philosophical Method in Spinoza: Logica and Mos Geometricus », *Review of Metaphysics*, vol. 40, pp. 55-78.

Deleuze, Gilles 1968, *Spinoza et le problème de l'expression*, Minuit.

——1981, *Spinoza, philosophie pratique*, Minuit.

Deleuze, Gilles et Félix Guattari 1991, *Qu'est-ce que la philosophie?*, Minuit.

Di Vona, Piero 1977, « La definizione dell'essenza in Spinoza », *Revue international de philosophie*, t. 31, pp. 39-52.

Eisenberg, Paul D. 1971, « How to Understand De Intellectus Emendatione », *Journal of the History of Philosophy*, vol. 9, no. 2, pp. 171-191.

——1990, « On The Attributes and Their Alleged Independence of One Another: A commentary on Spinoza's Ethics IP 10 », Edwin Curley and Pierre-François Moreau (ed.), *Spinoza, Issues and Directions*, E. J. Brill, pp. 1-15.

Fichant, Michel 1998, *Science et Métaphysique dans Descartes et Leibniz*, PUF.

Frede, Michael, 1980, « The Original Notion of Cause », Malcolm Schofield, Myles Burnyeat and Jonathan Barnes (ed.), *Doubt and Dogmatism: Studies in Hellenistic Epistemology*, Clarendon Press, Oxford University Press, pp. 217-249.

Garber, Daniel 1994, « Descartes and Spinoza On Persistance and Conatus », *Studia Spinozana*, vol. 10, pp. 43-68.

Garrett, Aaron V. 2003, *Meaning in Spinoza's Method*, Cambridge University Press.

Garrett, Don 2002, « Spinoza's *Conatus* Argument », Olli Koistinen and John Biro (ed.), *Spinoza: Metaphysical Themes*, Oxford University Press, pp. 127-158.

Gebhardt 1922 / 1965 →本表冒頭の「略号で示したもの」あるいは Spinoza 1922 / 1965 をみよ。

Giancotti, Emilia 1991, « On the Problem of Infinite Modes », Yirmiyahu Yovel (ed.), *God and Nature: Spinoza's Metaphysics*, Brill, pp. 97-118.

Gilson, Étienne 1972 / 2008, *L'être et l'essence*, Vrin.

——1979, *Index scholastico-cartésien*, 2e éd., Vrin.

Gouhier, Henri 1962 / 1969, *La pensée métaphysique de Descartes*, Vrin.

Gueroult, Martial 1953, *Destartes selon l'ordre des raisons*, t. I: *L'âme et Dieu*, Aubier.

——1968, *Spinoza*, I: *Dieu*, Georg Olms.

——1970, *Études sur Descartes, Spinoza, Malebranche et Leibniz*, Georg Olms.

——1974, *Spinoza*, II: *L'âme*, Aubier.

Harris, Errol E. 1973, *Salvation from Despair: A Reappraisal of Spinoza's Philosophy,* Martinus Nijhoff.

——1986, « Method and Metaphysics in Spinoza », *Studia Spinozana,* vol. 2, pp. 129-150.

Hegel, Georg Wilhelm Friedrich 1971, *Vorlesungen über die Geschichte der Philosophie*, III, *Werke*, Bd. 20, Suhrkamp.

Hübner, Karolina 2015, « Spinoza on Negation, Mind-Dependence, and Reality of the Finite », Yitzhak Y. Melamed (ed.), *The Young*

Spinoza: A Metaphysician in the Making, Oxford University Press, pp. 221-237.

Huenemann, Charles 1999, « The Necessity of Finite Modes and Geometrical Containment in Spinoza's Metaphysics », Rocco J. Gennaro and Charles Huenemann (ed.), *New Essays on the Rationalists*, Oxford University Press, pp. 224-240.

Jaquet, Chantal 1997, *Sub specie æternitatis, Étude des concepts de temps, durée et éternité chez Spinoza*, Kimé.

——2004 / 2015, *L'unité du corps et de l'esprit: Affects, actions et passions chez Spinoza*, PUF.

——2005, *Les expressions de la puissance d'agir chez Spinoza*, Publications de la Sorbonne.

Joachim, Harold H. 1901, *A Study of the Ethics of Spinoza*, Clarendon Press.

——1940, *Spinoza's Tractatus De Intellectus Emendatione: A Commentary*, Clarendon Press.

Kambouchner, Denis et Frédéric de Buzon 2011, *Le vocabulaire de Descartes*, Ellipses.

Lachièze-Rey, Pierre 1950, *Les origines cartésiennes du Dieu de Spinoza*, J. Vrin.

Lærke, Mogens 2008, *Leibniz lecteur de Spinoza: la genèse d'une opposition complexe*, Honoré Champion.

——2009, « Immanence et extériorité absolue. Sur la théorie de la causalité et l'ontologie de la puissance de Spinoza », *Revue Philosophique de la France et de l'étranger*, t. 134, pp. 169-190.

Libera, Alain de 2004, *L'unité de l'intellect: Commentaire du* De unitate intellectus contra averroistas *de Thomas d'Aquin*, Vrin.

Lin, Martin 2004, « Spinoza's Metaphysics of Desire: The Demonstration of IIIP6 », *Archiv für Geschichite der Philosophie*, Bd. 86, S. 21-55.

Lucas, Hans-Christian 1983, « Causa sive Ratio », *Cahiers Spinoza*, t. 4, pp. 171-204.

Macherey, Pierre 1979, *Hegel ou Spinoza*, François Maspero.

——1995, *Introduction à l'Éthique de Spinoza*, t. 3, PUF.

——1997-1, *Introduction à l'Éthique de Spinoza*, t. 2, PUF.

——1997-2, *Introduction à l'Éthique de Spinoza*, t. 4, PUF.

——1998, *Introduction à l'Éthique de Spinoza*, t. 1, PUF.

Manzini, Frédéric 2009, « Leibniz on Spinoza's Principle of Sufficient Reason », Mark Kulstand, Mogens Lærke and David Synder (ed.), *The Philosophy of Young Leibniz*, Franz Steiner, pp. 221-231.

——2011, « D'où vient la connaissance intuitive? Spinoza devant l'aporie de la connaissance des singuliers », Frédéric Manzini (dir.), *Spinoza et ses scolastiques: retour aux sources et nouveaux enjeux*, PUPS, pp. 115-134.

Marion, Jean-Luc 1972, « Le fondement de la *cogitatio* selon le *De Intellectus Emendatione*, Essai d'une lecture des §§104-105 », *Les Études philosophiques*, no. 3, pp. 357-368.

——1976, « L'ambivalence de la métaphysique cartésienne », *Les Études philosophiques*, no. 4, pp. 443-460.

——1990, « Spinoza et les trois noms de Dieu », Rémi Braque et Jean-François Courtine (dir.), *Herméneutique et ontologie: mélanges en hommage à Pierre Aubenque*, PUF, pp. 225-245.

——1994, « Entre analogie et principe de raison: la *causa sui* », Jean-Marie Beyssade et Jean-Luc Marion (dir.), *Descartes Objecter et répondre: actes du Colloque « Objecter et répondre »*, PUF, pp. 305-334.

——1996, *Questions cartésiennes*, t. II, PUF.

——2004, *Sur le prisme métaphysique de Descartes: constitution et limites de l'onto-théo-logie dans la pensée cartésienne*, 2e éd., PUF.

Mark, Thomas Carson 1972, *Spinoza's Theory of Truth*, Columbia University Press.

Mason, Richard 1986, « Spinoza on the Causality of Individuals », *Journal of the History of Philosophy*, vol. 24, no. 2, pp. 197-210.

——2002, « Concrete Logic », Olli Koistinen and John Biro (ed.), *Spinoza: Metaphisical Themes*, Oxford University Press, pp. 73-88.

Matheron, Alexandre 1969 / 1988, *Individu et communauté chez Spinoza*, Minuit (Nouvelle édition).

——1983, « Note sur les travaux de Filippo Mignini », *Bulletin de l'Association des Amis de Spinoza*, no. 10, pp. 9-12.

——2011, *Études sur Spinoza et les philosophies de l'âge classique*, ENS.

——2011-1, « Modes et Genres de connaissance (Traité de la réforme de l'entendement, paragraphes 18 à 29) », Matheron 2011, pp.

467-529.

——2011-2, « Idée, idée d'idée et certitude dans le Tractatus de intellectus emendatione et dans l'Éthique », Matheron 2011, pp. 531-540.

——2011-3, « Pourquoi le Tractatus de intellectus emendatione est-il resté inachevé? », Matheron 2011, pp. 541-551.

——2011-4, « Essence, existence et puissance dans le livre I de l'Éthique: les fondements de la proposition 16 », Matheron 2011, pp. 567-577.

——2011-5, « Physique et ontologie chez Spinoza: l'énigmatique réponse à Tschirnhaus », Matheron 2011, pp. 579-599.

——2011-6, « La chose, la cause et l'unité des attributs », Matheron 2011, pp. 601-615.

——2011-7, « L'année 1663 et l'identité spinoziste de l'être et de la puissance: hypothèse sur un cheminement », Matheron 2011, pp. 617-633.

——2011-8, « Remarques sur l'immortalité de l'âme chez Spinoza », Matheron 2011, pp. 681-691.

——2011-9, « La vie éternelle et le corps selon Spinoza », Matheron 2011, pp. 693-705.

——2011-10, « L'amour intellectuel de Dieu, partie éternelle de l'amor erga Deum », Matheron 2011, pp. 707-725.

Medina, José 1985, « Les mathématiques chez Spinoza et Hobbes », *Revue Philosophique de la France et de l'étranger*, t. 175, pp. 177-188.

Merleau-Ponty, Maurice 1960, *Signes*, Gallimard.

Meshelski, Kristina 2011, « Two Kinds of Definition in Spinoza's Ethics », *British Journal for the History of Philosophy*, vol. 19, no. 2, pp. 201-218.

Mignini, Filippo 1986 →本表冒頭の「略号で示したもの」あるいは Spinoza 1986 をみよ。

——1987, « Données et problèmes de la chronologie spinozienne entre 1656 et 1665 », *Revue des Sciences Philosophiques et Theologiques*, t. 71, pp. 9-21.

——1990, « In Order to Interpret Spinoza's Theory of the Third Kind of Knowledge: Should Intuitive Science be considered *Per Causam Proximam* Knowledge? », Edwin Curley and Pierre-François Moreau (ed.), *Spinoza, Issues and Directions*, E. J. Brill, pp. 136-146.

Moreau, Joseph, 1983, « Spinoza est-il moniste? », *Revue de théologie et de philosophie*, t. 115, pp. 23-35.

——1985, « L'idée vraie et la pensée de l'être dans la tradition métaphysique », *Revue Philosophique de Louvain*, t. 83, pp. 374-399.

Moreau, Pierre-François, 1994, *Spinoza: l'expérience et l'éternité*, PUF.

——2003, *Spinoza et le spinozisme*, PUF.

——2004, « Spinoza: lire la correspondance », *Revue de Métaphysique et de Morale*, t. 41, pp. 3-8.

——2006, *Problèmes du spinozisme*, Vrin.

Nadler, Steven 1999, *Spinoza: A Life*, Cambridge University Press.

——2006, *Spinoza's Ethics: An introduction*, Cambridge University Press.

Nagel, Thomas 1979 / 2012, *Mortal Questions*, Cambridge University Press.

Olivo, Gilles 1997, « L'efficience en cause: Suárez, Descartes et la question de la causalité », Joël Biard et Roshdi Rashed (éd), *Descartes et le moyen âge*, Vrin, pp. 91-105.

Parkinson, G. H. R. 1977, « Hegel, Pantheism, and Spinoza », *Jornal of the History of Ideas*, vol. 38, no. 3, pp. 449-459.

——1990, « Definition, Essence, and Understanding in Spinoza », J. A. Cover and Mark Kulstad (eds.), *Central Themes in Early Modern Philosophy: Essays Presented to Jonathan Bennett*, Hackett Publishing, pp. 49-67.

——1993, « Spinoza and British Idealism: The Case of H. H. Joachim », *British Journal for the History of Philosophy*, vol. 1, no. 2, pp. 109-123.

Phillips, Marilène 1984, « La *causa sive ratio* chez Descartes », *Les Études philosophiques*, no. 1, pp. 11-21.

Pollock, Frederick 1880, *Spinoza: His Life and Philosophy*, C. Kegan Paul.

Proietti, Omero 1989, « Lettres à Lucilius. Une source du « De Intellectus Emendatione » de Spinoza », traduction par Marie-Hélène Raiola, Groupe de recherches spinozistes, *Lire et traduire Spinoza*, Travaux et documents, no. 1, PUF, pp. 39-60.

Ramond, Charles 1995, *Qualité et quantité dans la philosophie de Spinoza*, PUF.

——1998, *Spinoza et la pensée moderne: constitutions de l'objectivité*, L'Harmattan.

——2007, *Dictionnaire Spinoza*, Ellipses.

Rivaud, Albert 1906, *Les notions d'essence et d'existence dans la philosophie de Spinoza*, F. Alcan.

Rodis-Lewis, Geneviève 1971, *L'œuvre de Descartes*, 2 vols., Vrin.

——1986, « Question sur la cinquième partie de l'« *Éthique* » », *Revue Philosophique de la France et de l'étranger*, t. 176, pp. 207-221.

Roth, Leon 1954 / 1979, *Spinoza*, Hyperion Press.

Rousset, Bernard 1968, *La perspective final de "L'Éthique" et le problème de la cohérence du spinozisme: l'autonomie comme salut*, Vrin.

——1986, « L'être du fini dans l'infini selon l'« *Éthique* » de Spinoza », *Revue Philosophique de la France et de l'étranger*, t. 176, pp. 223-247.

——1992 →本表冒頭の「略号で示したもの」あるいは Spinoza 1992 をみよ。

——1994, « Les implications de l'identité spinoziste de l'être et de la puissance », Myriam Revault d'Allonnes et Hadi Rizk (dir.), *Spinoza: Puissance et ontologie*, Actes du Colloque organisé par Collège International de Philosophie les 13, 14, 15 mai 1993 à la Sorbonne, Éditions Kimé, pp. 11-24.

Sévérac, Pascal 2003, « L'homme est-il infini? », Chantal Jaquet, Pascal Sévérac, Ariel Suhamy (dir.), *Fortitude et servitude, Lectures de l'*Éthique *IV de Spinoza*, Éditions Kimé, pp. 63-76.

Steenbakkers, Piet 1994, *Spinoza's Ethica from Manuscript to Print: Studies on Text, Form and Related Topics*, Van Gorcum.

Suhamy, Ariel 2003, « Comment définir l'homme?, La communauté du souverain bien dans l'*Éthique*, IV, 36 et scolie », Chantal Jaquet, Pascal Sévérac, Ariel Suhamy (dir.), *Fortitude et servitude, Lectures de l'*Éthique *IV de Spinoza*, Éditions Kimé, pp. 77-103.

Vatican 2011 →本表冒頭の「略号で示したもの」あるいは Spinoza 2011 をみよ。

Wolfson, Harry Austryn 1962, *The Philosophy of Spinoza: Unfolding the latent processes of his reasoning*, 2 vols., Harvard University Press.

Yakira, Elhanan 1993, « Ideas of Nonexistent Modes: *Ethics* II Proposition 8, its Corollary and Scholium », Yirmiyahu Yovel (ed.), *Spinoza on Knowledge and the Human Mind*, Brill, pp. 159-169.

Yovel, Yirmiyahu 1990, « The Third Kind of Knowledge as Alternative Salvation », Edwin Curley and Pierre-François Moreau (ed.), *Spinoza, Issues and Directions*, E. J. Brill, pp. 157-177.

——1991, « The infinite Mode and Natural Laws in Spinoza », Yirmiyahu Yovel (ed.), *God and Nature: Spinoza's Metaphysics*, Brill, pp. 79-96.

Zac, Sylvain 1963, *L'idée de vie dans la philosophie de Spinoza*, PUF.

秋保亘　二〇一八「スピノザ『エチカ』「物体の小論」における身体論の射程——「個体」と「形相」の概念を中心に」、『哲学』第六九号、日本哲学会、一二五—一三九頁。

朝倉友海　二〇一二『概念と個別性　スピノザ哲学研究』東信堂。

上野修　二〇〇三「スピノザと真理の規範」、『フランス哲学・思想研究』第八号、日仏哲学会、八一—九三頁。

——二〇〇五「書評　佐藤一郎著『個と無限——スピノザ雑考』」、『フランス哲学・思想研究』第一〇号、日仏哲学会、二一八—二二一頁。

——二〇〇六「現実性と必然性——スピノザを様相的観点から読み直す」、『哲学』第五七号、日本哲学会、七七—九二頁。

——二〇一一『デカルト、ホッブズ、スピノザ——哲学する十七世紀』講談社（講談社学術文庫）。

——二〇一二-一「スピノザ『エチカ』の〈定義〉」、『アルケー』第二〇号、関西哲学会、四二—五三頁。

——二〇一二-一二「真理と直観——永遠の相のもとに」、『哲学の挑戦』西日本哲学会編、春風社、三九—六九頁。
——二〇一三『哲学者たちのワンダーランド——様相の十七世紀』講談社。
大野岳史 二〇一三「スピノザの存在論における自己原因の役割」、『スピノザーナ』vol. 13, スピノザ協会、八五—一〇四頁。
柏葉武秀 二〇〇二「スピノザの実体一元論——M. Gueroult「発生的定義」批判を手がかりに(2)」、『北海道大学文学研究科紀要』第一〇六号、一—五九頁。
——二〇〇八「スピノザにおける精神の永遠性——ライプニッツの批判に抗して」、『北海道大学文学研究科紀要』第一二四号、一—四七頁。
——二〇〇九／二〇一〇「存在しないものの存在論——スピノザにおける精神の永遠性をめぐる一つの論点」、『スピノザーナ』vol. 10, スピノザ協会、三五—五三頁。
桂壽一 一九五六／一九九一『スピノザの哲学』東京大学出版会。
河村厚 二〇〇四「保存と増大——『エチカ』におけるコナトゥスの自己発展性とその必然性について」、『メタフュシカ』第三五号、大阪大学大学院文学研究科哲学講座、一〇一—一一三頁。
木島泰三 二〇一三「「現実的本質」の概念とスピノザ『エチカ』第3部定理6の証明——第1部定理36および第3部定理7との関連において」、『スピノザーナ』vol. 13, スピノザ協会、一〇五—一二六頁。
國分功一郎 二〇一一『スピノザの方法』みすず書房。
佐藤一郎 二〇〇四『個と無限　スピノザ雑考』風行社。
清水禮子 一九七八『破門の哲学——スピノザの生涯と思想』みすず書房。
鈴木泉 二〇〇四「スピノザ哲学と『形而上学的思想』」『スピノザーナ』vol. 5, スピノザ協会、五—二四頁。
——二〇〇五「提題 スピノザと中世スコラ哲学——（自己）原因概念を中心に」、『中世思想研究』第四七号、中世哲学会、一六六—一七七頁。

――二〇〇六「私たちは自らが永遠であることを感得し、経験する」――スピノザにおける内在性の哲学の論理と倫理の一断面」、『哲学を享受する』東洋大学哲学科編、知泉書館、一八一―二〇六頁。
――二〇〇七「力能と「事象性の度合い」――スピノザ『デカルトの哲学原理』第一部定理7に関する覚書」、『東京大学大学院人文社会系研究科・文学部哲学研究室論集』第二六号、七四―九〇頁。
中川純男 二〇〇五「アウグスティヌスにおける確実性の概念――『告白』第七巻から」、『パトリスティカ――教父研究』、第九号、教父研究会、一二八―一四〇頁。
――二〇〇九「アウグスティヌスの真理論」、『理想』第六八三号、二八―四一頁。
藤井千佳世 二〇〇九「『知性改善論』の思考における二つの層――デカルト認識論との関係において」、『哲学』第六〇号、日本哲学会、二三三―二四八頁。
松田克進 二〇〇九『スピノザの形而上学』昭和堂。
村上勝三 二〇〇四『観念と存在――デカルト研究1』知泉書館。
――二〇〇五『数学あるいは存在の重み――デカルト研究2』知泉書館。

あとがき

なぜスピノザなのか。この哲学者を中心に研究を進めてきた私にたいして、しばしば投げかけられる問いである。もっともらしい、しかし後づけでしかない返答なら持ちあわせていないでもないが、正直なところ、私自身の腑に落ちる理由をいまだ見出せていない。それでも実情を包み隠さず打ち明けるなら、気づけば私はスピノザにどっぷりとはまっていたのである。実際、『エチカ』を軸にスピノザ研究を進めれば進めるほど、この唯一の主著、そのうえ決して大部のものではないこの著書のうちに、なんと豊かな思考が——しかも私たちの常識的な思考をこともなげに転覆させてしまうような仕方で——詰め込まれているかと、ときには空恐ろしささえ覚えながら、ともすれば思考停止状態におちいりがちな私は、由来の知れない一種の焦燥感とともに、スピノザによって思考せよと絶えず鼓舞され続けてきた。そのひとまずの成果が本書である。

『エチカ』には様々な入口があるし、多様な思考の線が縦横無尽に走り抜けている。どこからともなく吹きわたり、私たちを思いもしなかったところに運び去っていく烈風を想わせる本——『エチカ』には、そしてスピノザには決定的な何かがある。私たちが本書の冒頭に引いたベルクソンのテクストのうちにも、この確信めいた直観が見え隠れしている。本書がこの決定的な何かに、わずかでも触れる端緒を開けていたら幸いである。以下に示す本書の成立事情のゆえ、いくぶん専門性の高い議論になっているかもしれないが、それでも本書ができるかぎり多くの方々にとって、スピノザという文句なしに重要な哲学者の思考にアクセスする通路となることを願う。

本書は私が二〇一四年度に慶應義塾大学に提出し、もって学位を授与された博士論文（「本質と実在――スピノザ形而上学の生成とその展開」）に、その後の研究成果を反映させた大幅な加筆、少なからぬ議論の組み換え、修正ならびに訂正をくわえて成ったものである。論文の審査を引き受けてくださった斎藤慶典先生、山内志朗先生、鈴木泉先生、および公開試問の特定質問者を担当していただいた藤井千佳世さん、井上一紀くんに、この場を借りてあらためてお礼を申しあげる。とりわけ鈴木先生には、本書の草稿段階から何度も目をとおしていただき、貴重なご教示を賜った。

本書の出版にさいしては、私が学部学生のころからお世話になっている中沢新一先生、また中沢先生からご紹介いただいた互盛央さんに便宜を図っていただいた。また編集と出版を引き受けてくださった岡林彩子さんには、あたたかい励ましと、本書の最初の一般読者として的確なご指摘、ご意見をいただいた。本書が一定の完成度に達しているとするなら、それはとりわけ右に名前を挙げさせていただいたみなさんのおかげである。なにぶんはじめての本になるので、いたらないところも多々あるかと思うが、それらはもちろん私自身の責任である。

最後に、私を哲学研究に導き入れ、また育ててくださった二人の恩師、中川純男先生と橋本由美子先生に本書をささげる。本書がお二人のご期待に添えるものであることを祈るばかりである。

二〇一八年（平成三〇年）一二月

ひとつの時代の終わりと、あらたな時代のはじまりのはざまで

秋保　亘

人名索引

• 欧文人名のうち、カタカナで表記されているものはカタカナ表記と欧文表記の両方を索引の対象とし、カタカナ表記に従って配列した。本文中で欧文でのみ現れる人名については、別途アルファベット順に配列した。

[ア　行]

朝倉友海　38, 259, 272
アピューン（Appuhn, Charles）（1862–1942年）　39, 90, 262
アリストテレス（Aristotelēs）（前384–前322年）　41, 94, 118, 121, 143, 172
アルノー（Arnauld, Antoine）（1612–94年）　103, 143, 145
上野修　40, 42, 88-89, 95, 98-99, 111, 128, 130, 132, 173, 220, 259, 272
ウォルフソン（Wolfson, Herry Austryn）（1887–1974年）　89, 111, 132, 272
大野岳史　175, 273

[カ　行]

柏葉武秀　131, 230, 236, 242-245, 273
桂壽一（1902–85年）　40, 134, 273
カテルス（Caterus, Johannes）（1590頃–1655年）　103, 143
ガーバー（Garber, Daniel）　212-213, 225-226, 266
カーリー（Curley, Edwin M.）　10, 12-13, 62, 87-88, 91, 95, 98, 128-129, 131-132, 173, 157, 221, 260, 262-265, 270, 272
カロー（Carraud, Vincent）　38, 139-140, 142, 157, 169, 171-174, 176, 265
河村厚　225, 273
木島泰三　225, 273
ギャレット、A（Garrett, Aaron）　36, 95, 111, 128, 131-132, 222, 258, 266
クロップ（Krop, Henri）　195
ゲプハルト（Gebhardt, Carl）（1881–1934年）　5, 7, 11, 13, 127, 260-262
ゲルー（Gueroult, Martial）（1891–1976年）　31, 38-42, 79, 84-85, 87, 89-91, 109, 114, 127-129, 131-136, 142, 167, 170-171, 173-175, 177, 195-196, 206, 219-220, 222-224, 226, 230, 232-233, 236, 243-245, 258-259, 266, 273
コイレ（Koyré, Alexandre）（1892–1964年）　15, 39, 41, 58, 85, 91, 263
國分功一郎　87, 273
ゴクレニウス（Goclenius, Rudolph）（1547–1628年）　40, 84, 261

[サ　行]

斎藤慶典　276
ザク（Zac, Sylvain）　130, 272
桜井直文　264
佐藤一郎　12, 36-38, 40-41, 88, 167, 176-177, 184-185, 187-189, 219-220, 230, 243, 245, 264, 272-273
清水禮子（1935–2006年）　11, 42, 89, 273
ジャケ（Jaquet, Chantal）　131, 243, 245, 250, 259, 267, 271
ジャンコッティ（Giancotti, Emilia Boscherini）（1930–92年）　183, 187, 219-221, 266
シュアミー（Suhamy, Ariel）　223, 271
スアレス（Suárez, Francisco）（1548–1617年）　40, 46, 84, 172, 263, 265, 270
鈴木泉　11, 127, 173, 175, 236, 242, 245, 273, 276
セヴェラック（Severac, Pascal）　221, 271

[タ　行]

互盛央　276

チルンハウス（Tschirnhaus, Ehrenfried Walther von）（1651–1708 年） 114, 132, 269
ディ・ヴォーナ（Di Vona, Piero）（1928–2018 年） 42, 89-90, 265
デカルト（Descartes, René）（1596–1650 年） 3, 6-8, 10-11, 29-30, 34, 39-41, 55, 65, 86, 88, 95, 103, 105, 111-112, 119, 129, 135, 140-149, 153, 155, 157-158, 163, 167-168, 171-172, 212, 223, 225-226, 259-261, 264, 266-268, 270-272, 274
ドゥルーズ（Deleuze, Gilles）（1925–95 年） 11, 87, 91, 127, 129-130, 134, 136, 150, 173-174, 215, 223, 226, 242, 245, 258-259, 265
ド・フリース（de Vries, Simon Joosten）（1634 頃–67 年） 96
トマス・アクィナス（Thomas Aquinas）（1225 頃–74 年） 41, 263

[ナ　行]

中川純男（1948–2010 年） 37, 39, 274, 276
中沢新一 276
ナドラー（Nadler, Steven） 11, 99-100, 130-131, 210, 270

[ハ　行]

橋本由美子（1956–2017 年） 276
畠中尚志（1899–1980 年） 36, 85, 88-89, 128, 175, 225, 263-264
ハリス（Harris, Errol E.）（1908–2009 年） 36, 90, 92, 266
ビュッス（Busse, Julien）（1961–2008 年） 131, 223-224, 265
藤井千佳世 41, 274, 276
ブルヘルスデイク（Burgersdijk, Franco）（1590–1635 年） 37, 40, 46-47, 84, 174, 261
ブレイエンベルフ（Blijenbergh, Willem van）（1632–96 年） 223
プロイエッティ（Proietti, Omero） 12-13, 263, 271
ベイサッド（Beyssade, Michelle） 39, 54, 88-89
ヘーゲル（Hegel, Georg Wilhelm Friedrich）（1770–1831 年） 90, 115, 133, 194-195, 220, 222, 266-267, 270
ベネット（Bennett, Jonathan） 189, 221, 225, 264, 270
ベルクソン（Bergson, Henri）（1859–1941 年） vi, viii, 265
ヘーレボールト（Heereboord, Adriaan）（1614–61 年） 47, 84, 172, 174, 261
ホッブズ（Hobbes, Thomas）（1588–1679 年） 55, 269
ポートラ（Pautrat, Bernard） 12, 225, 262-263
ポロック（Pollock, Frederick）（1845–1937 年） 89, 91, 270

[マ　行]

マシュレ（Macherey, Pierre） 10, 100, 106-107, 115, 125, 127, 130, 133, 163, 173, 175-176, 210, 223
松田克進 134, 274
マトゥロン（Matheron, Alexandre） 6, 12, 15, 35-36, 38-39, 65, 88, 114-115, 120, 125, 127, 130, 132-136, 160, 175, 222, 224-225, 233, 240, 243-245, 259, 268-269
マリオン（Marion, Jean-Luc） 91-92, 171-172, 175, 268
マンジーニ（Manzini, Frédéric） 138, 158, 170, 174, 268
ミニーニ（Mignini, Filippo） 5-8, 12, 15, 41-42, 81, 85, 91-92, 260, 262-263, 268-269
村上勝三 40, 86, 171, 274
メイエル（Meyer, Lodewijk）（1629–81 年） 95, 128
メイソン（Mason, Richard）（1948–2006 年） 91-92, 173, 268
メシェルスキ（Meshelski, Kristina） 128, 130, 269
メルセンヌ（Mersenne, Marin）（1588–1648 年） 129

モロー、J（Moreau, Joseph）（1900–88 年） 86, 231, 244, 270
モロー、P－F（Moreau, Pierre-François） 6, 8, 12-13, 29, 36-37, 40-41, 129, 242, 245, 263-265, 270, 272

［ヤ 行］

山内志朗 276
ヨアキム（Joachim, Harold H.）（1868–1938 年） 24-25, 29, 34, 38-42, 44, 84, 87-89, 115, 133, 174, 264, 267, 270
ヨベル（Yovel, Yirmiyahu）（1935–2018 年） 220, 245, 264, 266, 272

［ラ 行］

ライプニッツ（Leibniz, Gottfried Wilhelm）（1646–1716 年） 94, 124, 183, 212, 220, 226, 236, 249, 259-261, 264-268, 273
ラシエズ－レイ（Lachièze-Rey, Pierre）（1885–1957 年） 135, 172, 174, 267
ラモン（Ramond, Charles） 124, 134, 136, 142, 171, 223-224, 271
リヴォー（Rivaud, Albert）（1876–1956 年） 39, 222, 271
ルーカス（Lucas, Hans-Christian）（1942–97 年） 138, 170, 267
ルッセ（Rousset, Bernard） 7, 12, 36-37, 41, 51, 68, 74-75, 85-91, 118, 134, 177, 220, 243, 249, 259, 261-263, 271
レクリヴァン（Lécrivain, André）（1928–2006 年） 12, 39, 56, 84, 86, 263
レルケ（Lærke, Mogens） 114, 132, 164, 175, 267
ロス（Roth, Leon）（1896–1963 年） 111, 132, 271
ロディス－レヴィス（Rodis-Lewis, Geneviève）（1918–2004 年） 40, 172, 243, 259, 271

Ariew, Roger 264
Auffret-Ferzli, Séverine 41, 264
Balibar, Étienne 222, 264
Bartuschat, Wolfgang 258, 262, 264
Brunschvicg, Léon（1869–1944 年） 40, 265
Bunge, Wiep van 84, 221-222, 265
Buzon, Frédéric de 171, 267
Casearius, Johannes（1642–77 年） 11
D'Anna, Giuseppe 136, 265
De Dijn, Herman 13, 42, 89-90, 265
Eisenberg, Paul D. 87-88, 134, 265
Eustachius, a Sancto Paulo（1573–1640 年） 84, 261
Fichant, Michel 135, 266
Frede, Michael（1940–2007 年） 172, 266
Garrett, Don 223, 225, 266
Gilson, Étienne（1884–1978 年） 38, 84, 266
Gouhier, Henri（1898–1994 年） 172, 266
Grene, Marjorie（1910–2009 年） 40, 264
Guattari, Félix（1930–92 年） 11, 265
Hübner, Karolina 134, 266
Huenemann, Charles 220, 267
Kambouchner, Denis 171, 267
Libera, Alain de 134, 267
Lin, Martin 220, 225, 267
Mark, Thomas Carson 37, 268
Medina, José 86, 269
Merleau-Ponty, Maurice（1908–61 年） viii, 269
Nagel, Thomas viii, 270
Olivo, Gilles 171, 270
Parkinson, G. H. R.（1923–2015 年） 128, 131, 133, 222, 270
Phillips, Marilène 88, 270
Steenbakkers, Piet 132, 271
Yakira, Elhanan 243, 272

事項索引

［ア　行］

［カ　行］

［サ　行］

［タ　行］

［ナ　行］

［ハ　行］

［ヤ　行］

[ラ　行]

秋保　亘（あきほ わたる）
1985年生まれ。慶應義塾大学大学院文学研究科後期博士課程単位取得退学。博士（哲学）。慶應義塾大学非常勤講師、桐朋学園大学非常勤講師。専門は西洋近世哲学、現代フランス哲学。
著作に「ドゥルーズ『差異と反復』における「個体化」論の構造――カントの超越論哲学との対比を中心に」、『哲学』第139集（三田哲学会、2017年）、『入門・倫理学の歴史――24人の思想家』（共著、梓出版社、2016年）など、訳書に『形而上学叙説　ライプニッツ－アルノー往復書簡』（共訳、平凡社ライブラリー、2013年）がある。

スピノザ　力の存在論と生の哲学

2019年1月30日　第1刷発行

著　者　秋保　亘

発行所　一般財団法人　法政大学出版局
〒102-0071　東京都千代田区富士見2-17-1
電話 03（5214）5540　振替 00160-6-95814

組版 村田真澄　印刷 平文社　製本 積信堂
装幀 森　裕昌

ISBN978-4-588-15097-5 Printed in Japan